湖北省学术著作
Hubei Special Funds for
Academic Publications
出版专项资金

数字传播理论与实践丛书

Research on National Digital Publishing Base from the
Perspective of Industrial Cluster

产业集群视野下的
国家数字出版基地研究

刘遹菡 · 著

WUHAN UNIVERSITY PRESS
武汉大学出版社

图书在版编目(CIP)数据

产业集群视野下的国家数字出版基地研究/刘遹菡著.—武汉:武汉大学出版社,2022.9
数字传播理论与实践丛书
湖北省学术著作出版专项资金资助项目
ISBN 978-7-307-22805-4

Ⅰ.产…　Ⅱ.刘…　Ⅲ.电子出版物—产业发展—研究—中国
Ⅳ.G237.6

中国版本图书馆 CIP 数据核字(2021)第 263870 号

责任编辑:郭　芳　杜筱娜　　　责任校对:方竞男　　　装帧设计:吴　极

出版发行:**武汉大学出版社**　　(430072　武昌　珞珈山)
　　　　(电子邮箱:whu_publish@163.com　网址:www.stmpress.cn)
印刷:武汉市金港彩印有限公司
开本:720×1000　1/16　　印张:14.75　　字数:288 千字　　插页:2
版次:2022 年 9 月第 1 版　　2022 年 9 月第 1 次印刷
ISBN 978-7-307-22805-4　　定价:118.00 元

前　言

作为推动社会主义文化大发展、大繁荣的重点新兴文化产业——数字出版产业近年来一直是国家战略性产业发展重点推进的项目。《国家"十二五"时期文化改革发展规划纲要》和《"十三五"国家战略性新兴产业发展规划》明确提出要促进数字创意产业蓬勃发展,加强文化产业基地规划和建设,发展文化产业集群,促进数字出版产业规模化、集约化和专业化。国家数字出版基地是数字出版产业发展的动力源与孵化器。在近15年的时间内,我国基本完成国家数字出版基地的战略布局,实现了14家国家数字出版基地的批复和运营。国家数字出版基地的发展不仅能够为数字出版以及整个出版产业带来文化创意和技术上的创新,还能够推动基地周边所有数字出版的上下游企业进行有效聚集和联动,实现集群化发展。

因此,本书以全国14家国家数字出版基地为研究主体,以产业集群相关理论、社会网络理论、知识溢出理论、竞合理论等为主要理论支撑,采用理论与实证相结合的分析方法,对国家数字出版基地的形成与演进、组织结构以及运行机制进行深入探讨和分析。在理论以及现实背景的基础上,构建国家数字出版基地运行绩效的综合评价模型,并通过数据搜集和导入、测算,实现对国家数字出版基地运行绩效的横向和纵向测评。

本书共分为七章,主要内容如下:

第1章是研究述评,主要阐述本书的研究背景,利用文献分析法从产业集群以及出版基地两个方面梳理相关理论和实证研究。

第2章为基础理论,概要介绍产业集群相关理论、社会网络理论、知识溢出理论、竞合理论等,为接下来的研究构建理论基础。

第3章从动因、形成方式、演进历程和发展现状四个方面来分析国家数字出版基地的形成和演进。通过分析发现,技术、市场、政府、人才和人文是推动国家数字出版基地演进的最主要的五个因素。国家数字出版基地的形成方式有自组织、他组织以及混合组织三种。到目前为止,国家数字出版基地经历了萌芽、形成、发展和成熟四个不同的阶段,且目前各个基地所处的演进阶段各不相同。另外,通过了解国家数字出版基地布局、构成方式以及经济规模能够较为清晰地了解其发展现状。

第4章从基地主体、主体间关联互动以及组织形态三个方面探讨国家数字出版基地组织结构和形态。基地主体由核心层和辅助层构成,核心层指的是开展数字出版产业业务的企业,辅助层则包括政府和公共部门、中介组织和公共服务平台、金融机构以及高校和科研机构。各主体之间通过各种不同的连接方式共同参与基地的运行,推动基地的整体发展。全国14家国家数字出版基地的组织形态各不相同,呈现出无核心、多层次单核心、单层次多核心以及多层次混合四种组织形态。

第5章分析了国家数字出版基地作为高科技与文化融合的产业集群的三大运行机制,分别为协同创新机制、竞合机制以及知识溢出与学习机制。基地的协同创新机制主要由基于IP、基于产业链以及基于产学研的协同创新三种模式构成,是基地得以迅速发展的主要推动力。另外,竞合机制将基地内的主体全部连接起来,以横向产业链中互补而形成的竞争为主导的竞合以及以纵向产业链中互补而形成的合作为主导的竞合两种方式实现优势互补、资源优化配置以及风险共同承担,以达到共同开拓和占领市场,实现共赢的目的。而知识溢出与学习机制的存在则加速了知识和技术在基地范围内的流通,促使高风险、高投入、高技术能力的国家数字出版基地快速创新,能够让基地拥有作为集群形式发展的独有优势。知识溢出和学习是一个知识转移、知识转换和知识获取的循环过程,通过主动、被动以及非正式溢出三种形式产生知识流通和溢出。基地中知识溢出与学习的主体是基地中的企业、公共研究机构、公共服务机构以及用户,同时,知识溢出与学习的主体也是知识和技术流通的主要源泉和途径。

第6章是对全国14家国家数字出版基地运行绩效进行的实证研究。首先介绍了开展基地运行绩效评价的意义与作用。然后在此基础上通过专家打分法和层次分析法构建基地的运行绩效评价指标体系。另外,在搜集定量和定性数据之后,将其代入指标体系,得出国家数字出版基地运行绩效的测度和评估结果。一是通过4个二级模块的不同得分,能够分析出各个基地不同模块的优势和劣势的横向测评结果;二是可以得出14家基地运行绩效的整体排名,并且将其划分为绩效极高、较高、中等、较低和极低五个不同梯度,从而得到纵向测评结果。

第7章是总结与讨论。简要陈述和总结本书的研究结论,另外指出该研究的创新点以及不足之处,并对未来的延伸研究进行展望。

目　　录

1 研究述评

数字出版产业集群化不仅是我国发展数字出版产业的重要途径,还是提升数字出版产业竞争力的重要举措。而国家数字出版基地是我国数字出版产业集群的重要表现形式。新闻出版总署在 2011 年发布的《数字出版"十二五"时期发展规划》中明确指出在"十二五"期间我国数字出版产业发展的主要目标之一就是要建设 8～10 家功能各异、类型多样、重点突出以及布局合理的数字出版产业基地,目的是打通我国数字出版产业链,提高数字出版产业集中度,鼓励基地集中资源,突出特色,做强、做大一批数字出版的龙头企业,发挥示范作用,以此带动和辐射周边地区共同发展。截至 2021 年 6 月,由国家批复的国家数字出版基地数量达到了 14 家,共实现营业收入 1951.5 亿元。我国的数字出版产业在规模经济、媒介融合、竞合、协同创新方面都有了质的飞跃和提升。

1.1 研究背景

互联网和移动通信的迅速发展给新闻出版行业带来了新的产业板块——数字出版。数字出版产业中的电子书、电子期刊、网络游戏、在线音乐、网络广告等板块不仅扩大了新闻出版行业的范畴,而且改变了传统意义上的文化传播方式,逐渐成为我国新闻出版行业中潜力最大、发展速度最快的领域。国家数字出版基地就是在这样的背景下孕育而生,并且成为我国数字出版产业发展战略中的重要一环。

1.1.1 数字出版产业飞速发展推动产业转型升级与融合发展

我国数字出版产业的发展始于 20 世纪 90 年代。作为我国数字出版的开拓者和先锋,电子工业出版社、人民邮电出版社等一批掌握先进 IT 技术的专业类出版单位提出开发自主的信息管理系统,此时录音带、唱片、光盘等数字出版物的出现代表着我国数字出版产业进入了萌芽时期[①]。到 21 世纪初,互联网的普及使得博客、微博等多种个人信息发布方式开始呈现,并且随着首届中国数字出版博览会的召开,我国数字出版产业正式进入高速发展阶段,网络原创文学、手机出版等崭新的数字出版模式迅速占领市场,形成完整的产业链和商业规模[②]。而近些年来,数字出版产业更是改变了大众的传统阅读方式和习惯,手机、平板电脑、电子阅读器等数字移动阅读终端更新换代速度逐步加快,正持续改变着大众的阅读习惯,同时数字出版产业的范围也正慢慢扩大,涉及生活的方方面面。碎片化、移动化、社交化、个性化和定制化已经成为移动互联网时代数字内容传播的主要特征。数字出版产业飞速发展,推动了我国出版行业整体从产品融合与渠道融合的产业模式,逐渐演变为平台和生态融合的产业模式。

中国新闻出版研究院 2012—2019 年的新闻出版行业分析报告数据显示,从 2012 年到 2016 年的 5 年时间,我国数字出版的年增长率始终保持在 30% 左右,2017 年开始进入一个稳步发展和增长的阶段,直到 2019 年,我国数字出版年营业收入逼近万亿元规模。2012—2019 年中国数字出版产业营业收入增长情况如图 1-1 所示。

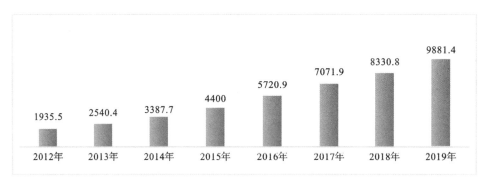

图 1-1　2012—2019 年中国数字出版产业营业收入增长情况(单位:亿元)

从 2019 年的数据(图 1-2)来看,互联网广告、移动出版(包括移动阅读、移动音乐、移动游戏等)以及在线教育是构成数字出版产业营业收入的主要板块,分别是 4341 亿元、2315 亿元以及 2021 亿元,由此可以看出,大众已经习惯了知识服务和移动化的数字内容,而且知识服务和移动化的数字内容已成为数字出版产业的主要营业收入来源。

5 年之间,在线教育板块的营业收入已经从 2015 年的 180 亿元增长到 2020

---

① 肖洋. 我国数字出版产业发展战略研究——基于产业结构、区域、阶段的视角[D]. 南京:南京大学,2013.

② 胡昀. 我国数字出版产业发展现状及策略[D]. 保定:河北大学,2010.

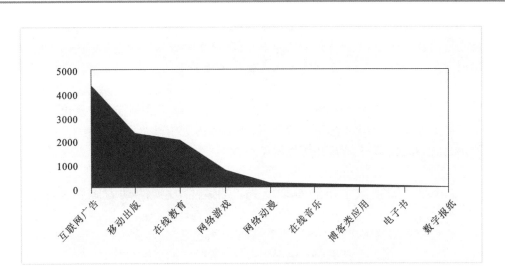

图 1-2 2019 年数字出版产业营业收入板块构成（单位：亿元）

年的超过 2000 亿元，从初步形成在线测评、数字教材、在线课程、电子作业、在线学习资源及在线学习平台等多个领域的发展模式，发展到已实现学前教育、K12、高等教育、职业教育等全学龄化覆盖。尤其是在 2020 年新冠肺炎疫情对全球经济和社会产生重大影响的情况下，在线教育为全球提供了完整、可持续的线上教学模式和方案，加速了其在教育领域的实践和应用进程，也因此带来了巨大商机①。

　　而电子书领域则陷入了创新升级的困境，虽然网络文学近年来发展得如火如荼，各种大热 IP 运营的成功给网络文学带来了新的机遇，但现有的电子书的发展急需从产品到服务的全面升级，用户期待电子书产品形态的多元开发以满足不同场景下的多元阅读需求。目前，在电子书转型升级探索的道路上，一些出版单位和数字阅读平台纷纷进行有声书等电子书产品形态的多元创新开发，结合 AR（augmented reality，增强现实）、VR（virtual reality，虚拟现实）等新一代技术以实现电子书的多维呈现。

　　另外，在中央人民政府 2016 年发布的《中华人民共和国国民经济和社会发展第十三个五年规划纲要》中，首次将数字出版列入了国家规划纲要中，明确发出"加快发展网络视听、移动多媒体、数字出版、动漫游戏等新兴产业"的指示。因此，透彻而客观地解析国家数字出版基地的形成和发展，研究制定科学合理的数字出版基地评价标准和评估体系，有利于准确地评价数字出版基地发展的现

---

① 邬大光，李文. 我国高校大规模线上教学的阶段性特征——基于对学生、教师、教务人员问卷调查的实证研究[J]. 华东师范大学学报（教育科学版），2020,38(7):1-30.

状和竞争力,使政府能针对数字出版基地制定更精准的扶持政策,能够进一步推动基地的技术创新,培育优势龙头企业,增强数字出版基地中企业之间的纵向和横向联系,带动区域数字出版产业以及整个区域经济的发展,对我国将来数字出版产业集群化发展具有重要意义。在新技术、新产品和新业态的驱动以及资金、渠道、平台等多种资源的竞争与博弈的环境下,我国数字出版产业呈现出产业融合发展更加深入、需求市场不断细分、新兴媒体内容个性化定制趋势明显、长尾经济凸显、双边市场广泛应用等发展态势①。

1.1.2　国家数字出版基地成为产业融合发展的动力源和孵化器

在目前我国数字出版产业迅速发展的背景之下,合理优化资源的聚集和配置,实现数字出版产业链纵向上的深度分工,横向上的紧密合作,以及网络结构上的竞合效应,大幅度提升数字出版产业生产效率是整个数字出版产业健康发展的大方向和大目标,实现上述目标的有效途径就是集群化。而集群化的主要表现形式就是国家数字出版基地的布局和发展。

在数字出版基地诞生之前以及诞生初期,我国数字出版产业链上下游之间的分工协作关系不是特别明确,极大地制约了我国数字出版产业的发展以及行业的顺畅运行。传统出版商与技术商之间呈现互相抵触的局面,相互之间的合作积极性相对较低②。而当数字出版基地在各地的布局逐渐完成并且稳定后,不难发现,数字出版产业中的关联企业之间的合作程度开始加深,传统出版商与技术商之间逐渐找到了合适的竞合模式,开始探索新的融合路径。

目前,在我国运营和建设中的 14 家国家数字出版基地中,上海张江国家数字出版基地、天津国家数字出版基地和广东国家数字出版基地是所有基地中发展最快、最稳,产业集群效应最凸显的三大集群。作为我国的第一家国家级数字出版基地,上海张江国家数字出版基地于 2008 年 7 月挂牌并开始运营,经过 14 年的发展,已成为全国数字出版基地中的领军集群,其在网络文学、网络游戏、电子书等业态方面迅速建立了领先优势,并且入驻的盛大文学(现为阅文集团)、暴雪娱乐、喜马拉雅等王牌品牌表现突出③④。天津国家数字出版基地在 2011 年落户天津空港经济区,基地内入驻如爱国者、科大讯飞、中兴、大唐等国

① 李游.完善数字出版产业的若干措施[J].出版参考,2016(6):38-39.

② 曾元祥.数字出版产业链的构造与运行研究[D].武汉:武汉大学,2015.

③ 孙玲.我国国家数字出版基地管理运行模式浅析——以上海张江和江苏基地为例[J].传媒,2015(22):72-74.

④ 宋亮亮.浅析国家数字出版基地发展现状[J].中国报业,2015(21):70-71.

际领先的信息技术软硬件研发和服务商。同时,天津基地也是最早建成云计算服务中心的国家数字出版基地,为政府和企业提供高性能、低成本的一站式信息化服务。广东国家数字出版基地重点打造数字出版龙头企业和知名品牌,聚集效应明显,数字出版产品丰富多样,平台建设亮点纷呈,数字出版技术不断升级。其他大部分基地还处于基础设施建设和大规模招商引资的形成阶段。截至2015年,全国基地(园区)已建成并投入使用面积超过2000万平方米(包括印刷基地、音乐动漫基地等),全年总营业收入和利润总额分别达到了2200亿元和400亿元,基地中从业人员超过20万人,入驻企业数量也已超过6500家①。

此外,江苏国家数字出版基地将重点放在数字出版的研发、生产和培训、电子商务及相关产业的"孵化"方面。该基地下辖的五个园区充分集中和发挥了当地的技术和文化资源优势,在突出区域特色的前提下明确了各园区的发展定位和路径。南京是我国的历史文化名城和信息科学中心之一,集中了全省大部分的书报刊出版资源和优势软件企业,在推进传统新闻出版融合发展的同时,积极打造"智慧教育"基地、手游出版运营基地。无锡动漫、影视、新媒体产业发达,聚集了一批优势企业和优秀人才,以发展影视动漫、网络音视频等产业为重点。苏州园区重点打造网络游戏、电子书产业链。扬州园区是全球最大的电子纸生产基地,占据全球电子纸产量的90%以上,以发展电子纸和推进电子书包应用为重点②。镇江园区重点围绕富媒体数字内容加工、数字教育、网络游戏等打造上下游产业链。江苏国家数字出版基地在借助众多高校、科研院所的技术和人才资源的同时,还聚集了大量民营文化创意企业和各类数字出版企业,形成了差异化、特色化的产业集群,在推动江苏的数字出版产业转型升级的道路上迈出了坚实的一步。

国家数字出版基地目前已逐步成为我国数字出版产业的动力源和孵化器。从我国数字出版产业集群战略实施的现状来看,目前来说虽然实现了数量上的规模化,但多元化和差异化还不够明显。根据文化产业集群战略的内容构成,深化到我国的数字出版产业集群战略,要达成互赢格局的战略目标,必须紧抓数字出版特色产业集群建设、区域数字出版产业协调发展、国际出版产业分工体系建构以及产业布局和结构优化四个部分③。国家数字出版基地对于促进和推动数

---

① 龚牟利. 全国新闻出版产业基地(园区)哪家强?[EB/OL]. (2017-02-07)[2021-02-07]. http://mp.weixin.qq.com/s/DwB7vkZb8npkOJP7VjSftQ.

② 吴生锋. 全球90%电子纸"扬州川奇造"[EB/OL]. (2012-06-20)[2021-06-10]. http://www.taiwan.cn/local/jiangsu/dongtaixinwen/201206/t20120620_2753314.htm.

③ 肖洋. 我国数字出版产业发展战略研究——基于产业结构、区域、阶段的视角[D]. 南京:南京大学,2013.

字出版产业规模化具有重要的产业影响力,是促进我国文化大发展、大繁荣的重要力量。另外,国家数字出版基地对于构建我国数字出版产业区域发展的新格局和创新数字出版发展管理模式等方面也有着不可替代的重要作用。

1.2 产业集群相关研究综述

产业集群的概念可以追溯到经济学创始人亚当·斯密(Adam Smith)在1776年提出的分工协作理论,是指一群具有分工性质的中小企业以完成某种产品的生产联合为目的而结成的群体。国内外学者经过 200 多年的探讨和研究,对产业集群的研究也从概念、理论基础、分类等基本理论问题深入到产业集群的组织结构、治理、演进、运行、绩效、评价等各个方面。在我国,数字出版基地作为一种新型的高科技与文化融合的产业集群,其存在与发展是推进新闻出版行业转型升级,优化数字出版产业结构,形成集群优势的重要方式。目前,学者们对于数字出版基地的关注点主要集中在概念、功能、发展现状和政策几个方面,鲜有对基地的内部结构和机理、运行机制、运行效果、评价等方面进行探讨和研究。以下将从产业集群概念界定以及产业集群相关理论及应用研究进展几个方面进行归纳和综合分析,为本书主体部分的研究奠定基础。

关于产业集群的相关理论和研究进展是本研究得以开展的基础,对产业集群的理论剖析以及应用研究可以为分析国家数字出版基地的演进、结构、运行机制等各方面打下理论基础。

1.2.1 产业集群概念界定

20 世纪 80 年代以来,关于产业集群的相关研究越来越受到关注,经过了多年的发展,其定义、称谓和内涵在不断完善。各国文献中出现的与产业集群类似的称谓有多种,例如"产业群""地方企业集群""区域集群""地方生产系统"等。Schmitz 在 1995 年对意大利的鞋业产业群的研究中,在研究发展中国家的产业群的竞争优势和发展规律时,将产业群定义为企业在地理和部门上的集中[1]。Rosenfeld 认为产业集群是在地理空间上集中但彼此有界限,企业之间相似、相

① SCHMITZ H. Small shoemakers and fordist giants,tale of a supercluster[J]. World Development, 1995,23(1):9-28.

关、互为补充的企业的集中①。这些企业之间不仅共享专业化的设施、劳动力市场和服务,还要共同面对机遇、挑战和危机,从而建立积极的商议贸易、交流和对话渠道。著名经济学家迈克尔·波特(Michael E. Porter)在 1998 年明确而系统地提出了以产业集群为主要研究目标的新竞争理论。此外,他对产业集群概念的定义和总结在全球范围得到广泛认可。他认为产业集群是指在特定区域的业务上相互联系的一群企业和相关机构在空间上的聚集,这些企业和机构不仅在地理位置上集中和相互联系,还形成强劲的效益和持续的竞争优势②。V. Hove,J. A. Theo 和 T. G. Roelandt 的观点是:产业集群是一种为了获取新的互补技术,从互补资产和知识联盟中获得收益,加快学习过程,降低交易成本,克服或构筑市场壁垒,取得协作经济效益,降低创新风险,将分散相互依赖性很强的企业(包括专业供应商)、知识生产机构(大学、研究机构和工程设计公司)、中介机构(经纪人和咨询顾问)和客户通过增值链相互联系形成的网络③。2001年,Bergman 和 Feser 根据前人的研究成果,整理出与产业集群相关的一众概念及其内涵。他们将产业集群定义为:一个由商业企业和非商业组织构成的集团,集团内的成员存在是其他成员企业保持个体竞争力的一个重要因素。支撑集群集结的是"供销关系",或共同的技术、共同的顾客或分销渠道,或共同的劳动力市场④。

吴德进根据市场经济中的三种治理体制:科层组织、中间组织和市场组织的属性和内涵,将产业集群的本质概括为一种介于市场和科层之间,比市场组织稳定,比科层组织灵活,适度高资产专用性,信用程度偏高,既竞争又合作,既相互独立又相互依存,主要依靠关系、信任和承诺来进行协作的中间性体制组织⑤。隋映辉认为产业集群不仅是指一群相似的企业在地域上的靠近,更多蕴含的是一种由产业链、供应链、技术链和创新链共同构成的价值链以及产业集群竞争优势的独特现象和运作机制⑥。

---

① ROSENFELD S A. Bringing business cluster into the mainstream of economic development[J]. European Planning Studies,1997,5(1):3-23.

② PORTER M E. Clusters and the new economics of competition[J]. Harvard Business Review,1998:77-90.

③ HOVE V,THEO J A, ROELANDT T G. Clusters' innovation styles[J]. Technology Analysis & Strategic Management,1998,8(4):18.

④ BERGMAN E M, FESER E J. Industrial and regional clusters:concepts and comparative applications[M]. Morgantown:Web Book of Regional Science,1999.

⑤ 吴德进. 产业集群论[M]. 北京:社会科学文献出版社,2006.

⑥ 隋映辉. 产业集群——成长、竞争与战略[M]. 青岛:青岛出版社,2005.

从各国学者的研究中可以看出产业集群的概念在不断完善和细化,已经明确地与产业聚集的概念区别开:并不是扎堆在一起运营的企业群就能称作产业集群;"扎堆"仅仅表明企业之间地理位置上的相互靠近,而能否成为产业集群还要考虑企业之间的联系是否密切,是否存在既密切合作又激烈竞争的关系等因素。郑宏星认为聚集仅仅是产业集群的位置要素,除此之外,还应包括集聚主体的组织要素(产业联合体)与认知要素(产业区域创新与集体品牌载体)[①]。产业集群一定是产业聚集,而产业聚集却不一定是产业集群。从制度的视角来看,产业集群是从产业聚集到产业联合体,再到产业区域创新与集体品牌载体的演进过程,是企业竞争规则变迁并赢得竞争优势的演进适应系统。

1.2.2　产业集群分类研究

对于产业集群的分类,不同国家的学者从不同的角度有不同的分类标准。Ann Markusen 根据集群内部企业之间不同的连接方式把产业集群分为马歇尔式产业集群、政府主导型集群、中心外围集群以及卫星平台式集群[②]。通常来说,马歇尔式产业集群中的企业规模都比较小,这种集群生产的产品主要用来满足区域内的市场需求。政府主导型集群是指国家和当地政府部门利用经济干预和政策手段推动相关产业资源聚集、创造企业聚集环境,从而直接决定集群的形成与发展。政府部门在该类集群演进过程中发挥着决定性的核心作用。中心外围集群也称轮轴式集群,这种集群主要是围绕某种或几种产业的一个或多个龙头企业来建立的,例如日本丰田汽车城和美国底特律汽车城。卫星平台式集群则是指总部在区域外的大型企业居于集群经济的支配地位,而通常这些大型企业掌握着集群经济的关键投资决策权。Peter Knorringa 和 Jörg Meyer-Stamer 在 Ann Markusen 研究的基础上将产业集群进一步分为卫星式产业集群、意大利式产业集群以及轮轴式产业集群,并且在前人的研究基础上分别归纳了每种类型的产业集群的主要特征、优缺点、典型发展轨迹和政策干预,得到了众多学者的认可[③]。另外,学者 Lynn Mytelka 和 Fulvia Farinelli 在其研究中,通过对比集群中企业的规模、数量、参与度、创新能力等方面,将产业集群分为非正式集

---

① 郑宏星. 产业集群演进的制度分析[M]. 北京:中国社会科学出版社,2008.

② MARKUSEN A. Sticky places in slippery space:a typology of industrial districts[J]. Economic Geography, 1996 (72):293 313.

③ KNORRINGA P,MEYER-STAMER J. New Dimensions in enterprise cooperation and development: from clusters to industrial districts. 1998(10).

群、有组织集群和创新型集群三种类型①。非正式集群呈现的特点是关键参与者的参与度比较低,集群中的企业规模通常较小,技能和技术要求也比较低且在技术和产品方面几乎没有创新。相比之下,创新型集群的各个指标都比较高,例如关键参与者参与度高,包含大中小各种规模企业,技能和技术要求都高,且在技术和产品方面能够进行持续创新,出口产量也比较高,集群内部间各企业的相互关联也比较紧密。而有组织集群的指标则基本处于两者之间。Alex Hoen 从理性分析角度用两种标准将产业集群分为两类:第一类是根据分析的层次和范围将产业集群分为宏观、中观和微观三个层面;第二类是根据集群内部企业间的关系将产业集群分为创新链和产品链②。吴德进按照产业性质、发展的驱动力、企业组织和关联结构、形成方式、产业关联方式以及依托资源特色的不同,将全球产业集群归纳和总结为六种主要类型③。总结众多学者的分类方式,产业集群的主要分类方式如表 1-1 所示。

表 1-1 产业集群的主要分类方式

划分角度	类型	特点	典型例子
按照产业性质划分	传统产业集群	以传统的手工业或劳动密集型传统工业部门为主	中国海宁皮革产业集群、中国柳市低压电器产业集群、意大利艾米利亚-罗马涅大区
	高科技产业集群	依托当地科研力量,发展高新技术产业,具有强烈的创新氛围和创新精神	美国硅谷、印度班加罗尔、法国索菲亚、日本筑波、中国光谷
	资本与一般技术相结合产业集群	—	日本大田、德国南部巴登-符腾堡
按照发展的驱动力划分	原生型	由区域内部力量或者说区域内部资源、市场等因素驱动而发展起来的产业集群	浙江温州鹿城鞋业产业集群、宁波服装产业集群、永康五金产业集群、义乌小商品产业集群
	嵌入型	由区域外部力量或要素驱动而发展起来的产业集群	广东东莞电子信息产业集群、福建福州东南汽车产业集群

① MYTELKA L,FARINELLI F. Local clusters,innovative systems and sustained competitiveness [J]. UNU-INTECH Discussion Paper Series,2000(4):561-562.

② Hoen A. Three variations on identifying clusters[R]. Paris:OCED,1997.

③ 吴德进.产业集群论[M].北京:社会科学文献出版社,2006.

续表

划分角度	类型	特点	典型例子
按照产业内企业组织和关联结构划分	马歇尔式	企业规模小,主要满足区域内市场需求	第三意大利产业集群
	轮轴式	围绕一种或几种产业的一个或多个主要核心企业形成的产业空间组织形式	日本丰田汽车城、美国底特律汽车城
	卫星平台式	总部在区域外的大型企业居于集群经济的支配地位,掌握集群经济的关键投资决策权	美国研究三角园
按照产业集群的形成方式划分	诱致生成型	"自下而上",主要由市场自发驱动,政府只在产业集群发展到一定阶段时才主动介入,承担相应责任	英国斯塔福德郡的陶瓷产业集群
	引导培育型	"上下结合",政府通过观察发现产业集群发展的雏形,及时介入、培育与指导而形成的产业集群	—
	强制培育型	"自上而下",通常是政府(可能是中央政府,也可能是地方政府)战略规划的结果	—
按照产业关联方式划分	垂直关联型	在多层次产业集群中,上、下游企业间存在着原材料供应、成品或半成品和成品销售的投入与产出相联系的复合产业群体	北京 CBD 国际传媒文化创意产业聚集区、浙江舟山海洋生物和海产品深加工产业集群
	水平关联型	集群企业生产的产品大致相同,面对共同的市场和用户,企业仅以提供差异化的产品来避免同质竞争	—
按照集群依托的资源特色划分	大企业依托型	一家或少数几家大企业居于集群核心地位,其他大量中小型企业与大企业形成配套关系	—
	高等院校或科研机构依托型	高科技产业集群,具有较强的创新能力和产品更新换代快的特征	—
	政府依托型	优惠政策吸引企业入驻	—

对于我国的产业集群,学者们从不同的维度提出了不同的分类方式。仇保兴按照结构,将我国产业集群分为市场性中小企业集群,以大企业为中心、中小企业为外围的锥形集群,以计算机辅助设计和制造业的柔性生产方式来进行生产的混合网络型集群三种①。朱英明在《中国产业集群的识别方法与类型划分》一文中,将我国产业集群分为轻型制造业集群、重型制造业集群、建筑行业集群和服务行业集群四个大类。其中轻型制造业集群包括种植业、电子产业和纺织产业三个亚类;重型制造业集群包括钢铁、石油、有色金属和化学四个亚类;建筑行业集群无亚类;服务行业集群包含商业、饮食业和行政三个亚类②。

另外,许多学者是根据我国产业集群的形成方式或主导因素来加以分类的。例如,李凯和李世杰根据我国产业集群的形成过程和主导因素将我国产业集群分为政府主导型和市场主导型两大类。其中政府主导型集群又包括政策引导型和政策指令型两种;市场主导型集群分为资源禀赋型、柔性产业综合体型和社会网络型三种类型③。同样,根据产业集群形成的主导因素对我国产业集群进行分类的还有学者郭胜利,他将我国产业集群分为资源驱动型、贸易驱动型、外商直接投资型、大企业种子型、大企业裂变型、产业转移型以及规划引导型七种类型。郭胜利认为:①资源驱动型集群分为自然资源驱动型、社会资源驱动型和科技资源衍生型三种。②从本质上来说,贸易驱动型集群就是龙头企业带动型,即由少数龙头企业带动周围中小型企业发展而形成的集群。③外商直接投资型集群分为两种:一种是围绕个别外商投资的龙头企业形成众多其他中小型企业配套的产业集群,另一种是全球行业内大企业和产业链上、下游企业聚集而成的产业集群。④大企业种子型集群是指基于大型企业需求而形成的产业集群。许多大企业在完成其核心能力建设之后,将其他业务外包给其他中小企业,由此将它们吸附在周围,从而形成全产业链的产业集群。⑤大企业裂变型集群指的是国有大中型企业在经过体制和机制改革之后将原有的内部交易转化为外部市场交易从而形成众多独立的中小企业,这些相关的企业再经过不断繁衍和聚集而形成的产业集群。⑥产业转移型集群指的是发达国家或地区将产业中低附加值部分环节向不发达国家转移,并且这些企业在某一地区逐渐聚集而形成的产业集群。在我国这种集群又分为两种情况:一种是欧美发达国家企业向我国东部沿海地区转移,第二种是我国东部沿海企业向我国中西部地区转移。⑦规划引导型集群指的是国家或当地政府根据该地区的地区战略和区域发展条件,有针对

---

① 仇保兴. 小企业集群研究[M]. 上海:复旦大学出版社,1999.

② 朱英明.中国产业集群的识别方法与类型划分[J].统计与决策,2006(23):30-32.

③ 李凯,李世杰. 我国产业集群分类的研究综述[J]. 当代财经,2005(12):93-96.

性地进行规划,通过投资建立工业基地、产业园区或经济开发区进行招商引资而逐步发展形成的产业集群[1]。另外,隋映辉也是从产业集群形成的角度,将我国产业集群分为五类:第一类是专业镇模式集群,这种类型的集群是依靠当地企业家精神和工商业传统,在农村或乡镇工业基础上建立的;第二类是以招商引资或创新带动的企业创新网络而形成的集群;第三类是通过全球产业链整体性转移或外包加工而形成的集群;第四类是以大型跨国公司为龙头企业聚集相关配套企业而形成和发展的集群;第五类是在共有经济基础上,经过改制后,企业不断繁衍和聚集而形成的集群[2]。与隋映辉分类方式相似的是王辑慈的分类方式,他也将我国产业集群分为五种类型,分别是传统工业基地、外协加工基地、经济开发区、高技术产业集群和乡镇企业集群[3]。

通过以上各国著名学者从不同角度对产业集群进行分类的方式,可以发现,国家数字出版基地符合其中某些类型的产业集群的典型特征。首先,国家数字出版基地除了需要具备一定文化产业实力之外,非常需要信息科技产业作为支撑,因此,它必须依靠当地的科研力量和高科技产业不断推动其创新。其次,从产业集群的形成方式来看,14 家国家数字出版基地的形成方式除了上海张江基地是在已经相对比较成熟的条件下政府再介入批复而为其挂牌之外,其他的 13家基地都是由地方政府配合中央对全国的数字出版产业进行战略规划布局而产生的,由此可以看出其政府主导型的特征非常明显。再次,从其他的划分方式来讲,国家数字出版基地中的企业既需要上、下游之间的垂直关联合作,也存在同类企业之间的水平竞争、协作;既需要依托大企业,也需要高等院校、科研机构与政府的支持。由此,可将国家数字出版基地的类型确定为政府主导型,具有文化创意产业特征的高科技产业集群。

1.2.3　产业集群演进研究

与产业集群演进相关的研究主要围绕演进过程、演进路径、对影响集群演进的因素分析这几个方面进行。对产业集群演进过程的研究主要立足于蒂奇(G. Tichy)的生命周期理论,在此基础上各学者开展了对不同类型集群的研究和分析。

张惠丽将文化产业集群的演进过程分为形成、成长和成熟阶段,她认为在文

---

① 郭胜利. 中国产业集群分类[J]. 中国市场,2010(32):133-134.

② 隋映辉. 产业集群——成长、竞争与战略[M]. 青岛:青岛出版社,2005.

③ 王辑慈. 创新的空间:企业集群与区域发展[M]. 北京:北京大学出版社,2001.

化产业集群形成的阶段,集群处于一种横向聚集的状态,聚集的是大量业务类似的企业。在成长阶段,文化产业链上、下游的纵向企业开始聚集,围绕核心企业开始进行分工协作,演进到成熟阶段则会形成一个完整、成熟的集群网络①。王发明从生态学的角度出发,认为产业集群演进在经历孕育期、发展期和成熟期以后,不一定只能走向衰亡,而是有可能出现正向更替、反向更替和扩散迁移三种情况。正向更替是指集群找到了转型升级的路径,获得持续发展;反向更替则是指集群衰亡解体;扩散迁移是指放弃原生产地区,集群整体向其他地区迁移②。

杨慧认为对于内生型的传统产业集群来说,生产所需的自然要素和市场机制是在形成阶段影响这类集群能否进入发展期和成熟期的最重要因素,而进入成熟期后,政策的支持和调控则是该类集群能够稳定发展、获得持续发展能力的关键③。黄龙认为,在传媒产业集群中,横向分工比较明确,但在产业链上的企业之间联系比较松散,还未形成紧密的集群产业链④。王睿从产业集群生命周期的四个不同阶段分析了高科技产业集群的演进机制,并且用灰色关联度法对高科技产业集群的演进机制进行了判定模型的构建,指出聚集水平、合作水平、创新水平和配套水平是影响高科技产业集群演进发展的四大重要因素,并在北京石龙开发区的案例上进行了验证⑤。潘顺东认为影响产业集群演进的因素分为集群外部因素和内部因素,外部因素包括产业区位、基础设施、制度环境、生态环境、科技水平等;内部因素则包括企业结构、企业的战略行为、资源配置等⑥。于善波认为找到正确集群演进路径的关键在于三个方面:优化网络结构、加强网络成员间的连接强度以及加强协调与监控能力⑦。王发明则认为若要防止集群朝衰退和解体的方向发展,则必须保持创新力和控制力的动态同步⑧。

1.2.4 产业集群组织结构研究

组织结构是整个集群运作的框架部分,对组织结构进行研究能够对产业集群内部要素的空间位置、聚集状态、相互之间的联系程度以及互动关系有比较清

---

① 张惠丽. 文化产业集群演化动力机制研究[D]. 西安:西安建筑科技大学,2015.
② 王发明. 基于生态观的产业集群演进研究[D]. 杭州:浙江大学,2007.
③ 杨慧. 内生型传统产业集群演化研究[D]. 上海:华东师范大学,2016.
④ 黄龙. 中国传媒产业集群演进研究[J]. 青年记者,2016(22):89-90.
⑤ 王睿. 高科技产业集群演进机制研究[D]. 北京:北京林业大学,2011.
⑥ 潘顺东. 产业集群演进机制研究[D]. 苏州:苏州大学,2004.
⑦ 于善波. 网络视角下的产业集群演进路径研究[J]. 现代商业,2015(17):71-72.
⑧ 王发明.基于生态观的产业集群演进研究[D].杭州:浙江大学,2007.

晰的认识①。大部分学者将产业集群的组织结构分为两个层级：核心层和辅助层。核心层主要指的是集群中的企业，横向相关和类似的企业以及占据各产业类型不同产业链位置的企业。辅助层则包括相关高校和科研机构、公共服务平台、政府部门等为集群发展服务的各个机关和部门。还有一些学者对不同类型的产业集群进行了针对性研究，发现有些集群在核心层和辅助层的基础上还有外围层和非正式关系层等更复杂一些的结构②③④。

产业集群主要有无核心的星型、单核心和多核心等三种不同集群结构类型。张丹宁根据集群网络密度的大小将单核心和多核心集群进一步分为松散单核心型、紧密单核心型、松散多核心型以及紧密多核心型四种集群结构类型，并且认为紧密多核心集群是最为成熟的集群类型，具有完整的集群配套、深入的分工体系以及稳定的合作关系等竞争优势⑤。高菲等分析了多核式中卫型产业集群的网络结构，其认为在这种结构的集群，产业链上的各核心企业为不同的核心节点，核心企业之间联系的紧密性是该结构集群协同生产、合理配置资源的重要保证⑥。

1.2.5 产业集群运行研究

对于产业集群如何作为一个整体运作，目前学者们也进行了比较多的研究，主要从产业集群的运行模式、运行机理、运行机制这几个方面来探讨。

王中颖在目前产业集群运行中存在问题的基础上构建了一套适合我国国情的产业集群运行模式，其中包括集群信息集成系统、技术联盟、物流运作中心、良好信任与契约机制以及产学研合作机制几个方面的建立和整合。她认为这样的运行模式能够扩大集群的经济规模、实现资源的强势整合配置以及发挥持续的竞争优势⑦。华慧将虚拟产业集群的运行系统分为内部、外部两个平台，内部平台包括学习创新、信息共享、物流网络和契约网络，外部平台则包括外部制度化建设、市场信用体系建设、服务体系建设和产业政策扶持⑧。徐剑等认为在网络

---

① 尚力强. 浅论产业集群内部网络组织结构[J]. 中国合作经济,2005(5):53-54.
② 骆建栋. 产业集群合作创新网络的结构和运行机制研究[D]. 长沙:湖南大学,2009.
③ 王中颖. 产业集群的组织运行模式研究[D]. 沈阳:沈阳工业大学,2006.
④ 陈玉慧. 厦门汽车产业集群创新网络结构与功能研究[J]. 地域研究与开发,2012(1):60-64.
⑤ 张丹宁. 产业网络视角下大企业集群结构与演进研究[J]. 科技进步与对策,2012(11):54-57.
⑥ 高菲,俞竹超,江山. 多核式中卫型产业集群的网络结构分析[J]. 产经评论,2014(5):63-77.
⑦ 王中颖. 产业集群的组织运行模式研究[D]. 沈阳:沈阳工业大学,2006.
⑧ 华慧. 虚拟产业集群运行研究——以浙江为例[D]. 杭州:浙江工业大学,2011.

环境下,产业集群的运行模式应该能够快速响应市场,集群中各内部成员间信息流动的速度快,信息资源分享及时,具备高效率、协同一致的运作能力。这主要通过建立集群信息集成系统、技术联盟、产学研合作机制以及对集群进行有效整合等几个方面的工作来完成①。除了上述平台和机制的建立之外,毕新堂认为利益分配机制、平台制度以及公益性检测服务平台的建立也是产业集群顺利运行的保障②。

运行机理指的是为了实现某一功能或目的,参与活动的各要素在一定条件或环境下遵循的运行规则和原理。杨雪萍和郭金喜以义乌小商品产业集群为例,分析了市场型产业集群的运行机理。他们认为协调机制、驱动力、组织机制和退出机制共同组成了运行机理。市场型产业集群的协调机制主要是指市场信息对商业群体和制造业群体之间进行引导和牵引的调控。通过市场信息,制造业群体可以及时跟进消费者的需求变化,及时推出新产品和提高产品的应变速度,同时能够判断对手战略从而调整市场方向,如挖掘新的细分市场来进行差异化竞争等。产业集群的运行动力来自产业间内部双向正激励的共生驱动以及外部政府的政策支持和引导。主体介入的"贸+中介+工"的来料加工以及同一主体的贸工一体化是其集群内部的组织互动方式。低成本的退出机制是该类型集群不太会遭受毁灭性打击以及容易重生的原因③。

运行机制指的是集群内部在运作时遵循的一些规律,主要有专业分工互补机制、文化向心机制、协同创新机制、知识溢出机制、技术学习机制、技术扩散与共享机制、交易费用机制、竞合机制、激励机制、利益分配机制、人才机制等,每一种机制在集群的运行当中多多少少会发挥一些作用,但在不同类型的产业集群中不同运行机制发挥的作用和重要程度也不同④⑤⑥⑦⑧⑨。例如,对高科技产业集群来说,协同创新、人才、技术扩散与共享、知识溢出、技术学习等机制对其运行来说是比较核心的机制,是集群顺利运行的关键机制。张小凤认为对于创意产业集群来说,产品创新机制(包括创意设计方案创新、模块创新以及集成创

① 徐剑,王中颖,鲁卓,等. 网络环境下产业集群的组织运行模式研究[J]. 物流科技,2006(3):110-112.

② 毕新堂. 产业集群运行模式研究[J]. 科技与企业,2015(4):1.

③ 杨雪萍,郭金喜. 市场型产业集群的结构、功能与运行机理[J]. 嘉兴学院学报,2005(1):142-145.

④ 王宗敏. 河南高新技术产业运行机制分析[D]. 郑州:郑州大学,2011.

⑤ 刘义圣,林其屏. 产业集群的生成与运行机制研究[J]. 东南学术,2004(6):130-137.

⑥ 黄思源. 创意产业及其运行机制探析[D]. 北京:中共中央党校,2010.

⑦ 李舸. 产业集群的生态演化规律及其运行机制[D]. 吉林:吉林大学,2008.

⑧ 骆建栋. 产业集群合作创新网络的结构和运行机制研究[D]. 长沙:湖南大学,2009.

⑨ 殷婷. 基于生态观的产业集群网络运行机制研究[D]. 天津:河北工业大学,2010.

新）、信任与协调机制、柔性组织机制、抵御内外风险机制和竞合机制是其能够对市场变化进行迅速反应、抵抗冲击和干扰、满足市场个性化需求的重要运行机制[1]。况姗芸认为虚拟动漫产业集群的运行机制主要由内部完整的组织、制度和网络平台以及外部环境组成[2]。李宏源则认为产业集群发展的不同阶段有不同的运行机制,集群处于孕育阶段的运行机制是企业数量的简单扩张和行业利润的平均化,步入成长阶段之后,创新成为推动集群发展最重要的机制,而到了成熟和稳定期则是再模仿和再创新的循环机制[3]。

1.2.6 产业集群绩效研究

绩效评价是衡量产业集群发展进程和运行效果的有效手段。通常在结合经济学、管理学、社会学等学科理论的情况下建立起指标体系,用定量和定性结合的方式对集群运行过程和结果进行综合分析。产业集群绩效评价的理论模型通常来源于波特的"钻石模型"和帕得莫以及吉布森的 GEM 模型。

王帅力以政府主导型产业集群为研究对象,将衡量该类型集群绩效的要素指标分为基础设施、企业、市场和环境四个部分。其中基础设施部分分为由资源主导的设施建设和由政府主导的设施建设两个方面,企业部分分为供应商和相关辅助行业以及企业结构和战略两个方面,市场部分分为本地市场和外部市场,环境部分分为政府政策和社会环境两个方面[4]。曾繁英和罗致结合卡普兰平衡记分卡理论和集群的 SCP 范式将集群绩效分为财务、创新、市场和集聚能力四个绩效评价维度,分别代表的是集群的经济绩效、集群的知识溢出、集群的资源整合和关系协调能力以及集群网络结构[5]。方永恒以陕西省装备制造业集群为例,构建了区域产业集群的绩效评价体系并评价了区域产业集群的综合绩效,绩效的四大板块权重由高到低依次为经济绩效、创新绩效、集群壁垒和集群环境[6]。

---

① 张小凤. 创意产业集群的运行机理[J]. 天津市经理学院学报,2013(10):30-31.

② 况姗芸. 论虚拟动漫产业集群的运行机制与发展对策[J]. 广州航海高等专科学校学报,2011(12):33-35.

③ 李宏源. 产业集群的形成过程和运行机制[D]. 武汉:武汉大学,2004.

④ 王帅力. 政府主导型产业集群的演进机理及绩效实证研究[D]. 长沙:湖南大学,2013.

⑤ 曾繁英,罗致. 基于扩展平衡记分卡的产业集群绩效评价体系研究[J]. 华侨大学学报,2009(2):47-55.

⑥ 方永恒. 区域产业集群绩效评价研究——以陕西省装备制造业集群为例[J]. 科技管理研究,2010(12):169-171.

对国家数字出版基地的绩效评价来说,需要参考的是文化产业集群和高科技产业集群的绩效评价体系。王欣等构建了电子信息产业的绩效评价指标体系,利用模糊综合评价法从聚集能力、竞争能力、合作强度、创新能力、经济能力和投入产出能力六个方面对吉林省电子信息产业集群的绩效进行了分析[1]。田雪丰、王欢、张危宁、宋东林等学者针对高技术产业集群的特点,构建了不同的绩效评价指标体系,对四川、湖北、河北、江苏等省的该类产业集群进行了评价,可以看出创新是推动该类集群绩效增长的最重要因素[2][3][4][5]。

还有一些学者在衡量产业集群绩效时考虑了产业生态因素,将其纳入集群绩效评价体系当中。例如,庄晋才和蒋云霞都将集群绩效分为社会产出系统、经济产出系统和生态产出系统三重评价系统,但在三级指标上的考量有所不同[6][7]。

总体来说,在集群的绩效评价体系构建过程中,集群的经济绩效和社会绩效是对所有类型的集群进行综合评价时一定会考虑的两个方面,而后代表集群的新产品开发能力和可持续发展竞争力的创新能力也是近年来集群绩效相关研究中考虑得比较多的因素,尤其对于高科技产业集群来说,创新能力可以说是影响集群整体绩效或竞争力的最重要、最直接的因素。

1.3　出版基地相关研究综述

数字出版隶属于出版行业,是其不可分割的一部分,只是由于形态和技术等因素不同而导致产业链不同,它们本质上都是提供内容产品服务的。在数字出版基地产生之前,包括我国在内的许多国家已经相继建立了多家出版基地或园

---

① 王欣,高攀,孙冰,等. 电子信息产业集群绩效评价的研究[J]. 才智,2011(29):307-308.

② 田雪丰. 河北省高新技术产业集群绩效评价研究[J]. 北华航天工业学院学报,2016(1):41-44.

③ 王欢. 成都高新技术产业集群绩效研究[D]. 成都:四川农业大学,2012.

④ 张危宁,朱秀梅,柳青,等. 高技术产业集群创新绩效评价指标体系设计[J]. 工业技术经济,2006(11):57-59.

⑤ 宋东林,魏宝明. 高新技术产业技术创新绩效评价研究——以江苏省为例[J]. 技术经济与管理研究:2012(9):34-37.

⑥ 庄晋才,程李梅. 企业集群三重绩效下综合评价系统方法论纲[J]. 云南财经大学学报,2007(12):53-58.

⑦ 蒋云霞,肖华茂. 基于生态经济学的产业集群综合绩效评价体系研究[J]. 企业经济,2009(8):59-61.

区。这些基地或园区本质上都是以出版产业为核心而形成的产业集群。接下来对于传统出版基地和数字出版基地相关研究进展的归纳总结可以为本书之后的研究打下基础。

1.3.1　传统出版基地研究

传统出版基地的相关研究主要聚焦在两种产业园区，一种是出版创意产业园区，另一种是印刷包装基地或园区。在出版创意产业园区的相关研究当中，以北京出版创意产业园区为特定研究对象的相关文献相对较多。李雪峰、张谦、文心和兰舟几位学者分析了其发展现状和存在的相关问题，并提出推动园区发展的相关策略[1][2][3]。北京出版创意产业园区对于民营图书企业的意义重大，能够充分彰显民营书商品牌效应、大力发展民营出版生产力，同时也能充分整合资源，在市场和政府的合理调控下推动民营图书出版的整体发展。但目前主要存在中小企业发展困难、资源优势利用不够、文化创意缺乏、复合型人才缺乏、财政政策支持不够等问题，需要从加大出版创意产品的开发力度、刺激出版企业的创新动力、重视人才培养等方面着手解决。

乔攀、黄晓倩、贺金晓和宋盼盼借鉴美国硅谷科技园区（简称硅谷）的发展经验，分别从投融资模式和运行机制两方面论述北京出版创意产业园区的发展策略。乔攀认为，创造良好的投融资环境、建立以科技银行为投融资的主体、建立健全的企业信用体系和完善的投融资服务体系是北京出版创意产业园区在投融资方面可供借鉴的经验[4]。黄晓倩和宋盼盼则认为北京出版创意产业园区应借鉴硅谷高度完善的资本市场体系、多元化融资渠道和完善的中介服务体系[5]。贺金晓和宋盼盼从政府管理发展机制、产学研机制、企业的准入机制、人才机制和版权保护机制五个角度对比硅谷和北京出版创意产业园区的运行机制，从而得出符合北京出版创意产业园区发展的新启示[6]。

张乾峰、鲍繁、程征和梁益畅、肖翔从现状和实践的角度来分析传媒类文化

① 李雪峰. 出版创意产业园区发展浅议[J]. 科技与出版,2014(1):16-18.

② 张谦. 浅析北京出版创意产业园的发展规划[J]. 出版参考,2013(2):28-29.

③ 文心,兰舟.中国北京出版创意产业园区的发展模式解读[J].出版发行研究,2013(8):28-31.

④ 乔攀.硅谷科技园区投融资模式对北京数字出版产业基地投融资模式建设的启示[J].财经界(学术版),2014(8):127.

⑤ 黄晓倩,宋盼盼.中国北京国家级出版产业园区与美国硅谷融资模式对比[J].现代商业,2015(2):50-51.

⑥ 贺金晓,宋盼盼.美国硅谷对北京市出版产业园区运行机制的启示[J].东方企业文化,2015(4):103-106.

园区的发展状况。张乾峰以湖北传媒集团楚天 181 文化创意产业园为研究对象，认为突出的主导产业、完整的产业链、较高的企业关联度和完善的配套设施是园区发展较为成功的主要原因①。鲍繁从北京 CBD 传媒产业集群、武汉光谷传媒产业园区和印度宝莱坞电影产业基地的实践经验出发，充分揭示了传媒文化产业园区对城市、地域以及国家发展的重要作用②。程征和梁益畅分析了我国部分报业集团文化产业园的建设和发展状况，认为目前我国文化创意产业园主要面临的难题是缺乏战略定位和规划以及政策指导，另外，需要创新盈利模式，改进人才队伍建设机制③。肖翔则从政府作用这一角度出发，提出要理顺企业与政府的关系，充分发挥政府有形之手和市场无形之手的双重作用④。另外，魏玉山和甄西分析了我国部分省市的出版产业园区的发展现状，并通过对比韩国坡州出版城进行建设分析，得出我国出版产业园区与其差距在于建设理念、建设规划、建设方式和建设规模等，从而引出了我国建设出版城的可行性⑤⑥。

在印刷包装基地或园区方面的研究主要聚焦在建设、发展状况和产业聚集几个方面。付东盘点了我国印刷包装基地或园区的整体概况和发展轨迹，将我国的印刷包装基地主要归为行政手段规划、市场机制配置和企业集团联合规划三种类型，并且由此展开对印刷包装基地或园区是我国印刷包装产业的强力孵化器，但同时也存在着同质发展、资金困难、政策制约等问题的探讨⑦。另外，刘蕾和陈后强认为印刷包装基地或园区能够聚集生产要素、提升产业层次，推动印刷业中小企业的发展，还能够使该产业产生集群效应和竞争优势⑧⑨。

与传统出版产业基地相关的学位论文主要有 1 篇，是北京印刷学院程凤的硕士论文《出版产业园区建设研究》。程凤运用了产业经济学、出版学和管理学的相关理论来解析我国出版产业园区建设的相关问题，分析了出版产业园区的主要功能是科研孵化、社区服务、示范带动、承载转换和聚集优化。在产业优势方面，出版产业园区能够形成规模效应，延伸产业链，有助于优秀项目的引进以及区域创新能力的提高。在园区规划方面，要注重个性化定位、入园审核标准的

① 张乾峰. 传媒特色与创意产业园区发展[J]. 新闻前哨,2012(4):82-84.

② 鲍繁. 传媒类文化产业园区的现状、借鉴与思考[J]. 中国传媒科技,2012(11):62-65.

③ 程征,梁益畅. 文化创意产业园的传媒实践[J]. 中国记者,2013(2):68-70.

④ 肖翔. 出版传媒产业园区发挥政府作用的战略思考[J]. 中国出版,2017(13):22-24.

⑤ 魏玉山. 我们需要国家出版城吗?[J]. 编辑学刊,2009(1):25-28.

⑥ 甄西. 韩国正在修建巨型出版产业基地——主要出版、印刷、发行单位陆续进驻[J]. 出版参考,2007(21):34.

⑦ 付东. 我国印刷产业园区发展状况与建议[J]. 中国印刷,2015(3):40-43.

⑧ 刘蕾. 基于产业集群提升包装印刷园区竞争力研究[J]. 区域经济评论,2009(1):17-19.

⑨ 陈后强. 以印刷园区建设为载体加速产业集聚和升级[J]. 印刷杂志,2014(8):8-11.

完善、园区的生态保护以及遵循可持续发展、创新管理和品牌助推这三个
原则①。

1.3.2 数字出版基地研究

在数字出版产业飞速发展的背景下,数字出版基地的产生和发展也成为众
多学者研究的焦点。目前,对于数字出版基地的研究主要集中在概念、功能、发
展与运行现状、治理、相关政策以及评价研究等方面。

(1)数字出版基地的概念。

数字出版基地主要是指由政府或民间组织、机构规划建设,通过控制产业基
地招商定位,吸引数字出版产业的相关企业入驻,在基地内产生产业聚集和规模
效应,形成完整的产业链,从而促进数字出版产业快速发展的产业基地②③。数
字出版产业是典型的知识密集型服务业,上游的内容生产数字化、信息传播过程
的数字化,以及阅读终端的数字化等各个环节都与信息技术紧密关联,是出版业
与信息产业高度融合的产业,因此,数字出版基地是指处在数字出版产业链上、
下游的相关企业(包括内容生产企业、传统出版企业、技术提供企业、网络运营企
业、终端提供企业等)在同一地理区域集中和聚合并进行深度分工合作的产业集
群④⑤。数字出版基地的存在是为了整个数字出版产业的集群化发展,产生区域
辐射和带动效应,除了大量的与数字出版相关企业的聚集之外,还需要具备较完
善的产业基础、产业政策和配套设施。杨伟晔认为数字出版基地,按照驱动力可
分为自发型和外力型;按主营业务,可分为综合性数字出版基地、手机阅读产业
基地、电子书产业基地、动漫游戏产业基地、数字音乐产业基地等;按照产业集群
范围,可分为都市型、园区型和企业型三种⑥。

2014 年发布的《国家新闻出版产业基地(园区)管理办法》进一步将国家数
字出版基地的概念和范围确定为经国家新闻出版广电总局认定,以新闻出版创
意策划、内容采集加工、产品生产制作、数字内容服务、绿色印刷复制、出版物物
流配送、版权交易、进出口贸易等为主要发展方向,以聚集新闻出版企业,以及为

① 程凤. 出版产业园区建设研究[D]. 北京:北京印刷学院,2011.
② 杨海平,郑林峰. 我国国家级数字出版产业基地发展理念研究[J]. 科技与出版,2014(7):83-86.
③ 曹旭,苟莉莉. 论数字出版产业基地的功能及发展建议[J]. 中国经贸导刊,2010(22):69.
④ 金永成,钱春丽. 数字出版产业园区的集聚效应研究[J]. 科技与出版,2013(10):14-17.
⑤ 吴世文,刘俊俊. 数字出版与大都市产业集聚发展模式[J]. 重庆社会科学,2013(9):77-83.
⑥ 杨伟晔. 数字出版基地的内涵及界定[J]. 广西师范学院学报,2014(6):144-147.

其提供技术支撑、原料设备、行业服务为主的产业集聚群①。

从上述学者以及国家相关文件的定义和归纳总结可以得出:第一,数字出版基地是以数字出版产业链的深度分工为导向而形成的集群形态;第二,我国数字出版基地的产生带有比较强的政府主导或引导的性质,受国家政府部门政策的大力支持和推动;第三,数字出版基地是以内容为核心,以信息技术为支撑的科技与文化深度融合的混合型产业集群。

(2)数字出版基地的功能。

数字出版基地的功能指的是数字出版基地在我国数字出版产业中发挥的作用。庄廷江是较早提出要以产业链为导向,发展产业集群的模式来建设数字出版产业园区的学者②。他认为建设和培育数字出版产业园区有助于引领传统出版企业的转型,优化数字出版产业组织的结构以及发挥产业集群的效应。崔光月和张允认为数字出版产业基地的主要功能为:形成城市的新的经济增长点、引导传统出版企业转型以及有利于攻克数字出版产业的难点项目③。李钦则认为数字出版基地的功能主要在于:优化我国数字出版产业结构,促进出版转型;壮大我国数字出版产业的集群优势;带动各区域数字出版产业、文化和经济的发展;带动我国优秀数字出版产品"走出去"④。原国家新闻出版广电总局数字出版司司长张毅君在 2016 国家数字出版基地高端论坛上表示数字出版基地是打通产业链,带动整体和辐射周边,推进新闻出版业转型升级,实现融合发展的有力抓手和有效途径⑤。

(3)数字出版基地的发展与运行现状。

在数字出版基地的相关研究中,关于发展的研究较多。其中,从 2008 年起,每年的中国数字出版产业年度报告都会对国家数字出版基地的发展状况进行总结和分析,并提出相关问题和建议。唐溯和陈彤在《中国数字出版产业基地研究报告》中对原国家新闻出版总署批准成立的 13 家网游和动漫基地,1 家国家数字出版基地及一批版权贸易、保护示范基地,从管理模式、经营模式、基地功能和基地布局四个方面探讨了数字出版产业基地的发展现状和未来发展趋势。此时数字出版产业园区和基地在国内尚处于开始布局阶段,还未形成辐射和集群效

---

① 国家新闻出版广电总局.国家新闻出版产业基地(园区)管理办法[EB/OL].(2015-05-25)[2021-06-10].http://www.lwq.gov.cn/cms/html/wtj/2015-05-25/807956900.html.

② 庄廷江.浅论数字出版产业园区的建设与培育[J].中国出版,2010(5):29-31.

③ 崔光月,张允.数字出版产业基地的功能分析[J].采写编,2012(3):42-43.

④ 李钦."走出去"视野下的数字出版基地发展评价研究[D].武汉:华中科技大学,2014.

⑤ 李婧旋,王坤宁.2016 国家数字出版基地高端论坛举行[N].中国新闻出版广电报,2016-05-13(3).

应,基地收入来源主要是房产租赁、中介服务、政府购买服务、管理品牌输出和投资收益五个方面[①]。2012—2013 年的报告则针对基地在国内布局基本完成的情况对其特点和平台建设情况进行了概述。2013—2014 年的报告主要对各基地分园区设立的情况和未来发展趋势进行分析。另外,莫远明用表格的形式呈现了 9 家国家数字出版基地的基本情况,并且根据基地发展的走向判断提出了基地建设存在的问题和加强政策建设的建议。他认为把国家数字出版基地建设成重要的舆论导向基地、试验政策基地、产业聚集基地和人才孵化基地是基地发展的主要目标[②]。南京大学侯增辉的学位论文《我国国家数字出版基地发展现状及策略分析》则详细分析了全国 14 家国家数字出版基地的发展情况,具体分析了数字出版基地的相关政策,并且从运营模式、政策支持和入驻企业几个方面对所有基地进行了纵向比较[③]。专著方面,近年来数字出版基地的相关著作主要有 3 本。其中,由中国新闻出版科学研究院特约专家、广西新闻工作者协会副主席黄健撰写的《国家数字出版基地发展模式研究》于 2015 年出版。该专著主要着眼于我国数字出版基地的建设实际,从理论和实践两个层面阐述数字出版产业和数字出版基地内涵。通过分析国外数字出版基地发展现状与模式,归纳总结有益于我国数字出版基地建设的经验和启示;深入分析我国国家数字出版基地建设的基本情况,系统梳理当前基地发展的主要问题,分析成因,综合运用产业组织理论、出版传媒理论、经济学理论,从特征、动力机制、发展对策等方面探讨我国数字出版基地发展模式,并提供了丰富的案例。该专著还系统研究了我国数字出版基地宏观管理现状及存在问题,为构建科学宏观管理体系提出了具有针对性、可操作性的对策与建议。专著中有关国家数字出版基地发展模式研究的内容及提出的一些具有创新性的观点,值得数字出版行业管理部门、从业者和研究者关注与借鉴[④]。陈金丹的《集群网络与集群间网络演化研究:以数字内容产业为例》以"单集群"和"多集群"两个视角,以数字内容产业为主要案例,以集群网络和集群间网络为研究对象,关注两者的动态变化过程,研究了集群网络的内部演化、集群网络与区域环境的协同演化、集群间网络的内部演化、集群间网络与产业链的协同演化[⑤]。另外,斐永刚的《数字出版发展的国际趋势与重庆

① 唐溯,陈彤. 中国数字出版产业基地研究报告[M]//郝振省.2009—2010 中国数字出版产业年度报告.北京:中国书籍出版社,2010.

② 莫远明. 国家数字出版基地的运行实践及其走向[J]. 新闻研究导刊,2012(11):46-51.

③ 侯增辉. 我国国家数字出版基地发展现状及策略分析[D]. 南京:南京大学,2016.

④ 黄健.国家数字出版基地发展模式研究[M].桂林:广西师范大学出版社,2015.

⑤ 陈金丹.集群网络与集群间网络演化研究:以数字内容产业为例[M].南京:南京大学出版社,2019.

市数字出版基地创新发展研究》阐述了近年来国内外数字出版产业的发展概况，并以重庆数字出版基地为主要研究对象，分析了其发展历程、发展因素、发展经验和存在的问题。同时以基地中典型案例为基础，对其未来发展提出相应策略①。

同时，由于目前全国大部分数字出版基地尚处于发展初期阶段，仍存在诸多问题亟待解决。因此，对数字出版基地存在的问题与对策的研究，也成了诸多学者的研究焦点之一。

总结众多学者的观点，提及数字出版基地发展和运行中存在的问题主要包括以下几个方面。

第一，顶层框架设计不尽科学。基地的顶层框架设计决定了其发展的大方向和轨迹。目前不管是从国家层面还是从地方政府层面来讲，在总体规划和战略设计上不甚明朗，直接导致基地的产业结构不完善、业务板块重叠、定位不清、评价机制不健全等一系列问题②。聂震宁认为，基地的顶层框架设计应突出数字出版产业链的纵向整合，即"数字""出版"和"商业"三个部分的整合，"数字"部分包括公共技术平台、大数据、版权保护技术等；"出版"部分包括版权原始资源、营销发行、二次创作等；"商业"部分则由广告、增资服务、发行渠道等组成，同时需要公共服务平台、金融、创投等辅助系统支持③。

第二，差异化发展不显著，同质化倾向严重。定位模糊和产业板块多处重叠而导致的基地特色不明确和差异化发展不显著是诸多学者在研究数字出版基地中发现的主要问题之一。王炎龙和黎娟、孙玲、杨伟晔认为国家数字出版基地的重点业务板块重叠以及定位模糊，同质化倾向比较严重，例如重庆两江新区国家数字出版基地和天津国家数字出版基地争先恐后打造全国和亚洲最大的云计算中心；重庆、天津、广东、陕西、华中等地的国家数字出版基地都在极力打造相似的产业门类和构建重复性的产业板块，例如数字图书、数字报刊、手机出版、数据库出版、网络游戏和动漫、数字音乐等④⑤⑥。在基础设施建设、项目运作、政策设计等方面也呈现高度相似的局面，因此莫远明认为，如果各基地不根据自身情况

① 斐永刚.数字出版发展的国际趋势与重庆市数字出版基地创新发展研究[M].北京:中国书籍出版社,2019.

② 苑弼春.国家数字出版基地研究[D].南京:南京大学,2016.

③ 聂震宁.产业集群思维与数字出版基地建设的思考[J].出版发行研究,2016(7):8-13.

④ 王炎龙,黎娟.我国数字出版基地建设的困局及发展路径[J].出版科学,2013(2):81-84.

⑤ 孙玲.我国国家数字出版基地管理运行模式浅析——以上海张江和江苏基地为例[J].传媒,2015(22):72-74.

⑥ 杨伟晔.数字出版基地的内涵及界定[J].广西师范学院学报,2014(6):144-147.

进行调整,可能会导致各基地发生混乱甚至出现恶性的竞争,不利于基地和整个数字出版产业的发展①。

第三,缺乏专业以及复合型人才。由于传统的出版及传媒行业的从业人员渐渐不能满足数字出版行业的发展需求,而现阶段无论是基地,还是国内的数字出版人才培养体系和人才培养平台均尚未完善,因此人才结构比较单一,复合型人才奇缺。根据新闻出版行指委2020年发布的数字出版行业发展调研数据,在技术与内容有机结合形成新型数字出版形态的发展趋势下,数字出版企业最需要的是技术制作人才(92.5%),其次是产品设计人才(83.5%),再次是内容策划与编辑人才(76.2%),如表1-2所示。而资源整合、数据分析/管理、平台/产品运维的人才需求比例排名也处于前列②。究其原因,主要在于:理论学习与实践学习脱节、市场观察能力与开拓能力缺失③、人才来源与知识结构不合理、人才发展现状与需求趋势不匹配④、模糊的专业定位限制出版人才培养工作的转型⑤等。早在2009年,时任国家新闻出版总署署长柳斌杰就提出"培养一批既熟悉专业出版知识,又掌握现代数字出版技术和善于经营管理的复合型出版人才,是刻不容缓的艰巨任务"。而到现在,探索多元化、多层次的人才培养模式仍然是"十四五"发展阶段的重要任务之一。中文在线集团董事长童之磊提出,数字出版人才培养需要产学研各方参与。首先,要依托知名大学的专业课程优势,构建大出版、大文化、大编辑和互联网技术、新媒体运营等综合学科背景的数字出版人才培养体系;其次,要加强课堂与企业、研究机构等实训基地的结合,让学生在源头上成为应用型人才;最后,在几年的学校培养之后,企业要成为"社会大学"的主体,为行业长远发展培养有优秀实战经验的人才。

表1-2　　　　　　　　数字出版企业人才需求类别

数字出版企业人才需求类别	需求比例(%)
技术制作人才	92.5
产品设计人才	83.5
内容策划与编辑人才	76.2
资源整合人才	67.5

① 莫远明. 国家数字出版基地的政策演进与发展态势分析[J]. 出版广角,2012(8):26-29.

② 朱军,张文忠. 产教融合背景下数字出版应用型人才社会化培养探究[J]. 新闻世界,2021(3):82-86.

③ 姚小菲. "互联网+"时代的出版人才培养策略[J]. 新闻研究导刊,2020(11):42-43.

④ 闫彤. 融合出版环境下数字出版人才发展现状及培养改革思考[J]. 传播力研究,2020(19):124-125.

⑤ 徐志武,田蔚琪. 融媒体环境下出版人才培养工作的不足与变革[J]. 中国编辑,2021(7):86-90,96.

续表

数字出版企业人才需求类别	需求比例（%）
数据分析/管理人才	61.2
平台/产品运维人才	57.5
市场营销人才	53.8
高端领军人才	38.5
软件开发人才	31.2
综合性管理人才	26.2
版权管理人才	13.7
一般行政人才	7.5

第四,基地企业之间合作较少,产业关联度低。作为产业集群,产业链的完善也是数字出版相关企业能够形成规模经济和竞争优势的基础。基地中的数字出版企业之间如若各自为政,只享受入驻带来的优惠和利好,而不能形成深入的分工合作、知识溢出、协同创新等,那么基地中的数字出版企业就无法获得比基地外的数字出版企业更强的竞争优势。杨波和王璐璐在其研究中提到,数字出版基地入驻企业发展不协调、联系不紧密、沟通不顺畅的现象比比皆是。一些行业外的技术企业、平台企业、设备制造企业在基地建设初期,出于抢占政策红利的动因选择入驻,但入驻后往往又因政策的短期性或者自身业务的局限性而没有真正融入数字出版基地的产业链中,未能在多链共生的基地集群网络中发挥应有效能。而入驻的出版企业也由于如技术、服务、资金等方面的劣势,在企业竞合的过程中更处于不利地位[①]。

中国新闻出版研究院院长魏玉山在 2021 年深圳文博会数字出版高端论坛上通报了近年来数字出版基地(园区)发展状况及趋势:虽然受到新冠肺炎疫情的影响,但是数字出版基地的收入仍然表现不俗,呈现明显增长态势。各基地从政策牵引为主逐渐转向通过政策要素投入,充分发挥市场的驱动作用,以产业政策促进市场升级;治理体系不断完善,在基地建设准入、运营管理、园区布局等方面都进入规范化发展阶段;区域协作不断加强,有效避免基地在发展定位、产业布局、集群培育等方面的交叉与重叠;5G、大数据、云计算、人工智能等新兴技术发展引领基地业态升级,面临技术创新发展和用户消费升级的双重机遇;内容、

---

① 杨波,王璐璐.小世界网络视角下数字出版基地集群治理研究[J].科技与出版,2019(12):43-48.

信息、资本、人才等优势要素资源不断整合,数字出版竞争格局加速重构。① 刘晓莉和张雷在《我国数字出版生态系统的结构、特征、功能与策略》一文中提到,截至 2020 年,重庆两江新区国家数字出版基地已入驻企业 400 余家,年总产出超过 80 亿元。已逐渐形成数字出版产品生产、数字出版支撑服务和数字出版科学研究三大体系以及网络出版、数字教育出版服务、数字创意、版权交易和数据库出版服务五大服务方向。② 青岛国家数字出版基地以海尔集团、海信集团、青岛出版集团、聚好看科技股份有限公司为领头企业,打造终端研发生产园区、数字内容生产园区、数字创意新媒体园区和软件研发园区四大功能区域。各园区通过紧密协作,发挥各自优势,实现企业间的资源共享、发展共赢,有效推动青岛乃至山东省内数字出版产业的快速发展。③

(4)数字出版基地的治理。

从数字出版基地的形成与演进的发展过程来看,基地治理的主体结构主要由政府、行业协会和企业网络构成,并基于各基地不同的发展线路以及生命周期的变化而不断演化④。根据不同的演进阶段,集群的网络组织会从物理聚合转向跨界综合,从内生治理转向外生治理。而在各基地的形成阶段,需要内容集成商、渠道提供商、技术开发商、平台运营商、终端生产销售商和版权增值服务商形成利益联结机制,共同实现技术扩散和资源共享。而到了发展期,则以各基地的核心企业为中心,以技术模块化、市场模块化和组织模块化为导向,衍生核心网络和支撑网络的内外围治理架构。

除了基地内部的组织结构会影响整体的发展和治理之外,市场结构和环境也会对此造成影响,这其中包括了市场集中度、产品差异化、市场壁垒等多种因素。杨庆国认为对基地集群入驻企业市场行为的治理主要从市场竞争、产品生产与市场交易三个方面展开⑤。集群内的企业要从离散的发展方式转向融合,这体现在业务、市场和组织三个方面,可以让入驻企业从竞争走向竞合最后达到深度融合。而从横向同质转向纵向垂直的产品生产方式也有助于各基地的差异化发展。再者,集群的组织属性能够让交易关系产生变迁,由市场外部化转为集

① 徐平.多家数字出版基地(园区)组团参展深圳文博会[EB/OL].(2021-10-20)[2021-11-20].http://www.cnci.net.cn/content/2021/10/20/content_24661537.htm.

② 刘晓莉,张雷.我国数字出版生态系统的结构、特征、功能与策略[J].数字图书馆论坛,2020(12):38-44.

③ 华伟.第十七届深圳文博会开幕,青岛国家数字出版产业基地携青企亮相[EB/OL].(2021-09-25)[2021-11-20].https://www.ccdy.cn/portal/detail? id＝b62c460a-97a6-476c-af65-bcd37dc86d82.

④ 杨庆国,甘露.结构演化与机制生成:数字出版产业集群的企业网络治理[J].出版发行研究,2020(3):32-37.

⑤ 杨庆国,王新月.数字出版基地集群市场结构治理绩效研究[J].中国出版,2019(16):26-31.

群内部化,推动交叉互补企业整体性交易流量的提升。

(5)数字出版基地的相关政策。

在我国,数字出版基地的政府主导性较强,政府在基地形成与演进过程中的作用比较明显。因此,关于数字出版基地的相关政策也是学者们的研究重点之一。

侯增辉从国家、当地政府以及基地三个层面分析和总结了针对数字出版产业以及基地的宏观与微观政策。在具体政策上,各地政府及相关部门的支持方向和力度各不相同,但主要集中在税收减免、房租优惠、专项资金、人才引进以及融资贴息几个方面[①]。

厦门大学的郑凌峰以海峡国家数字出版基地为特定的研究对象,剖析了国家数字出版基地政策工具的选择问题。郑凌峰认为,在基地的建设和运行中应该充分选择和运用强制性政策工具以规范产业秩序、合理布局基地和推进基地建设,另外要发挥混合型工具的作用以引导产业方向、增强基地企业技术创新能力等,并且在此基础上为国家数字出版基地构筑基地建设政策工具箱[②]。俞锋和王佳佳以杭州国家数字出版基地为研究对象,剖析了该基地的法律保障机制的状况以及出现的问题,并提出了构建基地个性化的法律保障机制的建议。杭州已是全国版权示范城市,并且其在版权方面的凝聚力和示范作用在全国均名列前茅,但仍存在版权质押融资法律制度不规范,中小企业法律扶持和保障不够、保障措施不完善等问题。俞锋和王佳佳提出要切实根据地方具体情况来构建个性化的法律保障机制,可以从构建版权质押融资评估体系、根据著作权法的修改时机及时出台相关政策以及打造"结对式"法律服务三个方面着手,在相关法律政策方面为基地的建设和发展保驾护航[③]。

在宏观政策方面,为了进一步规范开展国家新闻出版产业基地(园区、特色小镇)的创建工作,充分发挥其在推进新闻出版产业供给侧结构性改革,促进产业优化升级,引领行业高质量发展中的作用,国家新闻出版广电总局办公厅在2018年发布了《国家新闻出版产业基地创建工作规范》。其中明确了包括数字出版产业基地、动漫(游戏)产业基地、出版创意产业基地、音乐产业基地、印刷包装产业基地、出版装备产业基地等新闻出版产业基地(园区)创建的指导思想、基

① 侯增辉. 我国国家数字出版基地发展现状及策略分析[D]. 南京:南京大学,2016.

② 郑凌峰. 国家数字出版基地政策工具选择研究——以海峡国家数字出版基地为例[D]. 厦门:厦门大学,2014.

③ 俞锋,王佳佳. 杭州建设国家数字出版基地的法律保障机制研究[J]. 中国出版,2013(16):41-44.

本原则、职责和条件、工作任务、工作程序、激励机制等①。

（6）数字出版基地的评价研究。

一直以来,对于数字出版基地发展状况的统计和评价工作,中央政府或地方政府都未能给出一套明确的统计机制和评价标准,各基地对于自身各种数据的统计也比较模糊。因此,目前关于数字出版基地评价的相关研究相对比较缺乏。殷悦佳认为政府应该建立关于数字出版基地的相关核查标准以及等级制度,成立专家组对各基地实行实地考察,通过综合评估得分来进行评级,这样有利于对基地的发展状况有一个相对客观和清晰的认识,同时对各基地不同的发展情况能够采取有针对性的措施②。华中科技大学的李钦从"走出去"的角度,剖析了国家数字出版基地的形成与发展,并且以此角度构建了一套数字出版基地的评价体系,并用模糊综合评价法对各基地进行了综合评价分析。他认为,在"走出去"的背景下,数字出版基地出口规模、海外投资模式、"走出去"策略、国际化人才、国际化平台建设和"走出去"风险是影响国家数字出版基地竞争力的六大要素③。

---

① 国家广播电视总局.国家新闻出版广电总局办公厅关于规范开展新闻出版产业基地创建工作的通知[EB/OL].(2018-02-27)[2021-11-20].http://www.nrta.gov.cn/art/2018/2/27/art_113_34967.html.

② 殷悦佳.对我国数字出版产业基地政策方面的探究与建议[J].财经界(学术版),2014(9):122.

③ 李钦."走出去"视野下的数字出版基地发展评价研究[D].武汉:华中科技大学,2014.

2 理论基础

作为我国数字出版产业重要的集群表现形式,国家数字出版基地从形成到演进发展都离不开作为产业集群而发展的一系列轨迹。因此,产业集群以及相关文献是本研究重要的理论基础和前提条件。另外,对基地的组织结构和运行机制的深入分析是基于社会网络理论、知识溢出理论以及竞合理论,由此也需对这些相关理论进行逐一整理和回顾,以期对后续主体部分的研究问题有所把握。

2.1 产业集群相关理论

本研究是基于产业集群理论进行的,因此产业集群的相关理论将根植于国家数字出版基地整体研究的各个部分。基于规模经济理论,可以得出国家数字出版基地是为了极大提高数字出版产业的生产效率,通过集群的发展形式能够打通数字出版产业链上、下游,形成紧密合作,并且成为辐射该区域经济的重要经济增长点。工业区位论是分析基地形成与演进影响因素的基础理论,通过该理论能够得出基地形成与演进的一般和特殊影响因素。地域生产综合体理论以及增长极理论是基地形成方式的理论基础部分,揭示了基地的形成方式主要有自组织、他组织和混合组织三种。基于我国国情,他组织(由政府自上而下进行布局和规划)是国家数字出版基地主要的形成方式。国家竞争优势理论以及GEM模型构建了产业集群竞争力的理论模型,并且给出了产业集群当中的主体结构构成,该主体结构能够为国家数字出版基地的组织结构分析奠定基础。社会网络理论、国家竞争优势理论以及GEM模型对产业集群主体之间的互动关系和脉络进行了更深入的解析,由此可以进一步将国家数字出版基地的主体结构分为核心层与辅助层,层与层之间以及主体与主体之间的关系和互动建立在社会网络理论基础之上。知识溢出理论以及竞合理论则是分析基地运行机制的理论基础。

2.1.1 规模经济理论

规模经济理论是整个产业集群理论的基础理论,主要讨论和解释了产业集群产生的原因、目的和特征。新古典经济学家马歇尔是最早提出工业聚集概念的经济学家。他继承了古典经济学家亚当·斯密的分工协作思想,认为专业化分工是工业聚集的一个重要原因。亚当·斯密在《国民财富的性质和原因的研究》一书中提出了分工协作是劳动生产率提高的首要原因并给出解释:第一,劳动者的技巧因业专而日进;第二,专业化分工大幅度节省了劳动时间;第三,一些机械的发明能够提升工作效率,使一个人能完成好几个人的工作。这实际上为企业之间的互动和协作,产生上下游的产业链和工业聚集奠定了基础。因此马歇尔在亚当·斯密分工协作思想的基础上进一步分析了有分工性质的工业在特定地区聚集的原因。他认为,交通工具的变革对工业的地理分布和可能出现的产业聚集有着直接的影响。但除了交通运输以外,信息交流最大化、专业化分工和大量增加的相关企业和生产服务活动是某一区域出现产业聚集现象的三个普遍原因[①]。《经济学原理》的第四篇第十章工业组织中将产业区定义为一种由历史与自然共同限定的区域,其中的中小企业积极地相互作用,企业群与社会趋向融合[②]。在他的定义里,产业区中的生产活动并不是自给自足,而是劳动分工的不断细化,生产力迅速提高,促使区域与外部经济空间建立持久且广泛的联系,这就是所谓的规模经济生产。另外,马歇尔在论述中还总结了"产业区"六个方面的特征:第一,具有与当地社会同源的价值观系统和协同的创新环境;第二,具有生产垂直联系的企业群体;第三,具有最优越的人力资源配置;第四,不完全竞争市场是其理想的市场;第五,竞争与合作并存;第六,具有富有特色的本地金融系统。

亚当·斯密的分工协作思想和马歇尔的规模经济理论是产业集群形成的基础理论,由该理论可以获知数字出版基地由集群的形式产生,其发展的目的是大幅度提高数字出版产业的生产效率,而基地的诞生能够深化分工、促进数字出版产业链不同分工位置企业之间的相互合作,同时形成规模经济,成为该区域的重要经济增长点。另外,在对"产业区"特征的总结当中可以发现,协同创新的环境、产业链、竞合的环境以及金融系统的支持是其维持正常运行的重要因素。

---

① 马歇尔. 经济学原理[M]. 刘生龙,译. 南昌:江西教育出版社,2014.
② 马歇尔. 经济学原理[M]. 刘生龙,译. 南昌:江西教育出版社,2014.

2.1.2　工业区位论

工业区位论是产业集群相关理论中着重于分析和讨论影响企业聚集从而形成集群的重要影响因素的基础理论,由德国著名社会学家和经济学家阿尔弗雷德·韦伯在 1909 年创立,同时他也是最早提出集聚经济概念的经济学家。

韦伯在该理论中明确提出了"区位因素"这一概念,揭示了决定工业空间分布于特定地点的因素和原因。韦伯认为区位因素分为区域因素和位置因素,并且是影响工业区位最重要的两个因素。他认为实际对区位起作用的区域因素主要是运输成本(运费)和劳动成本(工资),并且讨论了工业聚集的特殊因素和一般因素。特殊因素指的是工业需要的丰富的自然禀赋或资源,以及便利的交通等;而一般因素指的是适用于所有产业的工厂,且能够使其聚集的因素,即若干工厂在一个地点的聚集能够给各个工厂带来更多的收益或节约成本。韦伯将工业聚集分为初级和高级两个阶段。在初级阶段,企业通过自身的发展壮大产生集聚优势。而在高级阶段,各个企业则通过相互联系的组织而形成地方集中化。显然,工业聚集的这种高级阶段可以看作产业集群概念的前身。并且韦伯认为,要形成工业聚集的高级阶段,则需要具备四个基本要素:第一,新技术和设备的不断更新使企业生产朝着更专业化的方向发展,而专业化的生产部门更要求工业的集中;第二,完善和灵活的劳动力组织能够形成高度精确的劳动力分工,从而有利于集聚的发生;第三,集聚效应能够产生广泛的市场化,由于批量购买和销售降低了成本,从而可以提高效率;第四,集聚效应能够使聚集在一起的企业共享基础设施,从而降低"经常性开支",并且能够进一步吸引更多企业聚集。

工业区位论讨论了影响集群形成的基本因素和特殊因素,同时分析了四个能够提高集群集聚效应和生产效率的基本要素。根据该理论,可以得出影响国家数字出版基地形成的基本因素和特殊因素,对所有类型的产业集群的形成都有影响的是运输成本和劳动成本,而针对不同类型的产业集群具有不同影响力的因素则要根据不同情况来具体分析。

2.1.3　地域生产综合体理论

地域生产综合体理论起源于 20 世纪 20 年代,从众多苏联学者对从苏联主要的经济区划和区域进行规划的实践而来[①]。从那时候开始,不同的苏联学者

---

① 费洪平. 地域生产综合体理论研究综述[J]. 地理学与国土研究,1992(2):40-44.

就不断地推进地域生产综合体的实施。亚历山大罗夫是首次提出制定和实施区域生产综合体方案的学者,随后巴朗斯基在其专著《苏联经济地理》中也提出了建设地域生产综合体的思想。

直到1948年苏联经济学家克洛索夫斯基将地域生产综合体定义为:在一个工业点或一个完整的地区内,根据地区的自然条件、运输和经济地理位置,恰当地(有计划地)安置各企业,从而获得特定的经济效益,这样一种各企业间的经济结合(相互制约的结合)就称为地域生产综合体。苏联学者的研究认为,地域生产综合体是由一些具有不同功能的部分组成的,这些组成部分按照它们与综合体内的主导专门化企业的关系又可分为:第一,经营类,即体现地域生产综合体发展方向的专门化企业,是综合体的核心;第二,关联类,即与专门化企业有前向联系的企业;第三,依附类,即利用专门化企业的废料进行生产的企业;第四,基础设施类,即为各类企业提供一般性生产条件的多种设施的企业,包括生产性基础设施、社会性基础设施及结构性基础设施。

马歇尔的规模经济理论和韦伯的工业区位论都只从市场和经济的角度来分析工业聚集的原因,忽略了其他社会因素对工业聚集的影响。而地域生产综合体由于是以传统的经济体制为基础的,它的建设完全由国家投资完成,是完全的政府主导型的工业聚集区。地域生产综合体中主导产业的选择、地域的分布和安排、建设的时序和规模、投入的资金等方面都是严格按照计划经济,由国家直接管理和控制的。除此之外,为了满足国民经济发展的需要而开发自然资源,由此才形成了地域生产综合体,地域生产综合体所在地区必须资源储量丰富,这样其才具有大规模开发的意义。由此,可以得出产业的聚集除了出于产业自发聚集之外,政府的战略规划和布局也是地域生产综合体能够形成的主要原因。

由地域生产综合体产生的原因和基本特点可以看出其依靠国家自上而下形成的特质非常明显,并且其理论提出综合体的主体构造除了专门化的核心企业之外,还有其他关联企业,以及相关配套基础设施。其理论为分析政府在国家数字出版基地形成和发展中的作用及其主体结构提供了理论依据。

2.1.4 增长极理论

增长极理论的概念从极化理论演变而来,作为极化理论的经典代表人物,缪尔达尔(G. Myrdal)和赫尔希曼(A. O. Hirschman)为区域经济学和发展经济学的理论探讨奠定了坚实的基础,但他们主要探讨的是发展极化过程中极化作用的消极一面①。而真正提出增长极概念并对它进行确切定义的是来自法国的经济学家弗朗索瓦·佩鲁。佩鲁在1950年发表的《经济空间：理论与应用》一文中提出经济空间的理论。该理论是在拓扑数学、控制论、信息论、耗散结构理论的基础上创立起来的非均衡发展理论。佩鲁指出增长并非在各个地方同时出现，它首先出现在不同强度的增长点或增长极上，然后通过不同的渠道向外扩散，对整个经济体产生不同的终端效应。佩鲁认为处于支配地位的企业在区域的发展中起关键的推动作用，这种领头企业可以通过连锁效应将经济增长带动到各个企业或地区，刺激其他企业的创新和模仿，也能促进相关联企业的进一步聚集，形成大型产业群或产业联合体，从而放大增长极效应②。而后法国的保德维尔(J. B. Boudeville)、美国的赫希曼(A. O. Hischman)和弗里德曼(John Frishman)等经济学家进一步丰富和完善了该理论，其被称为区域理论的法国学派。

保德维尔在1966年进一步将增长极定义为位于都市内不断增长的一组产业，通过对周边区域和关联产业的影响而诱致区域经济活动的加速发展(乘数效应)。增长极理论强调的是经济增长在一个空间内并不是均衡发展的，而是以不同强度呈现点状分布，按照不同效应对整个区域的发展产生辐射影响。同时吸收了熊彼特(J. Schumpeter)和佩鲁(F. Perrour)的观点，将创新放在集群发展的中心位置，由此得出一个地区能否实现区域经济增长，关键在于能否建立一系列推动性工业，通过产业聚集推动区域聚集增长这一结论。这种推动性工业，可以通过国家政策和地区政策自上而下地完成。那些制度环境较好和创新能力较强的地区，以及具有一定自然资源、地理优势的地区，往往能成为增长极的中心③。由此可知，增长极的形成有两种方式，第一种是由政府通过计划和重点投资主动建立增长极(自上而下)，第二种是由市场机制的自发调节引导企业和行业在某些城市或发达地区聚集发展而自动产生增长极(自下而上)。

增长极理论强调了推动性企业在极化效应当中的重要作用，并且说明了这种企业可以由市场自发形成也可由国家政策强制形成。由此可以分析国家数字出版基地当中龙头企业对于基地的形成和发展有何作用以及影响。另外，虽然地域生产综合体理论与增长极理论产生的时间、国家和经济环境都不相同，地域生产综合体理论产生于高度计划和高度垄断体制下的苏联，而增长极理论则产生于自由市场经济体制下的西方发达资本主义世界，但两者皆讨论了除了经济因素以外的社会因素对产业聚集的影响，尤其是政府在产业聚集中的决定性和

① 陈秀山,张可云. 区域经济理论[M]. 北京:商务印书馆,2003.
② 佩鲁. 新发展观[M].张宁,丰子义,译. 北京:华夏出版社,1987.
③ 徐传谌,谢地. 产业经济学[M]. 北京:科学出版社,2007.

推动性作用。同时,增长极的两种形成方式可以视为自组织和他组织的形成方式,也是研究国家数字出版基地的理论基础。

2.1.5 国家竞争优势理论

出身于美国哈佛商学院的迈克尔·波特教授是商业管理界公认的"竞争战略之父",是现代最伟大的商业思想家之一,甚至"产业集群"这一词的首次出现也是在波特教授与来自各国 30 多名专家经过 5 年的时间对德国、意大利、丹麦、英国、美国等 10 个国家进行调查和分析、共同编纂而成的《国家竞争优势》一书中。波特对产业集群这一概念进行了定义,并且围绕该概念进行了广泛的研究。他认为产业集群是在某特定领域内相互联系的、在地理位置上集中的公司和机构的集合。在之后的《集群与新竞争经济学》一文中,波特在原定义上进行了改进和扩展,最终将产业集群的概念定为:特定产业中互有联系的公司或机构聚集在特定地理位置的一种现象,并且在集群中还包含了一系列将行业串联起来的上、中、下游产业或者其他机构和企业[①]。集群不仅包括设备、零件、服务等原料供应商和基础建设的提供者,而且包括与该产业相关的科技、技能或共同原料等方面的公司,以及能够提供专业相关培训、教育和研究等方面技术支援的机构或学校。同时,波特还认为产业在地理上的集中主要是竞争的结果,由此提出了国家竞争优势的"钻石模型"。"钻石模型"的架构主要由四个基本要素和两个附加要素构成。生产要素,需求条件,相关产业及支持产业,企业战略、结构和同业竞争为四个基本要素,而政府和机会则是附加要素(图 2-1)。

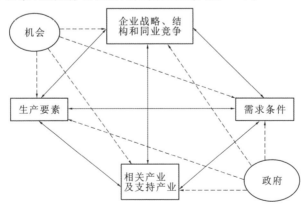

图 2-1 迈克尔·波特的"钻石模型"图

---

① 陈柳钦.波特的产业集群竞争优势理论述评[J].中共济南市委党校学报,2007(4):15-19.

在波特的"钻石模型"中,在每个要素都相互作用和积极参与的条件下,企业才能创造合适的发展环境,从而促进生产力和产业创新能力的提高。产业集群的形成能够降低企业的成本,提高企业的创新能力,让各企业之间保持既相互竞争又相互合作的关系,从而保持和提高企业和集群的竞争力。

波特对产业集群的定义得到了各国学者的一致认同,并且从他的定义中可以看到产业集群的主体结构当中不仅包含核心企业以及与该产业相关的企业,还有政府、中介与公共平台服务机构、金融机构等。而由竞争来获得地理上的集中可以看出集群内部企业之间不仅存在上、中、下游垂直产业链的关系,还存在类似企业之间的相互竞争又相互协作的水平关系。而"钻石模型"中提出的生产要素条件实际上就是影响产业集群形成的条件,其中包括了基本要素和高等要素。基本要素包括自然资源、地理位置、气候条件、初级劳工等。高等要素包括高技术人才及其创造力、科教机构和领先学科、现代化的通信网络等。基本要素如人口、土地面积等,是先天条件。高等要素需要长期投资,是后天开发的[①]。从目前国内产业集群的发展状况来看,基本要素对于发展的重要性正在减弱,而高等要素的重要性在增强。需求条件则指的是市场对该产业的需求,也正是另外一种会影响产业集群形成的重要因素。

国家竞争优势理论不仅给出了分析产业集群竞争力的理论模型,还提供了分析产业集群主体结构的理论依据。通过该理论,可以分析国家数字出版基地的主体结构以及各主体之间的关系。

2.1.6 GEM 模型

两位加拿大学者帕得莫(Tim Padmore)和吉布森(Hervey Gibson)在对产业集群竞争力以及波特的"钻石模型"多年研究的基础上提出了专门分析产业集群竞争力的模型——GEM 模型。GEM 模型将产业集群的竞争力分为六大因素:资源、设施、供应商和相关辅助产业、企业结构、本地市场和外部市场以及战略和竞争[②]。同时这六大因素又被分为基础、企业和市场三组因素对。基础因素对包含资源和设施,指的是产业集群外部为集群的生产过程提供的要素。企业因素对包含供应商和相关辅助产业、企业结构以及战略和竞争,是整个系统的结构要素,决定了集群的生产效率。市场因素对包含本地市场和外部市场,与波

---

① 梁能.跨国经营概论[M].上海:上海人民出版社,1995.

② 刘友金.产业集群竞争力评价量化模型研究——GEM 模型解析与 GEMN 模型构建[J].中国软科学,2007(9):104-124.

特"钻石模型"中的产业集群需求条件相符合,有集群中企业的需求、中间需求和最终市场需求①。

虽然 GEM 模型是在"钻石模型"的基础上发展而来的,但其研究对象更加具体。"钻石模型"是以国家为研究对象,从国家层面上来衡量并评价其竞争优势。而 GEM 模型的研究对象更为具体,以区域为研究对象,针对性更强。GEM 模型的特点是可以用量化的模式清晰地分析影响产业集群竞争力的因素,通过对量化数据的处理和分析,可以得到一些客观的评价结果,有助于发现集群发展中的不足,能够帮助集群及时调整战略方向,促进其发展并提升其竞争力②。

2.2　社会网络理论

社会网络这个概念是随着经济学、管理学、社会学等学科的发展而逐渐开始出现在人文学科领域的研究当中的。英国著名人类学家布朗(Burt)是首次将"社会网络"的概念应用于人类学的学者,在初次的定义中他将"社会网络"界定为文化如何约束有界群体内成员的行为③。而在布朗逐渐完善其理论后,最终将社会网络定义为:特定的个人之间的一组独特的联系。但社会网络理论真正进入社会学、经济学、管理学等学科领域则是帕森斯和斯梅尔塞在《经济与社会》中运用了此概念,才使得社会网络成为经济学的研究热点④。Granovetter、Aldrich 和 Zimmer、Gulati、Foss、Appleyard 等著名学者不断完善社会网络的概念、范围和作用。总的来说,社会网络强调的是特定空间、特定范围内相对稳定的一种个人之间或组织之间的相互关系。其中,将社会网络理论运用到产业集群形成研究当中的代表学者是 Jackson 和 Wolinsky,他们用博弈论的方法解释了行为主体间联结动力对企业社会网络的影响,并且建立了联结模型来验证。

① 胡宇橙,王庆生. 基于 GEM 模型的旅游产业集群竞争力研究——以天津滨海新区为例[J]. 地域研究与开发,2010(10):74-78.

② 刘哲军. 基于 GEM 模型的铜陵铜文化产业集群竞争力实证研究[J]. 湖北文理学院学报,2014(8):37-40.

③ POWELL W W, KOPUT K W, SMITH-DOERR L. Inter-organziational collaboration and the locus of innovation:networks of learning in biotechnology[J]. Administrative Science Quarterly,1996,41(1):116-145.

④ 朱国红.经济社会学[M]. 上海:复旦大学出版社,1999.

针对产业集群的社会网络分析主要包括行为主体之间的社会联系,以及通过联系发生的互动关系。从社会网络的角度来看,企业合作的原因有两种,一种是基于分工与交易的合作,另一种是基于技术和资源共享的合作。基于分工与交易的合作是通过合作博弈实现的。企业间分工明确,相互依存,共同发展,交易是必需的。在具有分工关系的企业之间,其合作目的主要是提高信息堆成的程度,降低创新的风险性和交易费用,降低市场的不确定性,如上、下游企业之间的竞争协作关系。这种协作是一种半固定的市场关系,其市场组织成分较大,企业组织成分较小。而基于技术和资源共享的合作,其企业间分工不太明确,交易非常少。在网络型产业中,竞争和效率不是正比关系,只有协作性竞争才能保证整个行业的高效率。不同学者将产业集群的社会网络主体分为不同的结构,但总体来说可以归纳为:主导系统(产业集群内的核心企业和附属企业)以及支持系统(政府、大学和科研机构、中介机构和行业协会),在集群社会网络的运行中,各个主体通过直接或间接的方式参与集群的发展和活动当中,相互作用,相互协调,共同发展。

因此,用社会网络分析方法分析国家数字出版基地的主体结构以及核心系统和辅助系统之间的互动关系是比较科学的。

2.3 知识溢出理论

知识溢出(knowledge spillover)的内涵可以追溯到马歇尔在《经济学原理》中对产业区的研究,他发现在有分工性质的工业聚集的时候,企业之间能从相邻的相似企业当中得到大量行业的信息和技术诀窍等。"行业的秘密不再成为秘密,而似乎是公开的了。"这里的秘密就是指行业的信息和知识,也就是知识溢出最早的内涵和由来[1][2]。但其概念的提出源于 20 世纪 60 年代麦克·道格(Mac Dougall)研究外商投资对东道国经济影响时,发现外商在东道国进行的研究与开发、生产、经营、管理等活动能够促进东道国的本土企业生产水平的提高,这种资本要素富裕国家和短缺国家之间资本的流动现象称为知识溢出[3]。随后,各

---

[1] 马歇尔. 经济学原理[M]. 朱志泰,陈良璧,译. 北京:商务印书馆,2019.

[2] 于澳洋. 高技术产业集群中知识溢出因素研究[D]. 长春:吉林大学,2007.

[3] DOUGALL M. GDA,the benefits and costs of private investment from abroad:a theory approach [J]. Economic Record,1960(37):13-35.

国经济学者对知识溢出这个概念提出了不同的观点和定义,著名经济学家约瑟夫·斯蒂格利茨(Joseph E. Stiglitz)则在其研究中将知识溢出定义为通过模仿创新来从相近和类似的研究中得到尽可能多的收益[①]。卡尼尔斯(Caniels)在2000年给出了知识溢出的定义:这是一种不给知识的创造者补偿或给予小于智力成果价值补偿的通过信息交流的途径而获得智力成果的活动。无论哪种定义或解释,可以肯定的是,知识溢出是一种以较低的成本获得知识,并且能为获取方带来益处的知识流通过程,知识溢出对知识的传播、积累以及创新有很大的促进作用[②]。

一般来说,知识分为显性知识(explicit knowledge)和隐性知识(tacit knowledge)。显性知识有很多语言表达形式,也可以通过很多传播途径或手段来获得,例如书本、报告、网络等传播途径。而隐性知识则是存储在个人的头脑中,通常通过面对面的交流来传播,个人属性非常强,是传授者本人的主观想法和经验,并且深深根植于传授者所处的行业环境中[③]。对于区域或产业集群来说,隐性知识才是知识溢出的根源,在同一区域或者产业集群中的企业由于地理位置上的靠近而能够获得更多同行或同一产业的信息交流或者知识流通。并且,这里知识溢出又分为主动溢出和被动溢出两种溢出途径[④]。主动溢出主要有技术转让和合作创新两种方式,是一种通过售卖技术或者与其他企业进行有条件的交换或合作来实现互惠互利、共同进步的方式。在这种情况之下,转让技术和合作都是知识溢出方主观愿意的行为。而被动溢出则是在溢出方不知情或不愿意的情况下,知识被其他企业吸收和获取的一种溢出方式,主要有技术模仿和人才流动两种途径。大多数企业在创业之初都是采用向比较成功的企业进行学习和模仿的手段来打开市场,而后再融合自身企业和市场的情况加以改善和创新,但任何一个企业都不愿意自己开发或逐渐形成的核心产品、技术、管理方式等被其他企业以零成本的方式获取。而人才的流动和流失则是知识被动溢出方更不愿意看到的情况,尤其是核心技术人员的跳槽将直接导致溢出方关键技术的流失,而知识获取方能直接从跳槽的人才中取得对企业发展非常重要的技术、经营、管理等各方面的知识或信息,从而迅速提升企业绩效和市场占有率。

---

① STIGLITZ J E. A new view of technological change[J]. Economic Journal,1969(79):116-131.

② 韩十甲. 信息产业集群的知识溢出机制研究[D]. 南昌:江西财经大学,2010.

③ FALLAH H,IBRAHAIM S. Knowledge spillovers in high-tech clusters in developing countries[C]. IAMOT,2004.

④ 孙兆刚. 知识溢出的发生机制与路径研究[D]. 大连:大连理工大学,2005.

在产业集群中,大量同类型以及产业链关联企业的聚集导致知识溢出更容易发生。而国家数字出版基地这种高科技产业属性极强的产业集群知识溢出的流动性更强,由知识溢出带来的创新活动也更加频繁。

2.4 竞合理论

竞合理论及其概念来源于耶鲁和哈佛两位著名学者巴尔·莱昂巴夫(Barr J. Nalebuff)与亚当·布莱登伯格(Adam M. Brandenburger)于1996年创造的术语——"合作竞争"(coopetition),同时这成为两位著名经济学家著作的标题。莱昂巴夫和布莱登伯格认为合作竞争是一种既包含合作又包含竞争的企业之间新的关系形态,在企业共同创造市场的时候,它们之间的主要关系是合作,而当开始进行市场分配的时候,企业之间的主要关系又表现为竞争,但这并不表示在共同创造市场之时,企业之间就没有竞争,也不表示在市场分配时企业之间就不存在合作,竞争和合作应该是矛盾的统一体,彼此之间不否认也不排斥,而是对立统一的,在竞争中找寻合作的机会,通过合作来参与市场的竞争,从而获取竞争优势[1][2][3]。

雷费克·卡尔潘(Refik Culpan)在《全球企业战略联盟》中提出三种形式的竞合战略:先合作后竞争、合作与竞争同时进行以及对内合作对外竞争。卡尔潘认为先合作后竞争的竞合战略通常发生在企业起步时,为了降低技术开发或者项目开发带来的风险,先与其他企业合作来扩张市场,然后通过竞争来获得市场份额。合作与竞争同时进行的情况则通常发生在规模相近但具有极大的互补性,能够强化各自在某些方面的能力的企业之间。对内合作对外竞争指的是企业之间联合经营以对抗市场中同类型企业[4]。

事实上,在产业集群发展的过程中,上述三种情况都有可能会发生。集群中的小企业会为了降低产品开发的风险和获得学习经验,而谋求与同类型大中型企业的合作。另外,同一集群中聚集的肯定是在产业链上、下游相关或者业务类型相近的企业,那么如果要在该类市场中获得优势,除了要在产品质量、形态、创

---

① 刘衡,王龙伟,李垣. 竞合理论研究前沿探析[J]. 外国经济与管理,2009(9):1-8.

② 普瑞斯. 以合作求竞争[M]. 武康平,译. 沈阳:辽宁教育出版社,1998.

③ 谢品. 基于网络视角的园区内企业间竞合行为研究[D]. 南昌:江西财经大学,2013.

④ 唐建民. 商业集群竞合机制[J]. 消费导刊,2008(23):102.

新和企业运营方面的战略上占据优势之外,还要通过与集群内上、下游的关联企业或同类型互补企业合作,克服企业自身的不足之处。同一集群中的企业虽然极有可能在同一市场进行竞争,但也极有可能形成战略联盟,形成规模经济合作来打败集群外的竞争对手,在具有占领市场份额的优势之后再进行企业之间的竞争。另外,也有不同学者提出了竞合的不同方式,企业间竞合的方式并不是固定的,是由企业所在产业的情况、企业本身规模、产业环境等多种因素决定的。

参与竞合的前提是企业互补,在产业集群中有可能是纵向产业链上企业想寻求延伸的互补,也有可能是横向同质企业看中对方在自身企业不足方面的优势而谋求合作。不管是哪一种情况,竞合的目的都是为了共赢,保证参与竞合的企业都能在这种关系中得到提升或者利益[①]。并且在这种关系中,合理的利益分配和顺畅的沟通是维持竞合关系的基础,否则参与竞合的双方关系很容易走向破裂。在竞合关系中处于弱势的企业可能会遭受毁灭性的打击,处于优势的企业也不可能全身而退,自身业务的发展多少会受到影响。因此,企业在参与竞合的过程中,既要保障自己的利益,也不能损害对方的利益,不能破坏竞合关系的平衡。在双方互相协商、友好互信的情况下能够建立更加牢固的合作关系,由此获得更高层面的成功。

在国家数字出版基地运行和发展的过程中,企业之间以什么样的方式竞合、如何竞合,很大程度上影响着国家数字出版基地中企业的发展以及整个基地综合绩效的提升。因此,通过对基地内企业间竞合方式和状态的探究可以从深层次上了解基地运行的机制和运营的情况。竞合理论也是分析基地如何竞合,基地内企业以及基地本身如何通过竞合来提升自身企业优势和集群优势,实现规模经济和区域辐射的理论基础。

2.5 小   结

通过对以上理论基础的分析和总结,可以得出解析我国国家数字出版基地形成与发展的理论框架和依据。马歇尔的规模经济理论、韦伯的工业区位论、波特的国家竞争优势理论都提到了影响产业集群形成的各种因素,综合各学者的观点可发现运输成本、劳动力、自然禀赋、政府行为、技术创新、市场、竞争等是有

---

① 张阁. 产业集群竞合行为及竞争力提升研究[D]. 西安:西安科技大学,2009.

可能影响产业集群形成的因素。马歇尔、韦伯的理论诠释了集群是由产业和市场驱动而自发聚集的自下而上的自组织的形成方式,而地域生产综合体理论和增长极理论则提供了由政府规划布局和引导的另一种自上而下的他组织的形成方式。社会经济网络理论为分析产业集群的主体结构和互动关系提供了充分的理论依据和框架基础。国家竞争优势理论和GEM模型是产业集群主体结构解析以及构建产业集群运行绩效评价模型的基础框架。知识溢出机制和竞合机制是国家数字出版基地顺利运行的重要机制以及保障,知识溢出理论和竞合理论则为讨论基地如何顺利运行提供了理论基础。上述经典理论结合国家数字出版基地的文化产业和高科技产业集群各自的特点,可以得出国家数字出版基地形成与演进的发展路径分析框架。

3　国家数字出版基地形成与演进

我国国家数字出版基地是由政府主导的区域特色突出,结合文化、经济、社会发展实际需求的文化与科技相融合的混合型创新性产业集群,其产生和演进有着独特的规律和特征[①]。

3.1　国家数字出版基地形成和演进动因

经典的产业集群理论对影响产业集群形成和演进的动因有不同的见解。马歇尔在规模经济理论中将产业聚集归因为交通工具的变革、信息交流最大化以及专业化分工几个因素。韦伯的工业区位论将工业聚集的区位因素分为区域因素和集聚因素,简而言之,就是指地理位置、劳动力成本和运输成本。克鲁格曼认为三种因素驱动企业在地理位置上的集中:市场准入效应、生活成本效应和市场拥挤效应[②]。马歇尔、韦伯和克鲁格曼的理论当中都只涵盖了经济因素,并不包括社会文化、政府政策这些社会因素。而在波特的国家竞争优势理论以及帕得莫和吉布森的 GEM 模型中,不仅阐释了人力资源、土地、资本、知识资源等生产要素,还说明了市场和政府在集群形成中的重要作用。

从高新技术产业集群的角度来说,由于基地是高研发投入、高创新性的高智力密集型产业,因此能够形成产业集群并且持续推动和演进的最主要的因素是其技术创新的能力、速度及可持续性[③][④]。并且,技术创新和开发的能力直接与

[①] 龙开元. 产业集群演进与企业全球技术导入的互动机理研究[M]. 北京:科学技术文献出版社,2011.

[②] 陈柳钦. 基于新经济地理学的产业集群理论综述[J]. 湖南科技大学学报(社会科学版),2007(3):42-44.

[③] 魏芳. 高技术产业组织研究[M]. 北京:科学出版社,2011.

[④] 龙开元. 产业集群演进与企业全球技术导入的互动机理研究[M]. 北京:科学技术文献出版社,2011.

参与技术创新的人才聚集的人数和能力相关。对数字出版产业来说,高质量的新闻出版、信息技术、互联网行业的从业人员是该产业能够获得持续创新能力的关键,因此人才因素在国家数字出版基地的演进过程中不可或缺。

从政府主导型的产业集群的角度来说,政府的作用贯穿基地发展的全过程,并且在每个阶段发挥着不同的作用,是其形成与演进不可忽视的另一个重要因素①。从文化创意产业集群的角度来说,基地所在区域的文化创意氛围和积淀也是促进其长期稳定发展的重要因素之一。对于数字出版产业来说,其仍然以内容为主,那么在新闻出版和文化创意产业发展较好的地区显然更适宜数字出版基地的长远发展。市场对任何产业来说都是至关重要的演进因素,市场的规模和潜力是产业发展的前提和基础,决定了该产业能否持续性地发展,对于任何产业来说都是至关重要的决定性因素。根据原国家新闻出版广电总局的中国数字出版产业年度报告的统计和总结可发现,我国数字出版产业的主要市场分布于移动阅读、网络文学、网络游戏、在线教育和网络广告五大板块。基本上可以确定这五大板块的市场规模和潜力在很大程度上影响着国家数字出版基地的演进。

因此,国家数字出版基地演进的主要动因可以归结为技术、市场、政府、人才、人文五大因素。

3.1.1　技术因素

对于企业来说,技术水平与企业的生产效率紧密相连,可以说是决定企业生产效率的基本要素之一②。而作为本质上是高新技术产业集群的国家数字出版基地,其特点就是依托当地科研力量,发展高新技术产业,具有强烈的创新氛围和创新精神。

虽然数字出版是以内容为核心的产业,但如果没有大数据、云计算、移动终端、VR、AR 等这些改变用户行为、推动整个行业转变的技术支撑,优秀的数字内容是无法进行有效传播的。数字出版产业当中的技术支撑主要指的是内容的呈现方式以及传播渠道的丰富和改变。因此,技术创新能力、技术创新速度、技术融合能力以及可持续发展能力是国家数字出版基地得以形成和演进的最重要因素,而技术水平可以从数字出版关键技术的研发水平、相关企业技术实力以及

---

① 张忠湘. 政府主导型产业集群演进过程中的政府政策研究[D]. 湘潭:湖南科技大学,2010.

② 徐强. 产业集聚因何而生——中国产业集聚形成机理与发展对策研究[M]. 杭州:浙江大学出版社,2004.

高校与科研机构研发能力三个方面来衡量。

3.1.1.1 数字出版关键技术的研发水平

数字出版关键技术是内容呈现和传播的载体。关键技术的产生首先能在该区域产生效应,再向其辐射区域扩散。因此,数字出版关键技术的创新和研发能力强的区域一定是国家数字出版基地布局的首选。其中,移动终端能够解决用户随时随地获取和阅读数字资源的问题,并且具有体积小、容量大的特点[①];VR技术能够在传感辅助设备的帮助下将图书承载的信息和知识进行视觉上的场景还原,实现出版产品的流动性与立体化[②];大数据技术能够实现数字内容和产品的精准营销和个性化推荐[③];云计算技术能够存储和处理海量信息和数据,使用户在较短时间内获取和分享信息资源[④]。这些数字出版产业中的关键技术决定内容如何呈现和传播,与内容一起决定最终数字出版产品的产生。

内容结构加工技术、跨平台阅读技术、ISLI(中国标准关联标识符)/MPR(多媒体印刷读物)、电泳显示和语义分析等数字出版产业的关键技术主要在广东地区取得突破性进展。而大型智能家电方面则是由青岛的海尔和海信两大品牌领衔。江苏、厦门和北京的一些企业较早将VR技术运用到教育出版领域当中,如江苏凤凰集团将VR技术运用在职业教育的教学平台上,使学生能够通过这种交互性较强的学习平台迅速掌握教学内容和技能;北京的出版单位则将少儿图书中的优质内容与VR技术融合,通过场景的立体呈现给予孩子高交互性的数字内容体验。上海在动漫以及网络游戏技术的开发方面一直保持着全国领先的地位。而杭州作为我国大数据技术应用的发源地之一,自然在用户行为偏好和个性化推荐方面遥遥领先。武汉在网络直播平台以及终端硬件生产开发方面具有独特优势。重庆则在数据库技术方面领先全国。关键技术的产生和领先是该地区能够率先将优质数字内容与技术融合的前提条件,也是数字出版产业能够向聚集方向发展的重要前提。

3.1.1.2 相关企业技术实力

另外,基地所在区域的互联网企业的技术实力是反映该区域技术水平的主要衡量指标,是对当地国家数字出版基地最大的技术支撑。由中国互联网协会、

---

① 李劲松,梁春平,付二喜. 移动终端大发展背景下的数字出版技术[J]. 科技视界,2015(35):26.

② 周敏,李一男. 虚拟现实技术(VR)视野下的数字出版发展探究[J]. 科技与出版,2016(6):110-113.

③ 刘鲲翔,杜丽娟,丁雪. 大数据技术在数字出版中的应用前景展望[J]. 出版发行研究,2013(4):9-11.

④ 杨庆国,陈敬良,吴惠慧. 技术驱动与嵌入集群内数字出版产业融合模式研究[J]. 编辑之友,2015(2):75-78.

工业和信息化部信息中心发布的数据可以看到,2020 年在中国互联网企业 100 强当中,有 95 家企业都分布在国家数字出版基地所在的省份或城市,说明这些地区互联网技术的发展相对于其他地区具有更为明显的优势,而北京、上海、广东分别以 37 家、18 家、13 家的数量远超其他省市入围数量。而近几年来,随着在线教育、智能家居、短视频等行业的崛起,相比之前,北京进入中国互联网企业 100 强的增加了 7 家企业,例如字节跳动、小米、好未来教育等企业。2020 年全国各省市 100 强互联网企业数量分布见图 3-1。

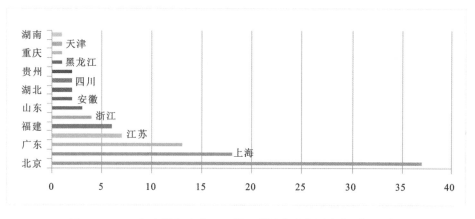

图 3-1　2020 年全国各省市 100 强互联网企业数量分布（单位：家）

另外,例如湖北华中国家数字出版基地位于拥有光谷软件园的武汉市。光谷软件园是科技部认定的"国家火炬计划软件产业基地"以及商务部认定的"中国服务外包基地",是我国中西部地区规模最大的软件及外包产业园,其入驻企业包括微软、海康威视、爱立信、华为技术、联想利泰、东湖软件等国内外知名企业,提供了强有力的技术开发支撑。广东国家数字出版基地所在的广州市拥有全国首批国家级高新技术产业开发区——天河软件园,也是"国家火炬计划软件产业基地"之一。天河软件园不仅聚集了大量的专业技术人才,其周边还集中了将近 60 家高校和科研机构,充足的人才资源和技术资源是广东国家数字出版基地落户在此的重要原因。重庆则汇聚了惠普、富士康、英业达等硬件支撑企业,致力于打造"全球最大笔记本电脑生产基地"以及制定了成为亚洲乃至全世界最大的笔记本电脑、平板电脑、手机等手持终端设施基地的发展战略。另外,重庆在两江新区水土高新技术产业园建设的"亚洲最大的数据处理中心"是中国最大的离岸和在岸数据处理中心,东软在重庆进行了软件开发、数据处理、离岸数据中心、云计算等产业布局,与终端开发商一起构成了重庆"云端计划"的重要组成部分。同时,两江新区还聚集了金融、物流、软件研发、服务外包等种类齐全的软件外包及信息服务企业,其中包括中国移动、中国电信、中国联通、霍尼韦尔、中兴、爱立信、金科、金蝶、天极、金算盘、中联、华龙网等海内外知名机构和企业。这些企业的汇聚,让两江新区水土高新技术产业园的信息服务外包和行业应用软件发展独具技术优势。因此,利用"云端计划"和软件外包及信息服务的优势,各类国内外知名企业可以为重庆两江新区数字出版基地的形成提供良好的技术支撑。

3.1.1.3 高校与科研机构研发能力

纵观 14 家国家数字出版基地的选址可以看出,所有基地都处于高水平学术机构集中的省份或城市。高水平学术机构主要是指大学,尤其是研究性大学以及高水平的公共科研机构。英国《自然》杂志增刊《2020 自然指数——科研城市》发布的全球科研城市排名中,北京、上海、南京、武汉、广州与合肥入选全球二十强,北京更是以远超第二名纽约都市圈的优势夺得第一名。而前几年发布的全国十大科研城市排名中,国家数字出版基地所在的城市有八个位列其中,分别是北京(第一名)、上海(第二名)、南京(第三名)、武汉(第四名)、合肥(第五名)、杭州(第八名)、广州(第九名)和天津(第十名)。在 2016 年中国校友会评选的全国高校排行榜中,北京以拥有 20 所全国 100 强高校的绝对优势排名第一,其次是江苏,拥有 11 所全国顶级高校,其他基地所在城市也拥有相当的科研实力、强劲的高校科研力量。14 家基地所在省份或城市拥有排名前 100 的高校共计 83 所,比例高达 83%。表明这些省份或城市汇聚了全国顶尖的科研力量,更有利于开展企业技术方面的研发活动。而计算机科学和软件工程专业全国排名前 30 的学校的比例则分别高达 76.67% 和 83.33%。学科排行榜不仅显示了一所高校本专业在科研方面的实力,例如承担了更多更高级别的科研项目,获得更多科研奖项以及丰硕的研究成果,同时也是教学质量高和培养学生能力强的体现。

除此之外,在 2016 年和 2021 年国家新闻出版署确定成立的出版融合发展重点实验室名单及出版业科技与标准重点实验室名单中,由高校牵头或与高校共建的重点实验室也基本分布在国家数字出版基地所在的省份或城市,如表 3-1①和表 3-2所示②。

---

① 总局公布 20 个出版融合发展重点实验室依托单位(附名单)[EB/OL].(2016-12-20)[2021-06-21].http://www.zhongkeqikan.com/h-nd-104.html.

② 国家新闻出版署关于发布出版业科技与标准重点实验室名单的通知[EB/OL].(2021-02-10)[2021-06-21].https://www.sohu.com/a/451622410_99904457.

表 3-1　　　　　　国家新闻出版署出版融合发展重点实验室名单

序号	依托单位	共建单位	实验室名称
1	江苏凤凰出版传媒集团有限公司	南京大学	国家新闻出版署出版融合发展（凤凰—南大）重点实验室
2	中国科技出版传媒股份有限公司	中国科学院自动化研究所 中国科学院计算机网络信息中心	国家新闻出版署出版融合发展（中国科技出版传媒）重点实验室
3	中国出版集团公司	清华大学新闻与传播学院新媒体传播中心 中国科学院自动化研究所模式识别国家重点实验室	国家新闻出版署出版融合发展（中国出版集团）重点实验室
4	中文天地出版传媒股份有限公司	南昌航空大学	国家新闻出版署出版融合发展（中文传媒）重点实验室
5	浙江日报报业集团	无	国家新闻出版署出版融合发展（浙报集团）重点实验室
6	时代传媒股份有限公司	华东师范大学	国家新闻出版署出版融合发展（时代出版）重点实验室
7	中南出版传媒股份有限公司	北京大学新媒体研究院	国家新闻出版署出版融合发展（中南传媒）重点实验室
8	人民教育出版社	华中师范大学	国家新闻出版署出版融合发展（人教社）重点实验室
9	中国工信出版传媒集团有限责任公司	北京万方数据股份有限公司 北京方正阿帕比技术有限公司	国家新闻出版署出版融合发展（工信集团）重点实验室
10	南方报业传媒集团	中国科学院深圳先进技术研究院 武汉大学深圳研究院	国家新闻出版署出版融合发展（南方报业）重点实验室
11	四川新华发行集团有限公司	电子科技大学 四川大学	国家新闻出版署出版融合发展（四川新华）重点实验室
12	外语教学与研究出版责任有限公司	掌阅科技股份有限公司	国家新闻出版署出版融合发展（外研社）重点实验室
13	咪咕数字传媒有限公司	浙江出版联合集团有限公司	国家新闻出版署出版融合发展（咪咕数媒）重点实验室
14	长江出版传媒股份有限公司 武汉理工大学	武汉理工数字传播工程有限公司	国家新闻出版署出版融合发展（时代出版）重点实验室

续表

序号	依托单位	共建单位	实验室名称
15	华东师范大学出版社有限公司	上海意派信息科技有限公司	国家新闻出版署出版融合发展（华东师大社）重点实验室
16	中原大地传媒股份有限公司 深圳天朗时代科技有限公司 大象出版社	郑州大学	国家新闻出版署出版融合发展（郑州）重点实验室
17	辽宁出版集团有限公司 大连东软控股有限公司 大连理工大学出版社有限公司	新闻出版总署信息中心 北京印刷学院 大连理工大学 大连东软信息学院	国家新闻出版署出版融合发展（辽宁）重点实验室
18	中国新闻出版研究院	读者出版传媒集团有限公司 北京大学 江苏睿泰数字产业园有限公司 上海理工大学	国家新闻出版署出版融合发展（中国新闻出版研究院）重点实验室
19	北京师范大学出版社（集团）有限公司	科大讯飞股份有限公司 北京凤凰师轩文化发展有限公司	国家新闻出版署出版融合发展（北师大出版社）重点实验室
20	中国建筑工业出版社	北京建筑大学	国家新闻出版署出版融合发展（建工社）重点实验室

表 3-2　　　国家新闻出版署出版业科技与标准重点实验室名单

序号	牵头单位	重点实验室名称
1	北京大学	新闻出版智能媒体技术重点实验室
2	北京理工大学出版社有限责任公司	出版产业通用数据交换技术重点实验室
3	北京师范大学	出版业用户行为大数据分析与应用重点实验室
4	北京体育大学	体育融合出版可视化技术重点实验室
5	北京印刷学院	新闻出版领域关键技术研发及应用综合实验室
6	北京语言大学出版社有限公司	出版业"一带一路"国别化语言服务关键技术研发与应用重点实验室

续表

序号	牵头单位	重点实验室名称
7	北京卓众出版有限公司	科技期刊数字出版及全流程管理重点实验室
8	北方工业大学	CNONIX 国家标准应用与推广重点实验室
9	电子工业出版社有限公司	基于区块链的出版业知识服务 模式创新及应用重点实验室
10	高等教育出版社有限公司	"智能＋"教育融合出版创新与应用重点实验室
11	古联（北京）数字传媒科技有限公司	古籍数字化与知识工程重点实验室
12	南京大学	智慧出版与知识服务重点实验室
13	清华大学出版社有限公司	教育领域融合出版知识挖掘与服务重点实验室
14	人民教育出版社有限公司	数字教育出版技术与标准重点实验室
15	山东数字出版传媒有限公司	融合出版内容传播创新应用重点实验室
16	陕西师范大学	西部多语种文化资源智慧出版重点实验室
17	上海出版印刷高等专科学校	智能与绿色柔板印刷重点实验室
18	上海理工大学	可信数字版权生态与标准重点实验室
19	时代新媒体出版社有限责任公司	文化资源数字出版与知识服务重点实验室
20	四川大学出版社有限责任公司	融合出版超高清视频技术应用重点实验室
21	苏州工业园区新国大研究院	增强现实技术（AR）融合出版重点实验室
22	武汉大学	语义出版与知识服务重点实验室
23	武汉理工大学	融合出版智能服务技术与标准重点实验室
24	新华文轩出版传媒有限公司	出版业科技与标准综合重点实验室
25	知识产权出版社有限责任公司	知识产权内容挖掘与服务重点实验室
26	中共党史出版社	中共党史数字影像和虚拟仿真（VR）教程 与推广标准研究重点实验室
27	中国版权保护中心	DCI 技术研究与应用联合重点实验室
28	中国传媒大学	融合出版与文化传播重点实验室
29	中国大百科全书出版社有限公司	百科知识融合创新出版工程重点实验室
30	中国建筑出版传媒有限公司	富媒体出版资源管理与数据应用重点实验室
31	中国科学院技术信息研究所	富媒体数字出版内容组织与知识服务重点 实验室

序号	牵头单位	重点实验室名称
32	中国科学院文献情报中心	学术期刊新型出版与知识服务重点实验室
33	中国科学院自动化研究所	数字版权服务技术重点实验室
34	中国民主法治出版社有限公司	数字影音互动科技与标准重点实验室
35	中国农业科学院农业信息研究所	农业融合出版知识挖掘与知识服务重点实验室
36	中国新闻出版研究院	出版业技术与标准应用重点实验室
37	中国医学科学院医学信息研究所	医学融合出版知识技术重点实验室
38	中国印刷科学技术研究院	印刷环保与智能技术重点实验室
39	中国中医药出版社有限公司	中医药知识挖掘与出版创新服务重点实验室
40	《中华医学杂志》社有限责任公司	医学期刊知识挖掘与服务重点实验室
41	中宣部机关服务中心(信息中心)	新闻出版业高新技术应用综合实验室
42	中原大地传媒股份有限公司	数字出版应用智能部署重点实验室

从表3-1和表3-2可看到,在20家出版融合发展重点实验室和42家出版业科技与标准重点实验室中,有58家是来自国家数字出版基地所在的省市,比例高达93.5%。其中高校牵头或共建的实验室单位有32家,占51.6%。北京、上海、江苏、浙江、江西、四川的高校在数字出版和知识服务方面的实力相对较强,其中北京是高校参与重点实验室申报和建设最多的地区。

3.1.2 市场因素

市场因素对于任何产业来说都至关重要,市场的规模与顾客的购买力是紧密相关的,决定了该产业中企业的数量和规模,是产业发展的前提和基础。

不管是对单独企业还是对集群来说,其存在和发展都需要有更广阔的市场作为支撑。数字出版产业的市场规模在十年内不断扩大,以及在未来仍然显现出不断扩大的趋势是国家数字出版基地产生的根本条件之一。而由于高科技产业集群是"科技创新为动力"和"市场需求为引导"两种力量相互作用的结果,因此,如果对于运用最新科技生产出的产品,消费者表现出排斥和消极的态度,就会造成科技创新和市场需求两种因素的不对称和不协调,削弱集群的形成和发展①。因此,以市场需求结构为基础,企业集群必须针对所在市场进行深层次的

---

① 隋映辉. 产业集群——成长、竞争与战略[M]. 青岛:青岛出版社,2005.

调查研究,将获得的信息和数据传导给产业研发部门,进一步反馈产业集群发展的需求并形成创新动力。对于数字出版产品来说,更需要研究用户的偏好、行为、体验等因素,从而对自己的产品进行无间断的监控和改进。目前,数字出版产业的范围主要包括移动阅读、网络游戏、网络广告、在线教育、网络文学等板块,同时也是各国家数字出版基地重点覆盖和发展的市场板块。接下来分别探讨这些板块的市场规模和容量,以得出市场对基地形成的影响。

3.1.2.1 中国移动阅读市场规模

数字出版产业中的移动阅读市场一直以来都是竞争激烈之地,其随时随地可阅读与场景的碎片化模式目前已经成为用户的刚性需求[①]。从艾瑞咨询统计的 2011—2015 年中国人均日均使用各主流媒介时间占比的数据可知,我国 2015 年人均使用数字媒体(手机、电脑)时间占比达到了 50.4%,比 2011 年同期增加了 14.6%[②]。除此之外,网民规模的不断增长也使得移动阅读受众的覆盖率在不断增加,移动阅读时间不断延长,这些都是移动阅读市场规模在不断扩大的标志[③]。2019 年,我国数字阅读行业用户规模达到了 4.7 亿,同比增长8.8%。而在 2020 年,我国移动用户使用数字阅读平台的时间已经贯穿全天,67.5%的用户单次使用时长在 30 分钟以上。另外,从最早的数字阅读内容资源到现在的泛娱乐化的产业布局,全国各大移动阅读企业仍在以各种战略合作、收购或股权置换的形式使移动阅读业务更加多元化。由图 3-2 可以看出,从 2016 年到 2019 年,中国数字阅读行业市场规模总体而言持续扩大,2017 年与 2016 年相比,同比增幅达到 27.7%,2018 年和 2019 年虽然增长率在降低,但也呈现出一种相对稳定的规模扩张趋势。大众阅读市场表现突出,热门 IP 影视爆发的焦点也延伸到移动阅读市场这一板块,许多观看了如《亲爱的,热爱的》《庆余年》《琉璃》等电视剧的观众给移动阅读市场带来了巨大人气,并且随着 IP 市场的持续火热,移动阅读市场的规模还将继续扩大。

3.1.2.2 中国网络游戏市场规模

网络游戏一直是我国数字出版产业中的盈利大头,伴随着国外优秀网络游戏的不断引进以及国内网络游戏企业研发和运营能力的加强,我国的网络游戏市场规模快速扩大,而自主研发的网络游戏也越来越成为我国市场发展的主导

---

① 杨达松. 移动互联网时代下读者阅读习惯的转变[J]. 新闻研究导刊,2017(1):28,38.

② 艾瑞咨询. 国内人均日均使用数字媒体时间过半[EB/OL]. (2015-08-11)[2021-06-22]. https://www.sohu.com/a/26832344_118197.

③ 刘妍序. 基于移动互联网市场的大众阅读分析[J]. 现代经济信息,2016(16):428-429.

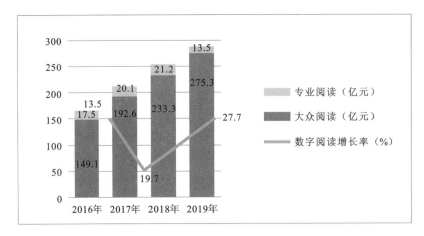

图 3-2　2016—2019 年中国数字阅读行业市场规模及增速变化情况

力量①。中国产业信息网和艾瑞咨询对我国网络游戏市场的现状和预测数据显示,目前亚洲已经是全球最大的网络游戏市场。2016—2020 年中国网络游戏用户规模见图 3-3。

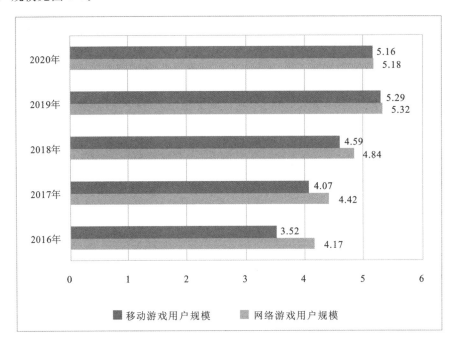

图 3-3　2016—2020 年中国网络游戏用户规模(单位:亿人)

① 艾瑞咨询.2016 年我国网络游戏行业市场规模及发展概况分析[EB/OL].(2016-04-05)[2021-06-09].http://www.chyxx.com/industry/201604/402008.html.

2017 年以后增速放缓,但仍然能保持 5％以上的增长率。而 PC 客户端游戏、PC 网页游戏和移动游戏在网络游戏市场细分结构中的结构占比也在不断变化。由于目前智能手机开发周期变短、速度加快且性价比具有优越性,预计到 2023 年,移动游戏的市场份额占比将从 2015 年的 39.2％上升到 75.8％。2016—2020 年中国网络游戏市场规模及增速变化情况见图 3-4。

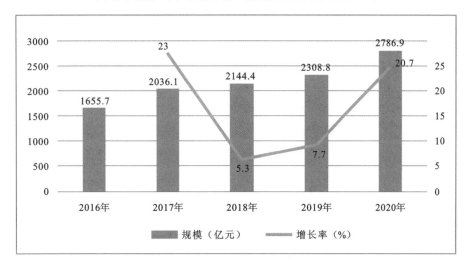

图 3-4　2016—2020 年中国网络游戏市场规模及增速变化情况

在整个网络游戏市场当中,移动游戏行业是加速我国网络游戏市场规模扩大的一个最重要板块。艾瑞咨询《2016 年中国移动游戏行业研究报告》显示,2015 年我国游戏用户已经有 38％是移动游戏用户,PC 客户端用户已经下降到 25％,PC 网页游戏和单机游戏用户占 13％,最后则是掌机游戏和电视游戏。中国移动游戏市场规模从 2014 年起开始呈现迅速增长趋势。到 2020 年时,我国移动游戏市场规模达到了 2096.76 亿元,占总游戏市场规模的 75.24％,这一比例较 2014 年提升了 51.23％。2014—2020 年中国移动游戏市场规模及增速变化情况见图 3-5。

而从 2016 年之后,以腾讯和网易为首的支柱性移动游戏开发商将《王者荣耀》《和平精英》等本来在端游表现突出的网络游戏移动端化,带到了移动游戏玩家视线中,迅速占领了移动游戏市场,用户渗透率大幅上升,并且玩家忠诚度提高,使得移动游戏用户在我国网民规模中的占比进一步提升。2019 年,中国网民规模约为 8.47 亿人,而移动游戏用户规模约为 6.6 亿人,占比已达到

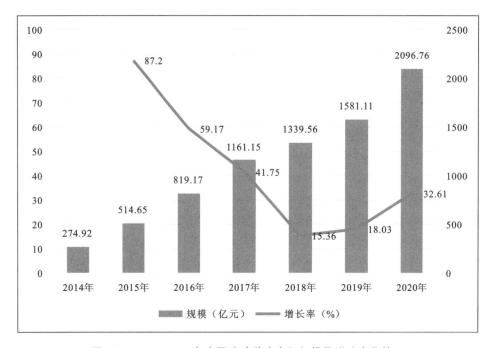

图 3-5　2014—2020 年中国移动游戏市场规模及增速变化情况

77.92%①。而在 2016 年到 2020 年这个时间段,移动游戏开始向高质量、精品化转型。2019 年处于畅销排行榜前 30 位的移动游戏中,仅有 6 款是当年新上线的产品,而多达 12 款移动游戏的运营时间都超过三年,例如《开心消消乐》《阴阳师》《王者荣耀》《梦幻西游》《倩女幽魂》等,说明用户对于游戏场景、体验、持续可玩性、游戏运营等方面的要求也在提高。在此期间,众多中小型移动企业无法满足用户的深层需求而被市场淘汰,退出了我国游戏市场。这同时也说明在游戏类型和数量不断增长的过程当中,游戏质量和体验对于用户黏性而言可以说是决定性的影响因素,画面撕裂、操作卡顿、游戏过程顿挫感强都会极大降低用户的持续付费意愿,这也是中小型企业亟待解决的技术痛点。

3.1.2.3　中国网络广告市场规模

网络广告是随着互联网产业和数字内容产业的发展而产生的新型营销服务方式。并且随着网民人数的增长,用户使用数字媒体的时间持续增加,杂志、报

---

① 艾瑞咨询. 2020 年中国移动游戏行业研究报告[EB/OL].（2020-11-09）[2020-12-29]. http://www.199it.com/archives/1148421.html.

纸、电视广告等传统的广告市场规模将会不断缩小①。目前来说,我国网络广告市场的重心主要集中在电商营销、在线视频、短视频、社交网络和新闻资讯市场五大板块,其中电商平台的广告投入和市场份额仍然占据主要地位,未来将可能长期保持将近40%的市场比重。但受新冠肺炎疫情的影响,消费者在直播平台和短视频平台的活跃度明显增加,使得大多数广告主开始转变广告营销策略。同时,我国网络广告的市场规模目前已经进入一个相对成熟期。根据艾瑞咨询前瞻研究院发布的《2016—2020年中国网络广告市场规模及产业结构分析报告》的数据,2016—2019年,我国网络广告市场规模以每年30%左右的增速迅速扩张,在2019年达到6464亿元。而2020年,由于新冠肺炎疫情影响,部分品牌方对网络广告预算重新进行了配置与规划,因此增速放缓,但总体规模也已达到7666亿元。而在网络广告市场份额中,2016—2020年这五年期间,占比最大的是电商平台,为39.9%。而短视频平台则在2020年超过搜索引擎,成为网络广告市场中份额占比第二的媒体类型,市场份额占比达到了17.4%,说明短视频平台不断优化的内容生态持续拉升整体用户量和用户黏性,成为广告主营销增长的肥沃土壤。2016—2020年中国网络广告市场规模及增速变化情况见图3-6。

图 3-6　2016—2020 年中国网络广告市场规模及增速变化情况

① 易凌册. 网络广告规模超广电近两倍,用户接受度仍存在较大提升空间[N]. 通信信息报,2016-04-13(A15).

虽然网络广告的市场规模已经比较可观,但目前并没有达到传统广告能让消费者信赖的水平,并且有 30% 的用户对网络广告持反感态度,因为很多网络广告存在强制性广告、侵权严重、虚假广告丛生等问题,所以用户对网络广告的整体信任度偏低,抵触情绪比较明显[①]。因此网络广告商在注重市场规模的扩大和对市场的精准投放之外,还要注意约束自己的行为,配合政府规范网络广告市场,才能使其更具活力和稳定性。

3.1.2.4 中国在线教育市场规模

随着互联网的发展,出现传统产业升级,在线教育市场随之出现,它是一种数字出版新兴市场,互联网在线教育不仅打破了时间与空间的壁垒,还开始通过更低的成本和多样化的教学模式与评估模式打动用户,满足用户的个性化在线学习需求[②]。作为近年来稳步增长的数字出版板块,在线教育会成为未来数字出版产业发展的核心产业之一。2015—2020 年中国在线教育市场规模见图 3-7。

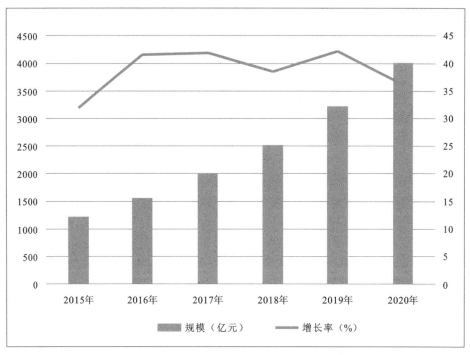

图 3-7 2015—2020 年中国在线教育市场规模

---

① 沈添玺,薛华圣,张浩. 新媒体视域下的网络广告研究[J]. 通讯世界,2016(24):295.
② 任晓然. 当前在线教育行业发展初探[J]. 科技资讯,2016(9):161-162.

2020 年,我国在线教育用户规模迎来爆发式增长,主要原因是新冠肺炎疫情的暴发将教学场景从线下强制转换为线上,促使用户从线下向线上迁移,一定程度上改变了用户的学习习惯,提升了用户对在线教育的认知,行业渗透率得以迅速提升,进而大大推动了在线教育行业的发展进程。

根据中国互联网络信息中心(CNNIC)发布的第 47 次《中国互联网络发展状况统计报告》,2020 年 1—3 月,我国在线教育用户规模一度增长到 4.23 亿人。而到我国疫情较为稳定,各学校开学复课之后,用户规模有所回落,到 2020 年 12 月,用户规模在 3.42 亿人左右,较 2020 年 3 月减少 8125 万人。[①]

由艾瑞咨询 2020 年我国在线教育市场的分析报告可知,我国在线教育产品用户的接触年限主要在 1~3 年的区间之内,占比为 45.7%,平均更换产品的周期为 1 年的用户占比最大,约为 30%。由艾瑞咨询的《2019 年中国在线教育产品营销策略白皮书》可知,有 45.9% 的用户每周使用 2~6 次在线教育产品,周末和节假日加起来使用时间段比重超过 50%,并且 83.2% 的用户使用在线教育产品是为了提升自我能力,另外还有 63.3% 的用户认为可以通过线上课程丰富自己或子女的业余生活。这说明网络用户对于知识获取的需求愈加强烈,并且目的明确,有自身注重的知识获取目标。2019 年中国在线教育用户使用目的见图 3-8。

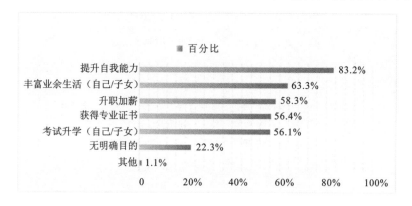

图 3-8　2019 年中国在线教育用户使用目的

3.1.2.5　中国网络文学市场规模

数字出版的另一个重要板块就是网络文学,根据艾瑞咨询推出的网民连续用户行为研究系统 iUserTracker 对我国 100 万名 iOS 和 Andriod 系统的智能

---

① 中共中央网络安全和信息化委员会办公室,中华人民共和国国家互联网信息办公室,中国互联网络信息中心. 第 47 次中国互联网络发展状况统计报告[R/OL]. (2021-02-03)[2021-11-20]. http://www. cac. gov. cn/2021-02/03/c_1613923423079314. htm.

终端用户使用行为长期监测获得的数据可知,2015 年我国网络文学阅读月覆盖 PC 端用户平均约为 1.288 亿人,移动端用户平均约为 1.485 亿人。从近几年的数据来看,移动端的用户规模持续超过 PC 端,这意味着网络文学迎来了移动端时代。从中国互联网络信息中心(CNNIC)与中商产业研究院联合整理的 2013—2020 年中国网络文学用户规模和使用率的数据来看(图 3-9),2013 年到 2018 年间,我国网络文学用户规模保持着较为稳定的扩大速度,而在 2018 年、2019 年、2020 年这三年时间内,用户规模则开始稳定在 4.5 亿人左右[①]。虽然用户规模和使用率趋于稳定,但市场规模还在不断扩大,2019 年市场规模达到 201.7 亿元,2020 年增长到 249.8 亿元,同比增长 23.8%。

图 3-9　2013—2020 年中国网络文学用户规模和使用率情况

　　从以上数据可以看到,我国数字出版产业的市场规模不断扩大,并且向着产业结构多样化的方向发展,市场规模持续性扩大并且呈现扩大化的趋势是国家数字出版基地建设的前提条件。例如全球电子书同时也是零售业巨头的亚马逊,从 2007 年发行第一代电子阅读器 Kindle 开始就逐渐确立了国际电子书市场霸主的地位。相比于同时期的日本著名品牌索尼以及美国第一连锁书店巴诺的电子阅读器 Nook,Kindle 拥有十六级灰度电子纸显示技术,使其最大程度接近纸质阅读的感觉,其低廉的价格能覆盖更广大的读者群体,其拥有丰富的电子图书资源以及强大的网络支持功能,这些使得其他品牌无法与 Kindle 竞争。除此之外,相比其他媒介平台,"去娱乐化"的阅读环境能够让读者摒弃浏览网页的内容从而进行更深层次的阅读。永远能比对手快一步掌握电子书阅读用户的需

---

　　① 中商产业研究院.2020 年中国网络文学产业现状及发展趋势分析[EB/OL].(2020-09-08)[2021-06-29].https://www.sohu.com/a/417020669_350221.

求是亚马逊在电子书市场能一直保持领先的关键因素之一。而这样一种风靡全球市场，极大意义上改变了读者阅读习惯和偏好的电子阅读器，在 2013 年 6 月进入中国市场后，却并没有复制亚马逊模式在欧美国家的辉煌。事实上中国的读者市场与欧美国家的读者市场有很多不同的情况，不能一概而论。虽然，作为全球第一大网络书店，亚马逊有很丰富的电子图书资源且有足够的竞争力，但在 Kindle 进入中国市场之时，"当当电子馆""京东电子书商城""淘宝书城"等网络书店已然悄悄发展起来。根据盛大文学在纽约交易所上市之前的招股书概要可得知，2011 年其市场份额已经占到我国网络文学市场份额的 71.5%。[①] 这些网络书店和网站与移动互联网之间已然形成完整的产业链，读者利用手机或平板电脑就能在不同平台下载或在线阅读自己想要阅读的内容和书籍。

在被腾讯收购之前，盛大文学已经是我国最大的社区驱动型网络文学平台，一度占领我国网络原创文学市场份额的 71.5%。其旗下每一个网站都有自己独特的读者市场，例如，成立伊始以武侠小说为特色，逐渐变为女性阅读文学网站的潇湘书院；深受玄幻小说读者喜爱的起点中文网；文学小说爱好者聚集的小说阅读网；等等。其旗下超过 100 万的作者以每天庞大的更新量和读者浏览量占领着中国网络文学的市场，不仅形成了大众化的写作模式，同时也形成了大众化的阅读模式。在形成了稳定的网络读者市场后，网络付费阅读带给盛大文学及其旗下作者另外的盈利，实现了企业和作者之间的良性互动。而在此之后热门文学的版权运营又给盛大文学带来了更多的商机。除了热门网络小说出版成纸质版带来的巨大成功，以及将版权输出到世界各地将中国网络文学带给全世界的读者之外，改编成电影、电视剧、游戏等形式而获得巨大成功的 IP 例子数不胜数。例如 2017 年根据唐七公子的仙侠小说《三生三世十里桃花》改编的同名电视剧各网络平台总播放量已超过 500 亿，2020 年根据十四郎小说《琉璃美人煞》改编的东方玄幻仙侠剧《琉璃》单平台播放量就已超过 60 亿，可见网络文学影视化的传播力和效果。2015 年，根据著名网络作家天下霸唱的盗墓小说《鬼吹灯》改编的电影《九层妖塔》及《寻龙诀》好评不断，因此北京光线影业有限公司又拍摄了《鬼吹灯》系列之《龙岭迷窟》《云南虫谷》和《昆仑神宫》三部曲。目前，网络文学逐渐成为以版权为核心的文化产业发展的基础和源头，随着 IP 产业的不断繁荣，网络文学市场还会继续扩大[②]。

---

① 盛大文学招股书概要：占据七成市场份额［EB/OL］.（2011-05-25）［2021-11-20］. https://tech. huanqiu. com/article/9CaKrnJrcsB.

② 上海市新闻出版局数字出版调研课题组. 网络文学：市场潜力巨大，亟待加强引导［N］. 中国新闻出版报，2015-02-09(7).

3.1.3 政府因素

20 世纪 80 年代出现的新凯恩斯主义认为政府干预区域经济应以公共福利最大化为原则或一般假设政府有良好的意愿去发展区域经济。那么政府行为对区域经济的影响是良好且积极的,有利于区域经济和产业集群的发展。世界银行在 1997 年发布的《1997 年世界发展报告:变革世界中的政府》中的一项研究回归分析了 90 多个发展中国家以及工业国在 1964—1993 年间的调查数据。结果显示在这 30 年间,在政府政策良好而且政府职能发挥强大的国家,人均收入比政府能力弱的国家平均增长率要高 2.5%[1]。由此可知,方向正确和政策明确的政府行为能为集群的形成提供良好的基础条件,推动整个产业的发展,甚至该区域经济和人民生活水平都能得到显著的提高。

国家数字出版基地是政府主导型的产业集群,政府的作用贯穿其从形成到发展壮大过程的始终。在不同阶段,政府的干预行为和发挥的作用完全不同,但自始至终,国家数字出版基地的运行和演进都离不开政府因素的影响。

全国范围内的国家数字出版基地的设立计划是国家对数字出版产业进行战略布局的结果。虽然少数几个基地和园区是通过自组织或混合组织的方式进行产业聚集的,但最终被纳入了国家数字出版基地的规划发展布局当中。国家制定数字出版产业布局总体目标和基本框架,为基地的建设制定产业政策,同时通过战略布局计划及相关的政策措施,引导和干预产业集群整体布局、局部布局和个体布局,综合运用经济手段、法律手段和必要的行政手段来调节市场。但这里要强调的是,虽然政府主导型产业集群中政府的地位举足轻重,对集群的形成和发展有着莫大的引导力和影响力,辅助作用非常明显,但也不能就此认为政府的作用是集群发展的主要动力。在国家数字出版基地的形成阶段,政府行为对其的影响主要体现在帮助协调这一部分,例如公共平台的建设与服务、市场环境的规范与稳定和制度的完善与创新几个部分[2][3]。

在基地的萌芽和形成阶段,政府需要为基地的建设建立和完善基地发展所必需的生活环境及专用交通、通信等基础设施,以良好的物质基础条件吸引企业聚集。例如,在 2013 年获批且现阶段仍在大力发展建设中的北京丰台国家数字

---

① 世界银行.1997 年世界发展报告:变革世界中的政府[M].蔡秋生等,译.北京:中国财政经济出版社,1997.

② 王帅力.政府主导型产业集群的演进机理及绩效实证研究[D].长沙:湖南大学,2013.

③ 张忠湘.政府主导型产业集群演进过程中的政府政策研究[D].湘潭:湖南科技大学,2010.

出版基地位于北京西南、四五环之间。该基地不仅是丰台区产业空间布局的重要节点,同时也是我国文化资源和互联网信息科技资源的重要融合节点。政府在对北京基地进行地理位置选择之时,不仅在规划上选择了地铁 16 号线与丰台火车站交叉的地段,还在高速和环线的规划上紧紧围绕基地的建设来进行,使得北京基地的交通优势明显。另外,创新、金融服务、公共服务等平台作为辅助机构为基地的顺利运行营造了良好的集群环境。政府对于基地的基础设施建设和配套设施的规划是该基地未来吸引其他相关企业入驻以及基地发展走势良好的关键,只有在打好地基的基础之上才能建立数字出版产业的"帝国大厦"。

在基地进入快速发展阶段后,政府的主要职能是规划和明确基地的发展目标,差异化和特色化是各基地相关主管部门进行目标规划时的首要考虑因素。并且在此基础上遵循实事求是、动态发展、竞争秩序以及有限干预的原则,由上至下、由广到窄地为基地制定相关配套政策,以更好地引导基地的发展。在政策之外,资源的优化配置和整合也是政府作为推动基地演进的重要动力而需要发挥的职能。在政府的宏观和微观政策驱动以及资源的优化配置之下,基地会比较容易进入规范化的发展状态[①]。

在基地发展的成熟阶段,政府的作用则是观察基地运行中产生的问题,对过度竞争、创新惰性、过度专业化、封闭自守等问题进行治理,并且要及时发挥职能,对市场秩序进行及时的维护,帮助基地持续性发展,防止基地进入瓶颈期或衰退期[②]。

总的来说,政府在国家数字出版基地从形成到持续发展的不同阶段起着不同的作用,它是基地的战略规划者、公共设施和平台的提供者以及市场秩序的维护者,是推动基地不断演进的重要影响因素。

3.1.4 人才因素

人才向某一区域聚集不仅能够使自己本身的专业知识和技能根植于该区域,是该区域的产业集群得以形成的重要因素,同时也是集群专业化生产,增强产业集群竞争力,推动集群可持续创新以及整个区域经济发展的主要推动力之一[③④]。反过来,集群和集群内的企业对人才的吸引和保留投入得越多,就越有

---

① 李莹莹. 我国传统产业集群发展中的政府行为研究[D]. 成都:电子科技大学,2011.

② 苏卉. 文化创意产业集群中的政府行为研究[J]. 科技管理研究,2010(17):217-219.

③ 朱英明. 论产业集群的创新优势[J]. 中国软科学,2003(7):107-112.

④ 汪华林. 人才聚集:发展产业集群的基础保障[J]. 经济问题探索,2004(12):104-106.

机会成为行业的领导者,获取该行业的竞争优势①。因此,除了可以就近获得更强劲的科研团队的支持进行新技术的研究和开发以外,人才的获取也成为国家数字出版基地得以形成和演进的关键因素之一。高科技企业在顶尖高校周围的聚集完全可以说明人才在企业发展中的重要性。例如,美国硅谷位于斯坦福大学,加州大学旧金山分校、伯克利分校、洛杉矶分校,南加州大学等名校聚集的湾区,清华大学、北京大学等国内顶尖学府也集中于中关村周围。这些地区掌握最新技术知识与技能的人数往往远远超出其他地区。出版文化集团例如美国六大出版商和顶尖的报刊集团就集中在纽约曼哈顿,周围不乏哥伦比亚大学、纽约大学等世界一流传播学或类似学科的名校。可以看到,人才的竞争已经成为现代高科技企业发展的基础和关键。如何以最小成本获得最优秀的人才是现代企业发展的基础。而往往这些专业的技术人才与从事生产的普通工人相比,更倾向于定居在城市福利和文化设施好的地区或城市。事实上,技术人才的区位偏好往往是影响高科技企业区位布局的关键因素②。

另外,技术人才的集中也给企业之间技术信息和市场信息的交流带来了更多的便利。虽然可以通过行业协会或者一些社区论坛的方式获得行业内发展的信息,但技术人才之间非正式的交流往往让信息获取的效率更高。这些分层次、定期交流的圈子可以让不同层次的人在不同的圈子中进行交流,从而获得各自所需的信息,也降低了企业的信息成本。

尤其是对于国家数字出版基地这种高科技知识密集型产业集群来说,人才的大量汇聚带来了大量的知识溢出,比传统的产业集群更能带来创新的优势③。综观 14 家国家数字出版基地所在的省份或城市,无一不是人才汇聚的集中地或者人才竞争十分激烈的地区。新闻出版从业人员决定了数字出版产业中的内容生产、编辑加工、质量把关等重要环节,而信息技术人才则决定了数字内容终端的研发与生产、数字内容的营销渠道以及所有数字出版产品的技术支持水平,这两方面的专业人才聚集缺一不可,是基地得以形成并且持续发展的重要原因之一。原国家新闻出版广电总局规划发展司提供的数据显示,相对于其他城市和地区来说,国家数字出版基地所在的地区拥有的新闻出版从业人员人数要远远高于其他地区,这也是以内容为核心、以技术为支撑的国家数字出版基地能够形成并且具有良好发展前景的条件之一。表 3-3 显示了 2010—2015 年全国各地区新闻出版直接就业人数排名。

---

① 周均旭. 产业集群人才吸引力影响机制研究[M]. 武汉:湖北人民出版社,2011.
② 尼茨坎普. 区域和城市经济学手册[M]. 安虎森等,译. 北京:经济科学出版社,2010.
③ 詹晖,吕康银. 产业集群的人才集聚机制研究[J]. 技术经济与管理研究,2015(5):85-90.

表 3-3　　**2010—2015 年全国各地区新闻出版直接就业人数排名**

2010 年		2011 年		2012 年		2013 年		2014 年		2015 年	
排名	地区	排名	地区	排名	地区	排名	地区	排名	地区	排名	地区
1	广东	1	广东	1	广东	1	广东	1	广东	1	广东
2	浙江	2	浙江	2	浙江	2	浙江	2	山东	2	山东
3	江苏	3	山东	3	山东	3	山东	3	浙江	3	浙江
4	山东	4	江苏	4	江苏	4	江苏	4	江苏	4	江苏
5	北京	6	北京	6	北京	6	北京	6	北京	6	北京
6	上海	7	上海	7	上海	7	上海	8	上海	7	上海
7	福建	9	福建	9	福建	9	福建	9	福建	9	福建
11	湖北	11	安徽	11	安徽	11	安徽	11	江西	10	湖北
12	湖南	12	湖北	12	湖北	12	湖北	12	湖北	11	江西
13	安徽	13	湖南	13	湖南	13	湖南	13	安徽	12	安徽
14	陕西	14	江西	14	江西	14	江西	14	陕西	13	陕西
16	江西	15	陕西	15	陕西	15	陕西	15	湖南	14	湖南
18	天津	19	天津	17	天津	17	天津	16	天津	18	天津
22	重庆	21	重庆	20	重庆	18	重庆	19	重庆	19	重庆

　　从表 3-3 可以看到,广东常年占据全国新闻出版直接就业人数排名的第一位,在新闻出版行业的人力资本可谓最为雄厚。除此之外,浙江、江苏、山东、北京、上海和福建也基本每年都保持在前十的排名。在全部 14 家国家数字出版基地所在城市中,有 12 个城市的新闻出版直接就业人数常年保持在前十五左右的排名,新闻出版从业人员的人数很大程度上也决定了该城市或地区的新闻出版行业发展状况和趋势。相对来讲,天津和重庆两个直辖市新闻出版从业人员人数较少,这也决定了两个基地的主要发展方向和目标是朝着平台开发、大数据开发等数字出版技术的开发和应用前进的,对于以数字内容或新媒体内容为核心的基地来说,新闻出版从业人员的人数更为重要,但这也是基地能够形成差异化发展的因素之一。此外,虽然广东常年居于全国各地区新闻出版直接就业人数排行榜首,但从 2014 年开始,广东的新闻出版从业人数开始急剧下降,相对于2010 年至 2013 年期间平均 90 万从业人员,到 2015 年下降了近 20 万。除此之

外,浙江、北京、福建、湖南四个省份或城市的新闻出版从业人数在这几年间也有不同程度的衰减,江西、天津、重庆这三个省份或城市虽然在排名方面没有很大的变化,但从业人数方面有不同程度的增加,这说明在这些地区的新闻出版行业的受重视程度越来越高。

除了新闻出版相关从业人员的数量之外,信息技术和互联网产业方面的从业人员决定着基地技术的创新和研发能力,与技术因素密不可分,是推动高科技产业集群能够产生持续创新的决定性因素。2016 年我国 IT 从业人员区域分布情况见表 3-4。

表 3-4 **2016 年我国 IT 从业人员区域分布情况**

排名	省份	从业人数（万人）	排名	省份	从业人数（万人）	排名	省份	从业人数（万人）
1	北京	417.8	7	重庆	56.6	14	天津	21.5
2	广东	346.7	8	山东	47.3	15	安徽	20.7
3	浙江	193.3	9	福建	42.4	16	陕西	20.2
4	上海	132.1	10	湖北	42.2	19	江西	9.5
5	江苏	128.9	12	湖南	24.1			

数据来源:根据国家统计局统计年鉴、拉勾人才数据库整理获得。

从表 3-4 可以看到,国家数字出版基地所在省份或城市正是我国互联网从业人员数量大的区域。并且除了江西省 IT 从业人员数量排名稍微靠后以外,其他基地所在省份或城市均高于全国平均水平。仅仅北京一个城市的 IT 从业人员数量就占到了全国的四分之一,广东以 346.7 万人排名第二,这两个省份和城市处于第一梯队。另外,浙江、上海、江苏三地的 IT 从业人员数量也都达到了百万级别,形成了 IT 从业人员区域分布的第二梯队。处于第三梯队排名在 7～10 名的重庆、山东、福建和湖北四个省份和城市也将其他省份和城市远远甩在后面。

此外,针对数字出版产业专业人才的培养和输送也是影响国家数字出版基地形成与发展的一个重要板块。例如在重庆,以重庆大学和西南大学为首的各高校的软件学院、计算机学院和信息学院都是信息科技人才的主要培养基地,在网络通信、人工智能、图像识别等领域的科研实力以及成果转化率方面特别突出,能为重庆两江新区基地输送计算机软硬件以及网络工程方面的人才。四川美术学院则在影视动画和平面设计相关的专业当中具有产品产业化和规模化的优良基础,能够为基地输送大量相关专业的优秀人才。又如华中基地所在的武汉市的众多高校都开设了数字出版或数字传播工程相关的专业,力求培养出符合时代发展的新兴数字出版人才。武汉大学信息管理学院的出版发行专业在全国排名第一,并且从本科到博士研究生阶段皆设立了数字出版的课程以及研究方向,不管是在学术研究方面还是在工作实践方面,都是我国数字出版人才培养的黄埔军校。另外,武汉理工大学计算机学院开设了数字传播工程试点班,在数字出版技术的开发和应用以及传统出版和数字出版实物两个方面同时发力,致力于将学生培养成既懂软件技术开发也熟悉数字出版产业业务的跨专业人才,这也正是数字出版产业急需的人才。大量相关专业人才的聚集,绝对是影响基地形成以及演进的重要因素之一。

3.1.5 人文因素

对于国家数字出版基地这种高科技和文化创意相融合的产业集群来说,除了互联网和计算机的相关技术企业的技术支撑之外,人文环境和条件尤其是当地新闻出版行业的发展水平也是其得以不断推进的另一重要因素。北京、陕西、湖北、江苏、浙江、湖南、安徽这些省份和城市均是文化底蕴和积淀比较深厚的地区,并且发展水平在全国出版行业都遥遥领先。首先,这些省份和城市的新闻出版产业实力在全国特别突出。《2015 年新闻出版产业分析报告(摘要版)》中出版传媒集团排名显示,总体经济规模综合评价排名前 10 的图书出版集团有 9 家都位于基地所在城市,分别是江苏凤凰出版传媒集团有限公司、湖南出版投资控股集团有限公司、江西省出版集团公司、中国教育出版传媒集团有限公司、浙江出版联合集团有限公司、安徽出版集团有限责任公司、中国出版集团公司、山东出版集团有限公司和湖北长江出版传媒有限公司。并且,原国家新闻出版广电总局新闻出版产业 2013—2015 年的报告显示,14 家国家数字出版基地所在的省份或城市在新闻出版产业方面的营业收入总和占全国新闻出版产业总营业收入的 80.22%、81.02% 和 81.26%,见图 3-10。

而且,国家新闻出版署发布的《2019 年新闻出版产业分析报告(摘要)》数据显示,近几年来,广东、江苏、北京、山东、浙江、上海、福建、安徽、江西九个省份和城市长期稳定占据各地区营业收入排名前 10,见图 3-11。也就是说,14 家国家数字出版基地所在的省份和城市汇聚了全国大部分的新闻出版资源和力量,为基地的形成打下了坚实的基础。

可见,国家数字出版基地所在的区域因为有了这样的历史积淀和文化资源,比其他地区更便于进行内容开发和文化与科技融合发展。由此可以看出,作

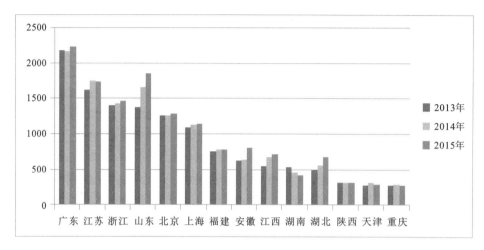

图 3-10　2013—2015 年国家数字出版基地所在省份或城市新闻出版产业营业收入(单位:亿元)

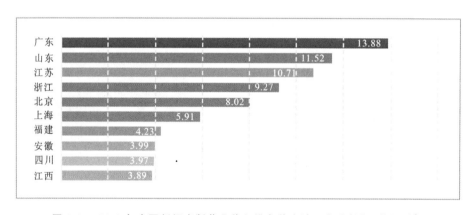

图 3-11　2019 年中国新闻出版营业收入排名前十地区占比数据(单位:%)

为一种地方生产系统,国家数字出版基地实际上比其他类型的产业集群更深地根植于当地的社会文化环境,集群成员往往因为彼此地理位置接近,更容易形成交流和沟通的共同语言,这种文化纽带、亲缘和地缘关系能够加强集群内部的凝聚力,客观上导致企业间的知识互惠和共享,知识的溢出效应能够促进集群集体学习,从而降低知识学习的成本,此外,还能提高企业间互动关系的质量,促进集群内部的合作创新活动①。

---

① 胡蓓.产业集群的人才集聚效应——理论与实证研究[M].北京:科学出版社,2009.

3.2　国家数字出版基地形成方式

对于产业集群的形成方式,基本上是围绕着韦伯主张的"自下而上"以及地域生产综合体理论和增长极理论认为的"自上而下"两种方法来讨论的。韦伯认为产业的聚集是通过企业对聚集好处的追求而自发形成的自组织形式,这种形成方式主要由市场来驱动。而"自上而下"则指的是通过政府或其他外部力量介入,在培育和营造合适的环境之后对产业集群进行布局和推动的他组织形式,除此之外,还有一种政府通过观察发现产业集群的雏形,从而及时介入、培育以及指导而形成的"上下结合"的混合组织类型。在我国 14 家国家数字出版基地当中,除了上海张江基地是以自组织形式形成的之外,其他基地都是以政府主导规划和布局的形式产生的,也就是所谓的他组织形式。因此,这里分自组织、他组织和混合组织三种方式来讨论我国国家数字出版基地的形成。

3.2.1　自组织

通过自组织方式形成的产业集群通常处于创新活动比较活跃以及市场机制比较发达的地区,通过这种形式产生的产业集群所在的区域一般来说要具有非常好的产业基础且聚集非常多的创新性企业。上海张江高科技园区一开始就为国家数字出版基地的形成做好了充分的准备,该科技园区经过三十年的发展,已经构筑了生物医药创新链、集成电路产业链和软件产业链的框架。

上海张江基地虽然目前来讲是所有基地当中发展最好、龙头企业最多、经济效益最好的基地,但事实上其形成的过程相对比较漫长,并且其早期发展和运行主要由市场来提供动力,通过市场的优胜劣汰来达到比较理想的发展状态。上海张江基地在获批成为国家数字出版基地之前,基本上已经经过了其自组织形成的自衍生、自成长和自成熟三个阶段。在自衍生阶段,一些数字出版的核心企业,例如软件开发商、游戏开发商或网络平台运营商,在张江高科技园区集中,在个体效率的诉求(利益驱动)下积极研发新产品及开拓新业务,逐渐进入了从非组织到自组织的过渡阶段,但企业间的横向联系不强。而后在自成长阶段,由于市场需求的驱动,新企业陆续进驻,以此降低成本和获取更大的发展空间,这时横向联系开始加强。而在自成熟阶段,核心企业例如盛大文学、暴雪娱乐、第九城市、索尼、盛大游戏这些数字内容和游戏产业的龙头企业或引领企业,开始形成以自己为主导的战略联盟,从而完善整个集群的产业链和机制。在这个集群的系统之内,内部成员都自觉遵守其中的规则,市场和商业模式十分开放,企业和研究机构之间的合作也成为长期的、能够互相信任和依赖的关系。只是在获批之后,政府一定程度上的介入和引导能够让基地的发展方向更明确,数字出版产业链更完整以及运行更畅通,并且由此吸引了更多数字出版产业中的中小企业入驻,使整个基地的规模更加壮大。

瑞士学者皮亚杰认为通过自组织形式形成的产业集群主要具有整体性、转换性和自身的调节性三个特征。整体性指的是集群中的任何部分都不能脱离其他部分而独立存在。转换性指的是集群中的组成部分能够根据集群发展的需要而转换其功能。自身的调节性指的是在集群平衡的状态下完成对集群的自我调节以及通过与其他新的部分合并进行两者相融合的调节。在上海张江基地成立以及发展初期,基地的竞争优势主要来源于网络游戏和网络视频两大产业,而当网络文学、数字教育、AR、VR 等数字出版新产业或新技术到来时,在基地主管部门的带领下,上海张江基地依然能够不断涌现各个新产业的领头羊,并且与基地中已经存在且发展良好的产业通过融合创新、跨界合作等形式进行基地内的自我融合和调节,是其作为自组织形式存在的基地的重要特征。但同时结合文化创业集群和高科技产业集群自组织的形成特征可发现,上海张江基地的自组织形成还具有开放性、非线性和非平衡性,而开放性是其最重要的特质。从上文分析国家数字出版基地的形成动因可知,其对自然禀赋也就是原材料的依赖性不强,但对基地所在区域的文化和科研环境有比较强的需求,并且非常需要与外界进行人才、信息、物质等方面的交流。上海张江基地正是具有这样的开放性,才能形成创新网络,推动集群的发展。

3.2.2 他组织

他组织形成方式是在集群初创过程中由某一个具有支配作用的主体引导,根据自身发展目标,主动搜寻合作方来促进集群形成。这个起支配作用的主体可以是政府,也可以是金融机构、大学、科研机构等。由于这种类型集群有支配主体,基本上在集群形成初期就有明确的发展规划和战略目标。除了上海张江基地以及少数几个之后纳入基地发展的分园区之外,我国大部分国家数字出版基地从布局规划、政策支持、基础设施建设到市场培育,都是由政府来决定的。因此,这里主要讨论通过政府主导来形成基地的他组织方式。

佩鲁的增长极理论和苏联的地域生产综合体理论都着重强调政府对产业集群进行战略规划和布局。增长极理论认为形成增长极的途径可以是通过自上而下的方式,由政府通过计划和重点投资来主动建立"增长极",也可以是通过自下而上的方式由市场机制的自发调节引导行业在某些区域内聚集而自动产生。而地域生产综合体则完全是以传统经济体制为基础,由国民经济综合部门计划产生,并且这些计划能保证综合体的组成部分的发展在规模、空间、结构、时序等方面总是严格成比例。而在国家数字出版基地的形成过程中也是,政府首先从上海张江基地成功的经验意识到基地的产生和发展能够推动数字出版产业的加速发展,带来极大的创新收入,所以主动规划和扶植基地的产生并主动承担这些创新的成本。因此,在 2010 年和 2011 年,国家分别发布的《新闻出版总署关于加快我国数字出版产业发展的若干意见》和《数字出版"十二五"时期发展规划》中明确提出了要建设 8～10 家布局合理、类型多样的数字出版产业基地。这些基地不仅要功能各异,形成差异化发展,还须重点突出,能够带动和辐射周边地区的共同发展。另外,还明确计划将区域分为华东、华南、华中、华北、西北和西南六大块,每个区域建设 1～2 家,收到打通产业链、提高数字出版产业集中度、发挥带动和示范作用的效果。在中央政府对申报的基地进行审批和批复之后,地方政府成立了专门的部门来扶植基地的发展,如杭州国家数字出版基地建设管理领导小组、华中国家数字出版基地管委会、北京国家数字出版基地建设办公室等,称为次级行动团体。这个部门不仅能在基地形成初期对基地的建设和发展进行规划、对基础设施建设给予支持,也在基地以后的发展中一直扮演着政府和基地之间重要的沟通桥梁的角色,政府能通过这个部门能更好地了解基地发展中所需的政策和其他支持。

3.2.3 混合组织

通过企业和周围环境自发聚集,由政府发现其雏形和发展趋势,从而将其纳入国家数字出版基地规划,这种通过混合组织方式形成的基地和园区不多。江苏国家数字出版基地镇江园区的睿泰数字产业园和安徽国家数字出版基地芜湖园区就属于周边企业自发聚集,而政府观察到了发展趋势,而将它们分别纳入了江苏国家数字出版基地和安徽国家数字出版基地的发展规划之中的情况。

江苏国家数字出版基地镇江园区是在睿泰数字产业园的基础上进行规划的,也是国家数字出版基地中唯一的一个民营园区。睿泰数字产业园是上海睿泰企业管理集团有限公司(简称睿泰集团)在江苏设立的数字出版园区,主要致力于数字教育出版和知识服务方面的业务。睿泰数字产业园于 2011 年开建,而在相继与中国教育科学出版社、新星出版社、卡内基梅隆大学软件工程院等国内外知名内容提供商和技术开发商展开合作之后的 2013 年,国家将睿泰数字产业园纳入了江苏国家数字出版基地的规划中。正是因为上游合资和合作机构以及下游分包企业聚集联动,从而形成了数字教育出版产业链的雏形,因此能够成为江苏基地中的一个重要板块。在纳入基地之后,与其他政府主导的基地和园区不同的是,政府主导的通过他组织方式形成的基地和园区通常由政府职能部门成立的规划发展和管理组来负责运营和管理,而镇江园区则主要由睿泰集团来负责管理和招商引资,政府主要提供政策和资金上的支持。

安徽国家数字出版基地芜湖园区在纳入安徽国家数字出版基地范围和规划发展之前是华强科技产业园、鸠江文化创意产业园、长江市场园书刊交易市场以及周边相关辅助企业形成的聚集区。"方特欢乐世界""方特梦幻王国""方特水上乐园"和"方特动画神话"四个高科技文化主题公园,动漫产品生产基地和数字电影基地已经建设完毕。现在安徽省政府和基地的主管规划发展部门将其调整为:华强方特文化科技产业园、芜湖市文化创意产业园以及芜湖市服务外包产业园三个核心功能区,并且出台相关政策以及实行动态管理和扶持机制。在园区纳入基地范围之后,政府通过省级文化强省建设专项资金对园区的优秀项目,例如方特后续的"复兴之路"、六期"明日中国"和七期"华夏文明传承"进行了资金资助以及提供政策优惠,并且为园区打造了动漫产业交易平台和各种公共服务平台以辅助核心企业的发展。

通过混合组织方式形成的园区因为有主导企业并且是发展到一定阶段后政府才开始介入进行规划的,所以这一类园区发展规划的自主性比政府主导的他组织方式形成的基地灵活性要强,同时也能得到政府在政策和资金上的扶持,但同时也非常需要主导企业与政府职能部门的顺畅沟通,才能保证在良好的基础上有更坚实和美好的发展前景。

3.3 国家数字出版基地演进历程

国家数字出版基地是数字出版产业集群的一种具体的表现形式,其发展轨迹也遵循着大多数产业集群从形成到衰亡的演进路径。奥地利经济学家蒂奇(Tichy)借鉴美国哈佛大学教授雷蒙德·弗农(Raymond Vermon)的产品生命周期理论,以时间为主轴,将产业集群的生命周期划分为诞生阶段、成长阶段、成熟阶段和衰退阶段,并且基本得到了学术界的公认①。但随着近年来各国学者更加深入的研究发现,产业集群经过了成熟阶段之后并不是只有竞争力和市场占有率下降,企业开始出现亏损和迁出而走向衰亡的反向更替路径,而是还包括了其余两种不同的演进路径:第一种是能够通过转型升级获得持续发展而向更高层次演进的正向更替路径;第二种是为了降低各种成本而向其他拥有更多优惠政策、低劳动成本等各种利好条件转移的迁移路径②。

但就国家数字出版基地的发展情况来讲,除了少数基地处于成熟阶段之外,大多数还处于形成阶段和成长阶段。基于这种情况,本书将国家数字出版基地的发展历程分为萌芽阶段、形成阶段、发展阶段和成熟阶段来进行讨论。其中,萌芽阶段指的是具有基地形成条件但还未通过国家层面正式批复和挂牌的松散聚集状态;形成阶段指的是已经获得相关部门批复确定成立,但无论是基础设施建设还是主要企业和配套企业的引进方面都还处于起步阶段;处于发展阶段的基地在基础设施和核心企业确立之后开始进入快速发展时期,相关中小企业和相关企业围绕核心企业的大量入驻使基地的规模逐渐扩大,龙头企业开始发挥自身作用,带领集群内其他中小企业采取深化分工的策略,从而使创新效率、生产效率等多种效率提高,集群效应开始凸显,集群处于产值和经济效益大幅度增长时期;在成熟阶段,基地内的企业数量基本上趋于稳定,入驻和迁移的企业都不会太多,各个企业之间达成长期信任的合作关系,整个基地的业务量和产值的增长率也越来越趋于平稳。

3.3.1　萌芽阶段

萌芽阶段是国家数字出版基地形成过程的初始阶段。在这个阶段,对于一般的产业集群来说,在地理位置上集中的相关企业比较少,还未形成完整的产业链,各种资源也比较缺乏,配套设施也不健全③。而对于国家数字出版基地来说,在萌芽阶段,基本上形成了一些以新闻出版、计算机软硬件和互联网企业为主的主导性企业的聚集,而各地政府也是在此基础上进行基地的申报工作。但依然还未具备集群所具有的各种特征和优势,此时的集群磁场的吸引力相对较

---

① TICHY Q. Cluster:less dispensable and more risky than ever,cluster and regional specialization [M]. London:Pion Limited,1998.

② 王发明. 基于生态观的产业集群演进研究[D]. 杭州:浙江大学,2007.

③ 王其和,夏晶,王婉娟. 产业集群生命周期与政府行为关系研究[J]. 当代经济,2010(20):164-166.

小,技术创新过程也是简单的由开发到设计再到生产到销售的线性过程[①]。在各地政府提交基于本地数字出版产业发展情况的报告以及申报基地之后,经过国家新闻出版署的考察和研究,对符合国家数字出版基地建设条件的基地进行批复和挂牌。上海张江基地作为唯一一个在国家批复之前就已经形成了比较完整的产业链和开始发挥集群效应的基地,相当于是在其已经发展到一定阶段政府才介入的一个特殊例子。而且由于上海张江基地是国家第一个批复的国家数字出版基地,其发展规划模式比较成熟,因此政府在此基础上在全国范围内计划设立 8～10 家国家数字出版基地以形成集群辐射效应,带动整个区域的数字出版产业发展。

3.3.2　形成阶段

在经过了国家对各申报城市的材料进行审批和考察之后,被批复和挂牌的基地就进入了形成阶段。在这个阶段中,地方政府和基地管委会或管理公司会根据计划来推进基地的形成,这其中包括了各种基础设施的建设、企业的引进、相关中介机构和服务平台的建立等,并且开始显示出了聚集的迹象,基地中的入驻企业之间的联系和社会化网络也开始逐渐形成,但这种网络只在一些企业结点之间出现了连线,所以还不能称为真正的集群网络[②]。北京丰台国家数字出版基地虽然于 2013 年 3 月就已经获批,但由于该基地并没有在出版传媒集团或者软件园的基础之上进行申报,其周围环境的拆迁进度导致基础设施建设的进程相对比较缓慢,入驻企业和各种资源相对比较少,入驻的企业内部合作还未开始形成,现状比较松散。但从 2016 年开始,北京丰台国家数字出版基地的先行企业,例如中华书局、龙之脊文化传播有限公司以及 9 月与基地签署战略合作协议的北京青年报开始发力和加速,为其之后的发展奠定了良好的基础。而 14 家国家数字出版基地中获批最晚的江西南昌国家数字出版基地是在 2015 年 4 月才批复成立的。该基地成立以来,除了加速进行基础设施和公共服务平台的建设之外,还将重点放在了招商引资的部分。2015 年以来,江西省新闻出版广电局先后在深圳和南京举办了文化产业项目招商会,共签约 67 个项目,签约资金达到 228.18 亿元,落地 57 个项目,占签约项目总数的 85.07%。其中,在 2015 年的深圳文博会上集中签约了 11 个文化创意产业项目,签约金额为 13.88 亿元。2016 年更进一步,在深圳文博会上 12 家数字出版公司签订了 6 个合作项

① 张明龙,官仲章.产业集群生命周期运行机理分析[J].天府新论,2007(5):42-46.
② 王恩才.产业集群生命周期研究[J].齐鲁学刊,2013(3):86-90.

目,签约资金达到了 20.5 亿元。处于这个阶段的国家数字出版基地很明显的特征是核心企业开始加速发展,但同类型的企业比较少,市场结构呈现了一种寡头垄断的局面[1]。

3.3.3 发展阶段

在经过了萌芽阶段和形成阶段之后,随着入驻企业的增多,基地的集聚力会逐步增强,从而形成基地的核心层。核心层规模的扩大和实力的增强吸引了更多配套企业、高校与研究机构、金融机构、中介机构等外围辅助系统的聚集,从而形成完整的集群主体结构(见第 4 章)。企业和企业之间开始进行有组织的活动和合作,并且与外围辅助系统的联系越来越紧密,包括技术和产品的开发,不断引入新的资本、地方政府更具针对性和倾斜性的政策等。外部经济与地理聚集的互相推动使基地进入了发展阶段,低成本和聚集的优势开始显现[2]。并且在上一阶段基地中企业的创新活动会沿着不同的技术演进方向而进行不同的尝试,到了发展阶段则会趋向于主要的几个技术演进方向[3]。目前来说,大部分基地的演进进入了发展阶段,每个基地对于数字出版产业的业务覆盖面都比较广,但基本每个基地都形成了其独特的产业优势和主要发展方向,发展较好的企业成为基地的核心,而其他中小型企业则依靠基地的知识溢出机制得到核心企业的帮助,此时的国家数字出版基地正处于飞速发展阶段。例如重庆两江新区国家数字出版基地和青岛国家数字出版基地利用惠普、海尔和海信这几大世界知名的终端设备制造商的优势,能够在数字终端和平台上与其他上、下游的企业进行联动,从而生产出符合市场需求的数字教育或智能家居产品。又如安徽国家数字出版基地芜湖园区主要以动漫以及文化创意为核心,目前已经形成了华强方特文化科技园、芜湖文化创意产业园和芜湖服务外包三大产业园。华强方特文化科技园已建成"方特卡通"动漫基地、数字电影基地、方特卡通数字动画基地。2013 年芜湖华强动漫就实现了 2D、3D 动画片规模化生产,现主要做 3D 动画制作,例如备受好评的《熊出没》动画片系列就是出自该企业。该部动画片不仅多次获得国内优秀国产动画片、最佳系列动画、最受观众喜爱动画片等奖项,而且其衍生出来的图书、舞台剧和电影也在 2019 年获得第四届"玉猴奖"年度十

① 王其和,夏晶,王婉娟. 产业集群生命周期与政府行为关系研究[J]. 当代经济,2010(20):164-166.
② 张明龙,官仲章. 产业集群生命周期运行机理分析[J]. 天府新论,2007(5):42-46.
③ 付韬. 产业集群生命周期理论探析[J]. 华东经济管理,2010(6):57-61.

大最具商业价值动漫 IP 的奖项,可见芜湖园区在动漫创业方面的突出实力。而华强方特数字电影基地则拥有全国最大的数字摄影棚,先后投拍了《形影不离》《未来警察》《古今六人行》《鼠之道》《百万巨鳄》等多部电影、电视作品,以国际化合作、国际发行的模式提高中国电影进入国际电影主流市场的能力,通过资源性投资的发展策略,打造国际先进的数字影视技术平台。另外,广东国家数字出版基地天河园区也进入了高速发展时期。一批优质新闻数字内容服务企业涌现并聚集在园区范围内,引领文化创意产业发展新趋势。如广州酷狗计算机科技有限公司 2004 年开业,已蜕变为 PC 端和无线音乐领域领军的数字交互服务提供商;网易公司凭借扎实的 IDC 互联网服务功底,强力整合邮箱、新闻门户和游戏业务,迅速发展壮大,勇夺 2015 年中国游戏产业年会"十大移动发行商"和"十大游戏研发商"等多个奖项,成为行业翘楚。据不完全统计,园区聚集了超过 70 家动漫和数字创意企业,2016 年园区数字创意行业营业收入超 198 亿元,利润额约为 29 亿元,行业从业人员超 1.8 万人。其中,除了网易计算机(163 新闻门户)、博冠信息(网易游戏)、世纪龙(21CN)、银汉科技(手机游戏)、四三九九(游戏发布)、酷狗计算机(酷狗音乐)之外,园区内百田信息、火烈鸟、游爱网络等一批企业正发展成为数字内容创意产业领域中的龙头企业。

在基地的发展阶段,各个企业都在为了形成各自的竞争优势和避免被行业淘汰而进行不断的提升和改进,例如,不断开发新的产品和新的技术、降低生产成本、加大差异化程度、提高产品质量等。另外,企业不仅要做大做强,形成品牌效应,还要配合整个基地在政府的培植和支持下,建立数字出版的区域品牌,促使各基地的核心能力和市场竞争力不断增强,影响力和主导作用日益提升,基地中企业的表现明显要优于非集群形式的企业[1][2]。此时基地中企业间的分工会更加细化,并且横向、纵向企业间的专业化程度和信任程度不断提高,使得基地的发展开始趋向稳定[3]。

3.3.4 成熟阶段

进入这一阶段的基地,如同在发展阶段大量企业涌入的态势已经基本消失,基地内的企业和员工数量以及基地的总体效益都会趋于稳定,基地内的企业在

---

① 王其和,夏晶,王婉娟. 产业集群生命周期与政府行为关系研究[J]. 当代经济,2010(20):164-166.
② 魏江,刘晓,陈志辉. 中小企业集群学习环境优化对策研究[J]. 科技进步与对策,2004(6):17-20.
③ 黄天蔚. 文化创意产业集群形成机理研究[D]. 武汉:武汉理工大学,2014.

技术方面有着比较高的趋同性,在产品方面有着高度的相似性,因此成熟阶段也被称为持续阶段[1][2]。2017 年,我国处于成熟阶段的国家数字出版基地数量较少。而到 2021 年,进入成熟期的数字出版基地数量已经过半,除了上海张江基地外,杭州、青岛、安徽等 8 家国家数字出版基地在 2021 年 10 月深圳文博会上展示了各基地的最新成果。青岛国家数字出版基地近年来以海尔、海信两大家电龙头企业为核心,提出智慧家居、智慧生活的差异化发展路线,培育出连续三年获评中国独角兽企业的聚好看科技股份有限公司。通过云 VR、JUUI 大屏AI 系统、聚连会议、小聚院线等产品,展现了科技赋能智慧生活的实践成果。天津国家数字出版基地采用"产学研用"的构建思路,通过整合京津冀地区文旅资源,打造文化产业新型项目,给基地(园区)的模式创新带来最新案例。基于"产学研用"一体化建设的高校文创教育模式探索,天津国家数字出版基地在 2021年深圳文博会上推出"实验电影体验馆"项目,现场展示的许多电影道具颇受年轻人喜爱。阅文集团、Wi-Fi 万能钥匙、沪江、众人科技、达观数据等企业不仅是基地的领导性产业,在全国范围内也是各细分产业中的龙头企业。目前上海张江基地已经进入重构、融合、跨界以及创新在基地中不间断出现的新阶段,众多"航母企业"带领其他中小型关联企业共同整合产业链上、下游,开辟和构建了新的 IP 产业经济模式。

在分园区中,江苏国家数字出版基地扬州园区也相对处于一种稳定状态。从 2011 年到 2016 年,5 年期间园区总产值已经累计突破 200 亿元,并且以年均增幅 10% 以上的速度稳定增长,该园区主要以电子书、电子纸的生产和制作为主。扬州园区龙头企业川奇光电是目前全球最大的电子墨水、电子纸制造商,扬州也是元太科技全球电子纸唯一的生产基地。元太科技还计划 5 年投资 5 亿美元在扬州发展电子书产业,届时,电子纸的产能将扩大到年产 1 亿片。目前,园区形成了集终端生产、平台运营、内容创作加工、软件技术研发于一体的完整产业链。

由此可看出,处于成熟阶段的国家数字出版基地内的企业协作程度非常高,关联性也非常强,不管是其核心产业技术和产品,还是价格,都具有非常强的竞争力,区域品牌的优势也非常明显[3]。

---

① Mensel M P, Formanhl D, Switzerland B, et al. Cluster life cycles-dimensions and rationales of clusters development [J]. Industrial & Corporate Change, 2007(19):205-238.
② 付韬. 产业集群生命周期理论探析[J]. 华东经济管理, 2010(6):57-61.
③ 魏江. 产业集群:创新系统与技术学习[M]. 北京:科学出版社,2003.

3.4 国家数字出版基地发展现状

从我国第一家批复的国家级数字出版基地——上海张江国家数字出版基地成立到现在已经过去了十多年。截至 2020 年 12 月,我国国家数字出版基地已有 14 家,分别分布在华东、华北、华中、华南、西南和西北六大区域,各基地的发展现状可以从基地布局、构成方式和经济规模三个方面来体现。

3.4.1 国家数字出版基地布局

作为主要以政府为主导的他组织方式形成的产业集群,国家数字出版基地的分布区域并不是通过市场驱动而自发形成的,其产生和分布都要经过国家相关职能部门(以国家广播电视总局为主)的调研、考察、研究和批复来决定。

经过十多年时间的战略布局规划和推进,我国国家数字出版基地规划布局基本完成。截至 2020 年 12 月,国家广播电视总局批准设立的国家数字出版基地已达到 14 家,初步形成了以东部沿海为带动,以长三角流域为核心,以华北、华中、华南、西南、西北为辐射的综合布局。其中,华东地区加上新批复的江西南昌基地和山东青岛基地,一共有 7 家国家数字出版基地,分别是上海张江基地、江苏基地、浙江杭州基地、安徽基地、福建海峡基地、山东青岛基地和江西南昌基地。华北地区增加了北京丰台基地后,加上原有的天津北港基地,目前有 2 家国家数字出版基地。同时,华中地区也有 2 家国家数字出版基地,分别是湖北华中基地和湖南中南基地。华南、西南和西北地区分布的分别是广东基地、重庆两江新区基地和西安基地。

3.4.1.1 华东地区

华东地区目前有 7 家国家数字出版基地,在我国六大区域中数量最多。也由于华东地区经济基础、人文基础和科技创新基础都相对较好,所以华东地区成为我国数字出版产业布局首先考虑的重要区域。华东地区国家数字出版基地核心板块及运作思路见表 3-5。

表 3-5　　　　华东地区国家数字出版基地核心板块及运作思路

基地名称	获批或挂牌时间	发展特色	核心板块	运作思路
上海张江国家数字出版基地	2008 年 7 月挂牌	我国第一家国家数字出版基地;唯一开通官方网站的基地	网络文学、网络游戏、动漫、影视及广告、娱乐等文创类型产业	聚焦重点在新兴领域,建设数字出版产业高地,成为我国数字出版的"领头羊"
浙江杭州国家数字出版基地	2010 年 4 月获批	第一家以城市为单位申报的国家数字出版基地	建成由基地核心区块和数大功能区块组团式发展格局,集原创、研发、孵化、生产、培训交易、运营于一体的综合性数字出版产业链	优化结构,聚焦政策,整合内容、资本、技术、人才、信息等资源,逐步形成数字出版内容提供体系、数字出版物生产加工体系、数字出版传播体系、数字出版物市场体系、数字出版公共服务体系五大体系支持发展格局
江苏国家数字出版基地	2011 年 6 月获批,2011 年 10 月挂牌	全国首创一基地,多园区	南京园区:历史文化资源、电子书包及学前教育数字化;苏州园区:游戏、互动教育、电子书;无锡园区:数字出版软件及内容创意;扬州园区:电子纸、电子墨水、电子显示屏;镇江园区:数字教育产业链	多园区运作,走产业集群发展之路
安徽国家数字出版基地	2012 年 2 月获批	一基地,两园区	数字出版技术业务综合服务、企业孵化、数字阅读公共服务、技术创新、版权保护和贸易	把基地建设成为具有数字出版技术业务综合服务、数字出版企业孵化、数字出版技术创新等多功能产业聚集区
福建海峡国家数字出版基地	2013 年 3 月获批	园中园模式,建设五个产业聚集区	海峡数据库出版、动漫游戏、数字图书、数字报刊、移动互联网出版、数字印刷、数字版权	拟建设以福州和厦门为中心,以平潭为延伸的"两圈、一带、一延伸"的数字出版产业空间新格局

续表

基地名称	获批或挂牌时间	发展特色	核心板块	运作思路
山东青岛国家数字出版基地	2014年3月挂牌	依托大企业构建五大园区	终端研发生产、传统出版数字化、网络教育培训、动漫游戏产业、网络原创文学、技术创新研发和公共文化服务等产业	建成以研发和市场品牌为特色、内容创意和平台投送为核心,数字出版技术领先、国内外出版企业分支机构聚集的综合性基地
江西南昌国家数字出版基地	2015年4月获批,2015年6月挂牌	不详	数字传媒、动漫出版、数字内容、手机应用、人才培训	不详

（1）上海张江国家数字出版基地。

上海张江国家数字出版基地（简称上海张江基地）是所有基地当中成立最早、发展最稳定、盈利最多的基地,在网络文学、网络游戏和动漫方面的成就举世瞩目,是所有国家数字出版基地的示范榜样,也是国内目前所有文化创意园区学习的标兵。经过几年的发展,上海张江基地从最初的文化产业的"试验田",逐步成为全国知名度和集约程度最高的数字出版基地之一。2016年,基地汇聚了超过550家企业,比2015年新增了70多家,基地内产值过亿元的企业超过35家[①]。基地原有的物业空间不能满足基地和入驻企业的发展需求,因此在2015年,基地在原有的物业空间基础上继续拓展10万平方米的基地面积[②]。

上海张江基地从建设和开园伊始就引进了众多国内外顶尖的互联网、动漫、网络游戏、在线音乐等数字出版以及其关联企业,例如盛大文学、盛大游戏、暴雪娱乐、精灵网、百度、人民日报传媒、龙源期刊、索尼（上海）这些在国内网络游戏、网络文学、动漫等产业独占鳌头的老牌龙头文化企业,同时还不断涌现新的领军企业,例如沪江、河马动画、炫动卡通、喜马拉雅FM等数字音乐和动漫企业。其中,喜马拉雅FM在权威统计咨询平台Talking Data发布的《2015移动音乐应用行业报告》中以45%的覆盖率居于同类应用的首位[③]。而盛大游戏则在2016年全国游戏产业年会上独占鳌头,斩获11项大奖[④]。

---

① 杨珍莹.张江国家数字出版基地新增企业70家[N].浦东时报,2016-05-12(3).

② 张江国家数字出版基地新增企业70家[EB/OL].（2016-05-12）[2021-06-11]. http://sh.zhaoshang.net/2016-05-12/415288.html.

③ 杨珍莹.张江国家数字出版基地新增企业70家[N].浦东时报,2016-05-12(3).

④ 游戏产业年会盛大游戏独占鳌头,斩获11项大奖[EB/OL].（2016-12-16）[2021-06-10].https://www.sohu.com/a/121740550_415943.

目前,上海张江基地正处于逐步形成标杆企业引领发展、营商环境不断优化、产业生态跨界重构的良好氛围。整个基地形成了具有 IP 内容处于全国领先地位、数字出版平台服务领域特色显著、数字发行领域优势突出、网络游戏领域探索多元发展、新媒体领域促进融合创新、互联网教育领域树领跑标杆、移动互联装备开辟智能市场新蓝海、动漫影视坚持原创与产业生态合作并行等特点的数字出版龙头集群。

(2)浙江杭州国家数字出版基地。

华东地区的第二家国家数字出版基地是浙江杭州国家数字出版基地(简称浙江杭州基地),该基地批复于 2010 年 4 月,2012 年 4 月举行了基地授牌仪式。建设伊始,基地的建设目标就非常明确:以浙江杭州国家数字出版基地为龙头、以数字出版核心园区和数个功能园区组团式发展为模式,以数字出版内容提供体系、数字出版物生产加工体系、数字出版传播体系、数字出版物市场体系和数字出版公共服务体系五大体系为支撑的立体式整体发展格局。作为全国第三个批复和挂牌的国家数字出版基地,浙江杭州基地在区位内容资源和移动通信技术方面的优势十分明显。首先,作为浙江的省会城市,杭州在财政和利好政策方面能够得到强有力的支持,并且毗邻上海,能够借鉴上海张江基地的发展轨迹和路径来推动基地建设和发展。另外,中国移动手机阅读基地、中国电信天翼阅读基地以及华数数字电视公司三大数字出版内容投送平台给予了浙江杭州基地坚挺的移动通信和投送平台技术支持。

并且,浙江杭州基地是所有基地中唯一拥有八个不同功能园区的数字出版基地,分别是中国电信数字阅读园区、中国移动手机出版园区、人民书店数字出版园区、杭报数字出版园区、华数数字出版园区、数字娱乐出版园区、滨江动漫出版园区和滨江数字出版核心园区。各个园区的功能和定位不同,但相互联系、相互协作,涵盖了浙江杭州基地数字出版产业的核心板块以及产业链的上、下游。目前,基地有数字出版企业 390 余家,基本形成了以城市为整体、核心园区和数个功能园区组团式发展的良好格局。

(3)江苏国家数字出版基地。

江苏国家数字出版基地(简称江苏基地)批复于 2011 年 6 月,落户于中国南京软件谷——雨花经济开发区,是我国第九家国家数字出版基地。目前基地内文化企业约 600 家,核心企业 300 家左右,是以南京为中心,苏锡常(即苏州、无锡、常州)、扬州为两翼的一体两翼,一基地多园区的江苏数字出版产业集群。初步形成了以江苏润和、艾迪亚、江苏原力电脑动画为代表的数字内容研发生产产业;以江苏华博、慧翼展览为代表的广告产业;以时代传媒、龙虎网为代表的数字新闻出版行业;以中兴通讯(中国香港)为代表的通信产业巨头向移动阅读解决方案转化的转型产业。另外,基地将云投放平台作为包括电子图书、视频、音频、动漫在内的所有数字形式文化产品的发布平台,以出版资源管理为核心,内容应用为目的,对各种出版资源进行一次加工储存,满足多渠道应用发布、多终端自适应、个性化使用的需求。

其中,扬州园区和镇江园区在差异化发展方面效果最为显著。扬州园区着眼于电子纸、电子书包等优势产业的电子纸生产,其电子纸的产量目前已经占据全球 90% 以上的份额。扬州园区积极联合网络运营商、内容提供商,打造电子阅读器、数字读物出版、数字内容服务的"三位一体"的电子书城①。镇江园区着重于在线教育,该基地以睿泰数字产业园为核心,以"超媒体技术＋优质教育版权"为主要优势,以"大教育"(幼教、基础教育、职业教育和企业培训全覆盖)、"大出版"(数字化杂志、电子教材教辅、数字课件、交互动漫、故事性学习和游戏化学习、专业数据库全囊括)、"大生态"(版权资源提供方、数字内容制作方、软件和系统研发企业、硬件厂商、互联网公司、渠道推广和增值服务机构)为三大主要板块。面向幼教、基础教育、职业教育、企业培训等全方位教育体系,引进美国、北欧、韩国等发达国家优质教育版权,整合国内版权,构建数字教育版权资源库。

从整个基地的情况来看,入驻的数字出版相关企业中既有从传统出版向数字化转型的新闻出版龙头企业,例如凤凰传媒,旗下拥有 10 家专业数字出版企业,覆盖软件开发、游戏运营、大众阅读、教育等各个领域,拥有华东地区最大的数据中心;例如中国电信、中国移动等占领了国内市场的平台运营商,其中中国移动手游基地已推出手机游戏超过 3 万款,月用户数达到了 1.8 亿人。整体来说,江苏基地在内容提供、平台建设到终端服务的三个主要方面,已逐渐形成较为完整的产业链条和商业运营模式。

(4)安徽国家数字出版基地。

于 2012 年获批成立的安徽国家数字出版基地(简称安徽基地)有两个园区:合肥园区和芜湖园区。合肥园区以安徽时代出版传媒股份有限公司和安徽广电传媒产业集团有限责任公司为中心,能够极大发挥图书、科教、影视方面的资源优势;而芜湖园区着重发展的是动漫游戏和数字化多媒体产业。

在合肥园区中,主要有安徽时代出版传媒股份有限公司打造的"数码港"综合服务平台项目、安徽广电传媒产业集团有限责任公司的广播影视五大产业和以科大讯飞以及华恒(华米)为技术代表的园区龙头企业。"数码港"的主营业务集中展现在数字出版、数字教育、数字平台、多媒体等数字出版产业,年产值超过

---

① 鲁旭. 数字出版产业的现状、问题与对策分析——以江苏省数字出版产业为例[J]. 江苏科技信息,2015(7):5-12.

40亿元。安徽广电传媒产业集团有限责任公司旗下涵盖广播电视内容生产、广告经营、网络传输、电影院线和电视(电子)购物五大产业,旗下的6家子公司年产值近9亿元。技术开发方面的龙头企业科大讯飞占有中文语音技术市场70％以上的市场份额,在智能语音及语言技术研究、软件及芯片产品开发方面是国家级的骨干软件企业,是文化与科技融合的典型代表①。合肥华恒(华米)电子科技有限公司是平板电脑、智能手表等移动智能终端的研发和生产技术商,在移动互联网软件开发和数字阅读内容服务方面卓有建树,也是合肥园区中的技术支撑企业之一。芜湖园区由华强方特文化科技产业园、芜湖市文化创意产业园和芜湖市服务外包产业园组成,三部分分工非常明确。华强方特文化科技产业园以"方特欢乐世界""方特梦幻王国""方特水上乐园""方特东方神话"四个高科技文化主题公园以及动漫产品生产基地、数字电影基地和相关配套设施为主。芜湖市文化创意产业园则以数字动漫和影视特效设计为中心,是将文化创意产业教育培训、数字动漫研发制作、数字工业设计、影视视觉特效设计及公共技术平台服务融为一体的集文化创意生产、艺术展示、交易、培训等功能于一体的综合性文化创意园区。芜湖市服务外包产业园主要打造的是云计算中心、数据中心等外包公共服务平台,相关企业的高度集中显然为基地中数字出版行业需要的外包工作提供了更便利、高效的渠道,也是基地中企业聚集发挥的重要作用之一。

(5)福建海峡国家数字出版基地。

福建海峡国家数字出版基地(简称福建海峡基地)于2013年3月15日获批成立,是全国第十一家国家级数字出版基地,采用"园中园"的模式,以福州和厦门两大城市为其数字出版产业的中心,延伸辐射形成厦门、福州、莆田、平潭、漳州等沿海数字出版产业带。福建海峡基地的成立为海峡两岸出版界建立了一座桥梁,使得双方之间的合作与交流进一步深化,资源整合进一步扩大和加深。基地将海峡数据库出版、动漫游戏、数字图书、数字报刊、移动互联网出版、数字印刷、数字版权七大板块作为重点发展业务。2017年1月,在国家新闻出版广电总局召开的全国新闻出版产业基地(园区)管理工作会议上,福建海峡基地作为2016年度的优秀工作单位得到国家新闻出版广电总局的肯定和表彰。

(6)山东青岛国家数字出版基地。

山东青岛国家数字出版基地(简称山东青岛基地)于2014年3月21日在青岛海尔文化馆正式授牌。该基地拥有功能各异的五个园区,分别负责终端研发、

---

① 科大讯飞:占有中文语音市场70％以上的份额[EB/OL].(2017-07-04)[2021-06-10].http://www.eepw.com.cn/article/201707/361318.htm.

软件开发、企业孵化、数字出版内容生产和数字创意新媒体五个数字出版产业的不同板块,海信和海尔领头终端研发,青岛出版集团提供数字出版核心内容,另外青岛市北中央商务区、国家广告产业园和软件园分别负责孵化企业、开发创新新媒体以及软件开发,全面而彻底地涵盖了数字出版产业的上、下游产业链。基地的主要目标是建成以终端研发和市场品牌为特色、内容创意和平台投送为核心,数字出版技术领先,国内外出版企业分支机构聚集的综合性基地①。在基地建设初期的目标规划中,明确表明在 2020 年以前,要实现基地平板电脑、智能电视、智能手机等搭载投送平台的终端设备产销量达到 4000 万台并实现出口超过 800 万台,成为全国数字出版终端产品研发的领头军,并且力争在全国数字出版基地投送的内容比例超过 10%,实现营业收入过百亿元②。目前,基地已经引入了大量的重点支撑项目,例如人机交互智能电视应用平台、数字社区项目、应用商城项目等。

山东青岛基地主要由三个部分构成其产业链:第一,数字出版产业形成的基本条件就是必须具有丰富的数字内容资源,而青岛出版集团和青岛日报报业集团两大传媒集团在这方面能成为基地坚实的基础;第二,青岛新闻网、中国移动、中国联通、中国电信等发展非常完善的传播平台,为基地构成了辐射广泛的投送渠道;第三,海尔、海信等企业拥有强大的研发能力和品牌优势,为数字出版内容提供终端平台。基地内各企业发挥各自在出版内容、网络协同、技术研发等方面的优势,互通有无、团结协作,有效推进了集内容、媒介、终端于一体的产业链运营。此外,在地理位置上,山东青岛基地有着极佳的优势,不仅对整个山东乃至北方地区数字出版企业的发展有着重要的意义,还能与日本和韩国这两个文化产业和数字出版产业相当发达的国家形成交流和合作,战略布局的意义重大。

(7)江西南昌国家数字出版基地。

江西南昌国家数字出版基地(简称江西南昌基地)是 14 家国家数字出版基地中获批最晚的基地,该基地的获批和建立不仅意味着华东地区基地布局的完成,也意味着全国国家数字出版基地的布局基本完成。在江西南昌基地获批之前,南昌高新区就已经聚集了一批当地数字出版产业中的龙头企业,2013 年年销售收入超过 3 亿元的企业就已经有 6 家,有非常强大的数字出版基地建设基础。而基地自 2015 年挂牌以来,产业龙头企业持续聚集,入驻企业已超过 200 家。该基地的目标是未来五年围绕数字传媒、动漫出版、数字内容、手机应用和

---

① 冯文礼. 青岛国家数字出版产业基地正式运营[N]. 中国新闻出版报,2014-03-24(1).

② 青岛国家数字出版基地挂牌,产值将达 2000 亿元[EB/OL]. (2014-03-22)[2021-06-10]. http://qingdao.iqilu.com/qdyaowen/2014/0322/1919973.shtml.

人才培训五大板块来打造江西数字出版产业集群的高地。而远期目标是完成中国电信、中国移动、中国联通三大运营商共同投资的中部云计算、大数据产业基地的建设。

3.4.1.2　华北地区

华北地区的两家基地分别位于北京和天津,地理位置上很近,但两家基地的核心发展方向不尽相同。华北地区国家数字出版基地核心板块及运作思路见表3-6。

表 3-6　　　　　华北地区国家数字出版基地核心板块及运作思路

基地名称	获批或挂牌时间	发展特色	核心板块	运作思路
天津国家数字出版基地	2010 年 12 月获批	全国最大的数字出版产业数据中心	数字内容生产、数字产品教育、数字生活体验、数字文化传播四大功能体系和数字出版交易服务、数字出版资源共享等八大公共服务平台	依托数字出版公共服务平台、数字版权交易中心、云计算中心,建立全国最大、最全、最新的版权库
北京丰台国家数字出版基地	2013 年 3 月获批	一体两翼发展模式	终端研发生产、传统出版数字化、网络教育培训、动漫游戏、网络文学、技术创新研发和公共文化服务	遵循差异发展、特色发展、错位发展的理念,推动传统文化创意行业向数字文化创意产业转型

(1)天津国家数字出版基地。

天津国家数字出版基地(简称天津空港基地)于 2010 年 12 月获批,基地园区位于天津空港经济区,占地面积 21 万平方米,建筑面积 40 余万平方米。天津空港基地的目标是打造专业化的数字出版公共平台。其中分为四个板块:建设云计算中心、打造数字出版体验中心、打造网络运算环境和建设孵化平台。云计算中心的建设目的是实现远程运算,使基地可以为企业提供包括创意、研发、生产、孵化、交易、培训、运营等在内的一系列全产业链的服务和发展模式,从而极大降低企业的运营成本,发挥企业高度聚集的优势,推动企业和基地的发展。数字出版体验中心是基地对外推介交流的主要形式和场所,能对外展示基地内企业的软硬件设施以及最新的数字出版技术。在网络运算环境方面满足企业需要,在国家超算中心和数字出版载体之间实现光纤互连,为数字出版企业的快速发展提供有力保障。在孵化平台建设方面,结合国家创新创业的发展战略,为初创企业提供专业的技术支持、市场推广支持,以及相关的企业孵化转化工作。

基地内的企业招商对象以行业内的龙头企业和科技含量高的科技型企业为主,以核心技术、硬件制造、内容开发、平台运营等为主要发展方向。核心技术方面,以科大讯飞、展讯通信、书生软件等重点企业为龙头,开展数字出版相关技术的研发工作;硬件制造方面,由大唐电信、云辰科技等终端制造企业进行硬件产品的研发和生产;内容开发方面,由人人游戏、鲸宇文化等企业进行相关内容的设计开发;平台运营方面,有未来电视、中国移动、中国联通、兆讯传媒等国内龙头企业为基地内企业提供必要的平台服务。

(2)北京丰台国家数字出版基地。

北京丰台国家数字出版基地(简称北京丰台基地)虽然成立时间比较短,但从一开始就显现出了地理、资源和技术方面的优势。作为我国的文化和政治中心,北京在整个出版行业的战略地位可谓举足轻重,拥有全国最多的出版单位和文化资源,这使得国家数字出版基地在北京的落定成为众望所归。其发展愿景是打造国际一流的数字文化创意产业链,定位是打造国家级、国际化的数字出版产业核心区,国际一流的数字文化创意园区,文化、科技与金融融合发展示范区和文化产业"走出去"自由贸易区。北京丰台基地有四大优势:第一,区位优势。基地紧邻中关村科技园丰台园区、永定河生态文化新区、卢沟桥文化创意产业集聚区等重点园区,并且是丰台区"一轴两带四区"产业空间布局的重要节点。第二,生态环境优势。基地紧邻四大生态公园,即北京园博园、榆树庄郊野和生态公园以及看丹郊野公园,基地周边围绕1200余亩已建成的生态绿地和500余亩规划生态绿地。第三,产业资源优势。基地中具有12年服务传统出版行业经验的北京西南物流中心,服务内容全面,物流方式齐全,出版行业客户数量大,有270余家。其服务于传统出版行业的产业规模,在全国首屈一指。另外,数字出版产业资源和需求量十分丰富:中国新闻出版研究院、中华书局、北京时代华语图书股份有限公司、北京龙之脊文化传播有限公司等国内知名出版研究机构及龙头企业同样位于丰台区。第四,企业实力优势。基地成立的北京国家数字出版基地管理有限公司的下辖公司多达16家,业务经验非常丰富。此外,在基地成立以前,丰台区数字出版企业的聚集规模就达到了300多家,年收入达到300多亿元,从业人员超过30000人,在这样的发展基础上,北京丰台基地的前景非常值得期待[①]。

3.4.1.3　华中地区

华中地区的两家基地分别是位于湖南长沙的湖南中南国家数字出版基地和

---

① 侯增辉. 我国国家数字出版基地发展现状及策略分析[D]. 南京:南京大学,2016.

位于湖北武汉的湖北华中国家数字出版基地。两家基地在所有基地当中成立较早，并且在中部的数字出版产业布局当中有很重要的战略地位。华中地区国家数字出版基地核心板块及运作思路见表3-7。

表3-7 　　　　　华中地区国家数字出版基地核心板块及运作思路

基地名称	获批或挂牌时间	发展特色	核心板块	运作思路
湖南中南国家数字出版基地	2010年7月获批,2011年11月挂牌	第一家与省级发展战略直接关联的国家级数字出版基地	数字内容生产、数字产品教育、数字生活体验、数字文化传播四大功能体系和数字出版交易服务、数字出版资源共享等八大公共服务平台	海量数字内容转换和加工中心。积极发展绿色民族网络游戏、电子书、手机出版、网络出版物等新型业态
湖北华中国家数字出版基地	2010年8月获批	首个以"打造产业生态"为概念的数字出版产业园区	终端研发生产、传统出版数字化、网络教育培训、动漫游戏、网络文学、技术创新研发和公共文化服务	知识内容数字出版产品与服务、数字在线教育与培训、动漫、游戏、数字影音、网络增值服务、衍生产品开发

(1)湖南中南国家数字出版基地。

湖南中南国家数字出版基地(简称湖南中南基地)围绕着打造"数字湖南"标志性工程的战略目标,采取"一个基地,多个园区"的发展格局。基地主园区落户于长沙市望城区,四个分基地分别为四海通达基地、青苹果数据城、中国联通阅读基地以及拓维信息动漫游戏基地。围绕这个布局,湖南中南基地的产业重点是五个方面:第一,以青苹果数据城、中南传媒、中南大学出版社、体坛传媒等数字出版企业为主体,开发和运营一批国家级的行业数据库和专业数据库;第二,以新华书店集团、湖南日报报业集团、中南出版传媒集团、体坛传媒集团、长沙晚报集团、天舟文化、学海集团为代表的内容生产企业,生产和出版弘扬社会主义核心价值观的主旋律数字出版产品;第三,以天闻数媒、湖南教育报刊社、湖南教育出版社、湖南少儿出版社、长沙乐读宝电子科技有限公司等教育出版单位为主体,进行数字教育出版和开发在线教育产品;第四,以中国联通阅读基地、华声在线、红网等一批移动出版单位为主体,进行移动阅读开发;第五,以芒果互娱、拓维信息、长沙上游、烈焰鸟等游戏出版单位为主体,开发和运营精品网络游戏。

(2)湖北华中国家数字出版基地。

作为九省通衢之城,武汉不仅是湖北省省会,更在全国中部地区的城市当中有着举足轻重的地位,对全国数字出版基地的战略布局的意义也非常重大。湖北华中国家数字出版基地(简称湖北华中基地)位于武汉经济开发区的核心区域华中智谷,规划建筑面积近 33 万平方米,总投资近 14 亿元[①]。

目前湖北华中基地内引进的数字出版龙头企业中文在线,是我国第一家数字出版上市公司,也是我国国内最大的正版数字内容提供商之一。中文在线以网络文学和在线教育为两大核心发展方向,以文学创作为基础,衍生出一系列网络游戏、影视、动漫等 IP 作品,在线教育方面打造教材教辅、教育阅读和大规模开放在线课程(massive open online course,MOOC)三平台相结合的在线教育产业链。2015 年 11 月当当网的全球数字出版总部落户湖北华中基地,除中文在线以外的另一家核心支柱型企业的入驻,带动整个基地吸引更多文化创意和数字出版企业的入驻,形成湖北数字出版的核心产业集群。

但目前,湖北华中基地在所有基地当中发展相对缓慢,虽然有两大数字出版产业的龙头企业入驻,但招商引资和政策支持力度还不够,未能形成武汉市乃至湖北省的数字出版相关企业的有效聚集。

3.4.1.4 华南地区

华南地区虽然只有一家广东国家数字出版基地,但作为计算机、互联网技术以及文化产业和资源全国领先的省份,广东聚集了例如腾讯、华为等多家世界领先的互联网技术企业。另外,南方报业传媒集团、羊城晚报报业等 11 家新闻出版企业入选了全国数字出版转型示范单位的领头数字出版企业,无论是互联网产业还是新闻出版产业,广东省都具有得天独厚的优势。华南地区国家数字出版基地核心板块及运作思路见表 3-8。

表 3-8　　　华南地区国家数字出版基地核心板块及运作思路

基地名称	获批或挂牌时间	发展特色	核心板块	运作思路
广东国家数字出版基地	2011 年 2 月获批,2011 年 5 月挂牌	自主创新的数字出版技术领先全国	手机出版、电子书、传统出版数字化、数字动漫与网络游戏	择优定点、竞投招标、试点先行、重金扶持、限期试验、先试后推的运作方式,重点实施"八大核心工程",成为"数字广东"建设中的亮点

广东国家数字出版基地(简称广东基地)以一中心、四园区的形式呈现,广州和深圳为其核心,立足于技术领先、毗邻港澳区位、基地融合发展优势和联合会

---

① 佚名.华中国家数字出版基地在湖北武汉市奠基[J]. 中国印刷,2011(11):4.

合作共赢四大资源优势,来打造国内领先、品牌知名的数字出版产业基地。园区规划面积12.25平方千米,已投入使用建筑面积约180万平方米,聚集了约600家企业,其中上市企业30家;2018年营业收入达到403亿元,企业从业人员约有2.5万人。[①]

而在2016年底正式开园的深圳前海园区以南山、龙华、前海等多个孵化基地为主。南山孵化基地以游戏动漫企业为主,以"游戏＋内容"的IP运营模式形成以IP产业为主导的产业形势;龙华基地则与如中科研、美国麻省理工等国内外高等研究机构合作,负责数字技术和产品研发,打造国际标准的数字技术研发中心;前海园区有蛇口自贸区的优势,以金融服务与数字版权服务结合为特点,对整个园区进行管理和提供中介与公共服务平台的支持。该园区的重点规划是三个功能性服务平台和四大业务中心:全民阅读数字服务平台、数字教育科技服务平台和国际设计服务平台;华文国际数字出版产业中心、国家数字装置技术研发中心、"一带一路"文化出版贸易数据中心和国际设计品牌总部及数据中心。

3.4.1.5 西南地区

重庆两江新区国家数字出版基地(简称重庆两江新区基地)于2010年4月26日正式挂牌成立,是我国第二个,也是西南地区唯一一个国家数字出版基地。作为西南地区唯一的直辖市和带动西南地区经济发展的主要动力,重庆的战略布局具有重大意义。西南地区国家数字出版基地核心板块及运作思路见表3-9。

表3-9　　　　西南地区国家数字出版基地核心板块及运作思路

基地名称	获批或挂牌时间	发展特色	核心板块	运作思路
重庆两江新区国家数字出版基地	2009年8月获批,2010年4月挂牌	城乡综合配套改革试验区和两江新区先行先试的优势	以"云端智能城市"为基础,以云数据处理基地和全球云计算智能终端设备生产基地为支撑,形成以"云端"计划为目标的数字出版产业发展新模式	以"云端城市"为目标,致力打造"1＋2＋10＋N"的发展模式

重庆两江新区基地占地面积为20万平方米,建筑面积为68.99万平方米,目前入驻基地的数字出版企业及相关企业有400余家,年总产出超80亿元。其中上市公司4家,从业人员达到24000余人。基地入驻企业包括腾讯光子(重

① 这些园区的发展,藏着数字出版"秘密"[EB/OL].(2019-05-21)[2021-06-10].https://baijiahao.baidu.com/s?id=1634127690181312907&wfr=spider&for=pc.

庆)美术研发基地、完美互娱、重庆享弘影视股份有限公司、华龙网等行业领军企业。产品涵盖数字出版产品生产、数字产品网络运营(网营)、数字产品实体运营(商贸)、数字产品载体相关服务和数字产品载体制造业等数字出版全产业链。2019年重庆两江新区基地全年总产出达81.59亿元,占重庆市数字出版业总产出的36.24%。基地整体产出规模较2018年增长16.97%。基地带动地区数字出版产业发展的重要作用逐步凸显[①]。

目前来说,重庆两江新区基地根据国家、市区和基地的发展规划,重点发展五大产业集群,其中包括以华龙网、大渝网、天极网、晨报晨网、晚报讯网等为代表的互联网出版产业集群;以西南师范大学出版社、重庆大学出版社、课堂内外杂志社、少年先锋报社、迪帕数字传媒有限公司为代表的教育数字出版产业集群;以维普资讯和维望科技为代表的资源数据库出版集群;以完美世界、隆迅科技、五四科技、灵狐科技、赛博乐为代表的网络游戏产业集群;以猪八戒网、享弘影视和爱奇艺为代表的数字出版内容创意和版权交易产业集群。2021年,基地内入驻多家行业龙头企业,例如阿里云创新中心、腾讯、紫光集团等。而一早进驻基地的企业近几年来也取得了不俗的成绩。完美世界2020年营业收入达到102.25亿元,较2019年同比增长27.19%。重庆猪八戒网络有限公司则以100亿元左右的估值处于2020年中国泛电商"独角兽"总榜的第48名。

3.4.1.6 西北地区

西北地区的唯一一家国家数字出版基地位于陕西西安。陕西西安国家数字出版基地(简称陕西西安基地)于2011年5月18日获批,是所有基地中产业特征突出、服务功能完善、国际化特征明显的领先西部的国家数字出版基地。西北地区国家数字出版基地核心板块及运作思路见表3-10。

表3-10　　　　西北地区国家数字出版基地核心板块及运作思路

基地名称	获批或挂牌时间	发展特色	核心板块	运作思路
陕西西安国家数字出版基地	2011年5月获批,2012年6月挂牌	西部最大的国家数字出版基地	不详	以发展现代服务业为核心,以生态经济、总部经济、休闲经济及循环经济为特色,重点发展金融、休闲娱乐、商贸、会展、文化产业及战略性新兴产业

① 佚名.《2019—2020年重庆数字出版业发展报告》出炉,两江新区国家数字出版基地数据亮眼[EB/OL]. (2020-11-13)[2020-12-30]. https://36kr.com/p/966344205133312.

　　该基地致力于发展手机出版、电子图书、传统出版数字化、数字动漫与网络游戏、网络教育和数据库出版六大业务,并且促进发展网络原创文学、数字地图和数字音乐三大板块。以下介绍该基地在新闻出版行业方面、网络游戏方面、动漫制作方面的具体情况。在新闻出版行业方面,该基地以陕西出版集团、陕西人民教育出版社、西安荣信文化、小哥白尼杂志社、中学生双语报等为龙头企业;人民日报数字传播、陕西新浪、腾讯大秦网、陕西广电无线、陕西都市传媒、广电传媒等现代传媒企业的成功入驻加强了其现代传媒产业的实力。在网络游戏方面,该基地拥有西北最大的网络游戏研发平台——西安纷腾互动数码科技有限公司,西北最大的网络游戏运营公司——陕西至尊网络科技有限公司,西北最大的游戏资讯企业——陕西游久数码科技有限公司,以及主要骨干来自盛大、金山、腾讯等知名公司的西安乐游信息科技有限公司。在动漫制作方面,该基地内有 6 家通过文化和旅游部动漫企业认定的动漫企业:新昆信息、创梦数码、嘉荷空间、亿利达、长风数字文化和喜羊羊动漫,另外,西安水晶石数字科技公司、君兰动画、维塔士西安研发中心等一批动画制作企业的发展势头良好,创作出了一批弘扬民族文化、具有自主权的动漫产品。

　　由中国新闻出版研究院内部资料可知,在招商引资方面,陕西西安基地推进力度较大,产业链条也正不断完善。2011 年度累计吸引企业 30 余家,吸引投资近 10 亿元,中国电信陕西分公司数字出版云基地项目、君兰集团、维塔士、盛大文学天方听书网等项目入区。2012 年基地完成招商任务 5.46 亿元,吸引优秀企业项目 17 个,人民日报数字传播(陕西)有限公司、陕西新浪、西安双羽九州图书文化有限公司、北京人人游戏、西安无线孵化基地等项目入区。2013 年基地完成招商任务 11 亿元,吸引优秀项目 13 个,引进了陕旅文化影视、北京今日酷等项目。基地 2019 年聚集数字出版类企业超过 40 家,实现收入近 42 亿元。

3.4.2　国家数字出版基地构成方式

　　目前来说,国家正式授牌的数字出版基地只有 14 家,但各省市通过多园区联合申报、建立分园区、延伸园等形式,纳入国家数字出版产业基地范围内的园区数量已经超过 30 家,其中 9 家基地设立了分园区[①]。国家数字出版基地的园区构成情况见表 3-11。

---

① 张立,王飓. 2013—2014 中国数字出版产业年度报告[M]. 北京:中国书籍出版社,2014.

表 3-11 国家数字出版基地的园区构成情况

序号	基地	模式	分园区情况
1	上海张江基地	延伸园	虹口园区
		分基地	云南分基地
2	浙江杭州基地	一城市，多园区	滨江数字出版核心园区
			杭报数字出版园区
			中国移动手机出版园区
			中国电信数字阅读园区
			华数数字出版园区
			数字娱乐出版园区
			滨江动漫出版园区
			人民书店数字出版园区
3	湖北华中基地	分园区	荆州分园区（荆州数字出版产业城）
			河南洛阳分园区（洛龙区炎黄科技园）
4	广东基地	一中心，四园区	广州天河园区
			广东东浦园区
			深圳前海区
			佛山园区
5	江苏基地	一基地，多园区	南京园区
			苏州园区
			无锡园区
			扬州园区
			镇江园区
6	安徽基地	一基地，两园区	合肥园区
			芜湖园区
7	北京丰台基地	一区多园	资料暂无

序号	基地	模式	分园区情况
8	福建海峡基地	两圈一带一延伸	以福州、厦门软件园为核心和中线,后期则以福州、厦门两个数字出版产业圈为基点,构筑福州、莆田、泉州、厦门、漳州印刷园区及高新技术园区沿海数字出版产业带,并向平潭综合实验区拓展
9	山东青岛基地	一基地,五园区	以海尔集团、海信集团为依托的数字出版终端研发生产园区
			以青岛出版集团为依托的数字内容出版园区
			以青岛市北中央商务区为依托的数字出版企业孵化园区
			以国家广告产业园为依托的数字创意新媒体园区
			以青岛光谷软件园为依托的软件研发园区

如表 3-11 所示,目前有 9 家基地采用多园区的方式,其他 5 家基地暂时还是以一个基地整体的形式发展,但可以看出多园区的发展形式是目前国家数字出版基地发展的主流模式,并且每个园区的核心产业板块都不尽相同,可以围绕某些主要核心企业来形成各园区的核心竞争力及优势。

3.4.3 国家数字出版基地经济规模

根据原国家新闻出版广电总局规划发展司和中国新闻出版研究院 2010—2015 年的统计情况,国家数字出版基地的经济规模可以从基地营业收入、资产总额和净利润收入三个方面反映出来。首先,从表 3-12 可以看到,从 2011 年到 2015 年,国家数字出版基地的总营业收入从 419.7 亿元增长到 1452.8 亿元,有了较大幅度的增长,占全国数字出版产业总营业收入的平均比例也基本在 30% 左右。从这个数据可以发现,虽然基地在全国范围内的布局已经基本完成,但集群化的优势还未完全显现出来。2011—2015 年基地的总营业收入数据显示,虽然整体来说国家数字出版基地的营业收入实现了跨越式的增长,但在全国数字出版产业营业收入的占比并没有增加,也就是说,基地在吸引优质资源和龙头企业方面的能力还有待增强。当布局已经完成,在基地数量已经稳定的情况下,未来几年是各基地能否发挥自身优势,逐渐扩大辐射和集群化效应的关键时期。

表 3-12　**2011—2015 年国家数字出版基地与数字出版产业营业收入占比**

年份	国家数字出版基地数量(个)	国家数字出版基地总营业收入(亿元)	我国数字出版产业总营业收入(亿元)	占比(%)
2011	7	419.7	1152	36.4
2012	9	624.7	1935	32.3
2013	10	902.4	2540	35.5
2014	12	1118.7	3387	33
2015	14	1452.8	4403	33

注:数据根据 2011—2015 年中国数字出版产业年度报告整理而成。

　　从 2011—2015 年各基地营业收入的变化情况来看,上海张江基地在所有基地中成立时间最长、发展速度较稳定、产业规模最大。从 2011 年到 2015 年的数据来看,营业收入一直保持着比较稳定和可观的增长率,在 2015 年已经实现了 332 亿元的营业收入。除了上海张江基地之外,江苏基地、广东基地和陕西西安基地的发展速度和营业收入也比较可观和稳定。安徽基地虽然成立时间较短,但收益见效快,在 2014—2015 年间实现了从 95 亿元到 168 亿元的飞跃式增长。重庆两江新区基地和天津空港基地虽然在 2011 年和 2012 年的发展状况不是很好,出现了停滞甚至倒退的情况,但在 2013 年后开始发力,虽然仍有波动态势,但前景十分可观。湖南中南基地近年来明显处于发展趋向停滞的状态,在 2015 年营业收入才略有提升。而湖北华中基地从 2012—2015 年四年来不仅营业收入一直非常低,而且增长速度也非常缓慢。福建海峡基地和山东青岛基地两年来的营业收入显示两基地的发展潜质很好,有稳步发展的趋势。北京丰台基地由于建设尚未完成,只开放了基地先导区,因此基地营业收入也不多。总体来说,从 2011—2015 年,五年内国家数字出版基地总营业收入排名第一的是上海张江基地,达到 1212.1 亿元,江苏基地紧随其后,营业收入为 892.91 亿元,广东基地虽然只包含了 2012—2015 年四年的数据,但已经赶超其他基地位居第三的位置,四年间营业收入达到 628.66 亿元,浙江杭州基地位列第四,营业收入为 400.42 亿元。湖南中南基地和陕西西安基地相差不多,分别位于第五名和第六名的位置,总营业收入分别为 290.19 亿元和 259.66 亿元。2020 年,我国数字出版基地(园区)共实现营业收入 1951.5 亿元,而营业收入超过 100 亿元的就有 6 家。

　　从资产总额情况来看,上海张江基地、湖南中南基地、浙江杭州基地、陕西西安基地这四家基地每年保持比较平稳的攀升趋势。资产总额增长趋势增幅最大的三个基地为重庆两江新区基地、广东基地和安徽基地。广东基地从 2012 年 4 亿元左右的资产总额到 2015 年达到 140 多亿元,4 年间实现了 30 多倍的飞跃。而安徽基地从 2013 年开始显示的数据已基本上和上海张江基地持平,而到了 2014 年和 2015 年则呈现大幅度增长,2015 年已达到了 270 多亿元的规模。重庆两江新区基地虽然基数小,2015 年资产总额也不过 85 亿元左右,但与 2012 年相比,也实现了 20 倍的增长幅度。江苏基地和天津空港基地的变化趋势不稳定,江苏基地虽然在 2012—2013 年间实现了 50 亿元到 130 亿元的增长,但到 2014 年和 2015 年呈现了下滑的趋势,而天津空港基地在 2012—2013 年间的增幅非常大,而后呈现了增长速度放缓的趋势。湖北华中基地则是 4 年来都保持资产总额和增长幅度比较低的趋势。山东青岛基地、福建海峡基地、江西南昌基地和北京丰台基地由于刚起步,趋势和变化还不是特别明显,有待进一步观察和了解。2012—2015 年国家数字出版基地资产总额变化情况见图 3-12。

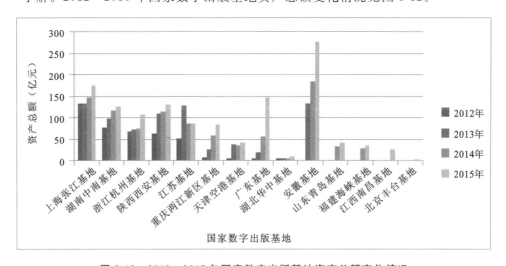

图 3-12　2012—2015 年国家数字出版基地资产总额变化情况

从各基地净利润变化情况来看,上海张江基地依然是所有国家数字出版基地中发展最稳定并且每年净利润收入最高的基地,2012—2015 年四年间总净利润达到 231.3 亿元。其次是广东基地,四年净利润之和达到 89.6 亿元。处于第三名的是重庆两江新区基地,四年总净利润之和为 83.35 亿元,大有赶超广东基地的趋势,位列第四名和第五名的分别是江西南昌基地和安徽基地,分别为 66.09 亿元和 41.71 亿元,其中安徽基地仅包含了 2013—2015 年三年间的数据,基地实力增长幅度明显。除此之外,净利润增长幅度最大的为重庆两江新区基地,从 2012 年的 1 亿元左右的净利润收入增长到 2015 年的 40 亿元左右。结合营业收入和资产总额两个指标来看,重庆两江新区基地净利润的增长幅度十分喜人。另外,江西南昌基地虽然是 2015 年才获批和揭牌的国家数字出版基地,但在成立的第一年净利润已经达到 37 亿元,总利润在 14 家国家数字出版基地中排名第四,实力不容小觑。浙江杭州基地在 2012—2014 年净利润收入稳步增长之后,2015 年却呈现了急剧下降的趋势。除此之外,广东基地、天津空港基地和陕西西安基地的净利润收入也呈现不同幅度的波动趋势。湖北华中基地依然在所有基地中处于落后的位置。

4 国家数字出版基地组织结构和形态

国家数字出版基地的组织结构指的是基地作为集群发展的基本框架,是基地内各种主体分工与协作的关系组合。集群网络结构以及构成要素这一概念最早由美国经济学家、战略学家迈克尔·波特提出。他认为,产业集群是产业网络和空间聚集的复合演变,其基本构成要素包括:最终产品或服务厂商、专业元件、零部件、机器设备,以及服务供应商、金融机构;下游产业的成员、专业化基础设施供应商、政府与其他提供专业化训练、教育、信息、研究与技术支持的机构,制定标准的机构;同业公会和其他支持产业集群成员的民间团体等①。而近年来,从国外学者弗里曼、萨克森宁到国内王辑慈、盖文启等知名学者都在社会经济网络分析方法的基础上进一步对产业集群的网络结构进行了深入解析,基本上可以将产业集群的内部网络结构分为核心层与辅助层,而外部网络结构则分为外部网络层和创新环境层。各主体功能明确,分工不同,但不同主体之间通过相互联系、相互作用来提高生产效率。分工明确而清晰的组织结构是保障基地中的企业顺利开展生产活动以及基地整体有序而高效运行的基础。

4.1 基 地 主 体

国家数字出版基地主要由企业、政府和公共部门、高校和科研机构、金融机构以及中介组织和公共服务平台五个主体组成,其中基地中的企业(包括具有垂直联系的上、下游企业以及具有水平联系的既竞争又合作的同类型企业)、供应商、客户构成国家数字出版基地的核心网络层,而政府和公共部门、高校和科研机构、金融机构、中介组织和公共服务平台则构成国家数字出版基地的辅助网络层②。国家数字出版基地构成主体见图 4-1。

---

① 波特.竞争论[M]. 北京:中信出版社,2009.
② 王睿. 高科技产业集群演进机制研究[D]. 北京:北京林业大学,2011

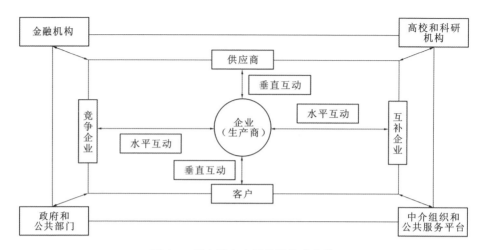

图 4-1　国家数字出版基地构成主体

4.1.1　核心层主体

如图 4-1 所示,在这五个节点组成的国家数字出版基地组织结构当中,存在核心网络层和外围辅助网络层两个网络层,但这两个网络层并不是独立存在的,而是由各种不同的产业关联、社会规制、知识共享等关系紧密结合在一起的[①]。

在产业集群中,企业是这个社会网络关系中最重要也是数量最多的经济活动主体,传统产业集群的企业类型包括原材料生产商或半成品供应商、零配件分包商、成品制造商、产品销售商、设备修理维护等企业[②]。作为以发展数字出版产业,生产和发行数字出版产品为核心的产业集群,国家数字出版基地中企业的构成主要是由数字出版产业链来决定的。基于各企业在数字出版产业活动中承担的任务和角色定位不同,综合国内外学者的研究发现[③④⑤⑥⑦],国家数字出版基地中的企业可大致分为数字内容提供商、数字技术开发和平台运营商、数字出版内容分销商三大类。

---

① 王贤梅. 基于社会网络的产业集群创新能力分析[J]. 科学学与科学技术管理,2009,30(12):86-91.

② 王霄宁. 基于社会网络分析的产业集群建模及实证检验[J]. 系统工程,2005(3):115-119.

③ 徐丽芳. 浮现中的大众消费类数字出版产业链[J]. 出版广角,2008(12):16-19.

④ 黄孝章,张志林,陈丹. 数字出版产业发展模式研究[M]. 北京:知识产权出版社,2012.

⑤ 冯晗. 中国数字出版产业发展模式研究[D]. 北京:北京印刷学院,2014.

⑥ 曾元祥. 数字出版产业链的构造与运行研究[D]. 武汉:武汉大学,2014.

⑦ 刘灿姣,黄立雄. 论数字出版产业链的整合[J]. 中国出版,2009(1):44-47.

4.1.1.1　数字内容提供商

在数字出版产业链中,数字内容提供商是其上游,肩负着数字生产内容产品的重任,其中包括了传统出版社、报社、期刊社、游戏开发商、动漫内容公司、内容原创网站、唱片公司等一切以提供内容信息为主要盈利模式的企业[①]。各个国家数字出版基主要的数字内容提供商的类型和优势决定了该基地主要的发展方向和板块。例如,目前发展情况和发展形势最好、最稳定的上海张江基地以动漫、网络游戏和网络文学的数字内容为特色,以城市动画和奔奔影视动画为领头的动漫企业,以盛大文学为支柱的网络文学平台,以暴雪娱乐和盛大游戏为龙头的网络游戏企业,在全国范围内的影响都是巨大的,这些优势决定了其他相关和相似类型的中小企业在周围聚集。根据侯增辉在其学位论文中统计的数据,上海张江基地在 2016 年就汇聚了 35 家网络游戏公司、20 家动漫公司和 12 家传统出版企业,仅仅这三个板块就占据了整个基地企业数量的近 35%[②]。之后,又入驻了盛趣游戏、连尚文学、小蚁科技、小派科技等新锐数字内容企业,发展势头强劲。说明其定位非常明确,竞争优势也非常明显。除了上海张江基地的盛大文学之外,湖北华中基地的中文在线也属于国内正版数字内容提供商中的佼佼者。以上这些企业都属于纯数字内容提供商。

而重庆两江新区基地、湖南中南基地、广东基地、陕西西安基地、山东青岛基地和江西南昌基地主要以传统出版企业为其核心内容提供企业,例如重庆出版集团、重庆报业集团、湖南中南传媒、体坛传媒、湖南日报、江苏凤凰出版传媒集团、安徽时代传媒、青岛出版集团、青岛报业集团、江西出版集团等,这些集团旗下的出版社、报社和期刊社能源源不断地为基地提供大量的内容资源。并且其中大部分集团是全国新闻出版领域当中的佼佼者,例如江苏凤凰出版传媒集团、湖南中南传媒、江西出版集团和安徽出版集团在每年的新闻出版产业分析报告当中,总体经济规模综合评价都是排名前十的;在报刊出版集团中,重庆日报集团、深圳日报集团、南方报业集团等也是全国报纸期刊中的领军企业,为整个基地的内容资源竞争优势做好了准备。各基地部分代表性数字内容提供商见表 4-1。

① 邓佳佳.产业链视角下的数字出版产业发展[J].南昌大学学报(人文社会科学版),2014(11):73-76.

② 侯增辉.我国国家数字出版基地发展现状及策略分析[D].南京:南京大学,2016.

表 4-1　　　　　　　　　各基地部分代表性数字内容提供商

基地名称	数字内容提供商
上海张江基地	暴雪娱乐、盛大游戏、盛大文学、上海城市动画、奔奔影视动画、上海浦东电子出版社有限公司等
重庆两江新区基地	重庆出版集团、重庆报业集团、重庆大学出版社、完美世界等
浙江杭州基地	天翼阅读文化、浙江出版集团数字传媒、中南卡通、浙江教育报刊总社、浙江青年时报社、浙江省期刊总社有限公司、浙江少年儿童出版社有限公司等
湖南中南基地	湖南中南传媒、青苹果数据城、体坛传媒、湖南日报、长沙晚报、天舟文化、中南大学出版社等
湖北华中基地	中文在线、当当数字出版总部等
天津空港基地	人人游戏、鲸宇文化等
广东基地	南方报业传媒集团、深圳报业集团
陕西西安基地	陕西出版集团、陕西人民教育出版社、人民日报数字传播、小哥白尼杂志社、中学生双语报等
江苏基地	江苏原力动画、艾迪亚动画、江苏凤凰传媒等
安徽基地	安徽出版集团、安徽广电传媒等
福建海峡基地	福州爱立德、世纪长龙等
北京丰台基地	中华书局、法律出版社、国学时代、中版创新、北京青年报等
山东青岛基地	青岛出版集团、青岛日报报业集团、青岛新闻网等
江西南昌基地	江西出版集团等

4.1.1.2　数字技术开发和平台运营商

数字技术开发和平台运营商是数字出版产业链的中游,主要负责利用信息和互联网等相关技术为数字出版业务提供技术与平台支撑。作为以科技驱动的数字出版产业,其核心产品虽然是内容资源,但其发展高度依赖技术开发和互联网信息技术。技术与平台的发展直接决定了用户是否能在获取和使用数字资源时感到满意或获得流畅的用户体验。数字技术开发和平台运营商包括终端设备技术商、数字出版平台技术提供商、数字出版应用系统开发商[①]。但在国家数字出版基地当中,大部分技术企业主要以终端设备技术商和数字出版平台技术提供商为主。

---

① 曾元祥. 数字出版产业链的构造与运行研究[D]. 武汉:武汉大学,2014.

终端设备技术商主要负责研发和生产承载数字内容的终端设备,例如智能手机、平板电脑、台式电脑、笔记本电脑、电子阅读器等。数字内容必须通过这一类设备进行读取,同时这些终端设备也是数字内容发布的重要渠道。终端设备技术商中最有名的可以说是亚马逊和苹果公司。亚马逊的电子阅读器 Kindle 是世界上最畅销的电子书阅读器,其优秀的电子墨水和电子纸张显示技术能够让用户在电源消耗最小的情况下得到最接近实体图书的阅读体验。从 2007 年第一台终端的发布到现在,Kindle 的电子阅读器系列已经有八种版本。海量优秀数字资源和最好的阅读体验的结合促成 Kindle 在全世界范围内的成功。而苹果公司在 2010 年发布的介于智能手机和笔记本电脑之间的平板电脑 iPad,在该公司上市之后立即席卷全球。iPad 与笔记本电脑相比非常轻便,便于携带,同时也能完成笔记本电脑所需的一些基本办公功能。另外,与智能手机相比,其屏幕更大,分辨率更高,能为用户提供更好的数字内容阅读和观看体验。

在国家数字出版基地中,上海张江基地的索尼、重庆两江新区基地的惠普、安徽基地的小米、山东青岛基地的海尔和海信、天津空港基地的大唐电信和云辰科技、江西南昌基地的中兴等都是国际或者国内非常知名的终端设备技术商。在视听设备、计算机终端、电子游戏、信息技术等领域,索尼在世界范围内都是先导者;而在与数字出版相关联的数字终端设备方面的表现也格外优秀,其笔记本电脑、智能手机、平板电脑和电子阅读器的性价比的优越性也使其成为众多用户的首选。惠普是总部位于美国加州的专注于计算机、软件、资讯、打印设备等多种服务和业务的公司,是全球最大的信息科技公司之一。而在重庆两江新区基地的惠普分公司则是其终端设备的主要生产工厂,其主要任务就是开发和生产笔记本电脑和平板电脑。在全国所有的数字出版基地中,山东青岛基地是终端产品种类最多和数量最大的基地,其终端设备商主要是海尔和海信两大品牌。海尔和海信是我国乃至世界范围内都知名的家电品牌,主要产品类型有空调、电视、冰箱、洗衣机、平板电脑、智能手机等大小电子设备,但平板电脑和智能手机这两种数字出版最常见的终端产品并不是其核心业务。这两大家电品牌主打的是智能家居,将生活中的家电——小到照明灯和智能手机,大到冰箱和电视机全部整合起来,使它们联动交互,用一台终端设备就可以操控家里所有的大小家电设备,并且也可以在终端上阅读数字内容、观看视频和操作游戏,同时还提供血压计、血糖仪和电子秤多种健康产品,方便用户查看和管理自身的各项指标。这种智能家居终端可以容纳和整合多种数字出版产品和内容资源,是一种更开放、更多元化的数字内容终端,未来的发展趋势也是势不可当的。天津空港基地的终端设备技术商主要是大唐电信和云辰科技。大唐电信的主要业务分为软件与应用、终端设计、集成电路设计和移动互联网四大板块。其中其终端设计部分包括了智能手机、通信终端设备、电子计算机硬件、外部设备等。而云辰科技主打的就是让用户实现极致互联网体验的智能手机，其旗下的互联网手机品牌大可乐(Dakele)以软硬件性能好、市场价格低的优势迅速抓住了一批对性价比和用户体验要求比较高的消费者。任何数字内容的呈现都不能脱离终端，终端技术水平的高低直接决定了用户体验的好坏，再好的内容如果搭载性能低的终端，都不会使消费者有继续体验任何数字内容产品的欲望。因此，在企业聚集的环境和条件下，基地中优秀的终端设备技术商能够和内容提供商更加紧密地合作，共同在数字内容和内容呈现方面进行协作，做到协同进步。

数字出版平台技术提供商是指主要从事数字出版平台技术的研发以及依靠自身开发的平台进行数字内容发布和出版的技术企业[①]。这一类企业有两种情况，一种是只负责平台的开发而不直接从事数字内容的发布，例如 Adobe 公司，开发了针对图书和期刊的基于 Indesign 软件的数字出版平台，但仅仅是向其他企业提供平台和发布工具，不发布任何数字内容。而另外一种是既从事平台开发，也在自身开发的平台上进行数字内容的发布和分销业务，例如国内三大中文期刊数据库之一，位于重庆两江新区基地的维普资讯，其业务范围包括数据库出版发行、文献资料数字化、知识网络传播、期刊分销等。维普资讯建立的中文科技期刊数据库，是中国最大的数字期刊数据库，并且也是谷歌学术(google scholar)最大的中文内容合作网站。在学术数字内容资源的整合和发布方面是绝对的佼佼者，同时也是重庆两江新区基地中的行业领导者。

还有位于湖北华中基地的中文在线，不仅是拥有超过百万种数字内容资源和几千名签约作者的数字内容提供商，在数字内容平台开发和搭建方面，也是国内数字出版产业中的领军企业。其旗下拥有新生代网络文学平台的 17K 小说网、国内最大的移动读写社区汤圆创作、全国知名的"书香中国"互联网数字阅读平台等。各基地代表性技术支撑企业见表 4-2。

表 4-2 　　　　　　　　　　　**各基地代表性技术支撑企业**

基地名称	技术支撑企业
上海张江基地	暴雪软件开发、第九城市、九娱、软星科技、鼎亿数码、索尼、上海华博数码、上海浩方、森动数码科技等
重庆两江新区基地	惠普、富士康、广达、东软、维普资讯、维望科技等

---

① 曾元祥,余世英,方卿. 论数字出版产业链主体及其功能定位[J]. 出版科学,2013,21(3):85-89.

续表

基地名称	技术支撑企业
浙江杭州基地	中国电信、中国移动、华数传媒网络、乐港科技、群游科技、边锋网络技术等
湖南中南基地	拓维信息、湖南联盛、长沙上游、芒果互娱、火烈鸟、纳米娱乐等
湖北华中基地	中文在线、当当数字出版总部等
天津空港基地	大唐电信、中星微、中芯国际、云辰科技等
广东基地	网易互动娱乐、网易计算机系统、酷狗计算机、银汉科技等
陕西西安基地	纷腾互动数码科技、至尊网络科技、久游数码科技、灵境科技等
江苏基地	海能达通讯、深圳中视典数字科技、川奇广电、易狄欧等
安徽基地	科大讯飞、安徽矽索科技、小米、合肥华恒电子科技等
福建海峡基地	福昕软件、风云动画科技、绿网天下网络科技、观印数字影像、四美达科技等
北京丰台基地	京辰瑞达科技等
山东青岛基地	海信、海尔等
江西南昌基地	和硕科技、中兴等

4.1.1.3 数字出版内容分销商

作为数字出版产业链的下游企业,数字出版内容分销商起着将数字内容提供商和消费者连接起来的重要作用,消费者通过数字出版内容分销商购买和获得数字内容资源。数字出版内容分销商不仅包括游戏代理商、音乐代理商、网上书店、电信服务运营商等网站或交易平台,也包含自产自销的传统出版行业的网上商城①。目前,移动阅读的用户量大幅度攀升让电信服务运营商在数字内容分销方面占到了支配地位。

(1)游戏代理商方面,上海张江基地的第九城市可谓其中的佼佼者,从最早获得韩国《奇迹 MU》游戏的大陆独家代理权,到暴雪娱乐的《魔兽世界》和 G10 的《劲舞团》,再到奇虎 360 旗下的《穿越火线 2》,第九城市代理的每一款游戏都疯狂吸引了内地游戏玩家。另一个同一基地的竞争对手,同时也是国内另一龙头游戏开发商和代理商——盛大游戏也是不遑多让,从《传奇》到《剑侠世界》,再到《龙之谷》,每一款游戏也都是国内游戏玩家不同时期最喜爱的游戏产品。通

---

① 邓佳佳. 产业链视角下的数字出版产业发展[J]. 南昌大学学报(人文社会科学版),2014(11):73-76.

过游戏代理,盛大游戏和第九城市积累了大量的用户,能够充分了解玩家的需求和喜好,也为其之后的游戏开发做好了充分的市场调研和准备。

(2)位于广东基地天河园区的酷狗音乐可谓我国音乐代理商中的佼佼者。通过酷狗音乐播放器,用户可以方便、快捷、安全地进行音乐查找、音乐传输、文件共享等,酷狗音乐也是国内音乐播放器中最早实现这些功能的音乐代理商,其非常重视用户体验及需求。而在 2015 年和 2016 年,酷狗分别与酷我和 QQ 音乐合并之后,在音乐版权、用户等各方面资源都更加强大,也在不断开发和加入新的功能。

(3)在网上书店方面,作为中国最大的图书资讯集成商和供应商,当当网是我国图书零售的第一品牌。虽然当当网现在已经扩展为综合性的网上购物商城,但其传统图书和数字出版方面的售卖仍然是其最重要的盈利来源。其不仅推出了自己品牌的智能手机客户端,还进一步研发了电子书阅读器"都看"。位于湖北华中基地的当当全球数字出版总部,将数字阅读打造为其核心业务,从传统图书网上书店到网络内容版权全运营及分销,当当网仍然是网络书店中的龙头企业,同时将会带动湖北华中基地整个数字出版产业链的形成和发展。

(4)在电信服务运营商方面,浙江杭州基地是唯一一个拥有中国联通、中国电信和中国移动三大运营商中的两家手机阅读园区的基地——电信天翼和移动咪咕,同时也是中国电信、中国移动最重要的移动阅读产品分销商。截至 2013 年底,中国移动阅读基地已经有 600 家合作伙伴,汇聚的内容超过 40 万种,目标是形成全用户、全渠道、全终端、全产品和全版权的商业模式,打造集媒体、专业出版、有声阅读、文学阅读和在线教育于一体的"互联网+"平台①。中国移动阅读基地在 2015 年改名为咪咕数字传媒有限公司(简称咪咕数媒)。而后咪咕数媒建立了以咪咕阅读、咪咕灵犀和手机报为核心的三大产品体系。截至 2017 年,咪咕数媒实现行业价值 51 亿元,旗下咪咕阅读业务平台汇聚了超过 50 万册的精品正版图书内容,全场景月活跃用户数为 1.1 亿人②。

在保证数字资源非常优秀和充足的前提下,技术支撑企业决定了基地创新能力以及基地的发展趋势。而数字出版内容分销商则为用户提供了能够获得数字内容和资源的渠道。

---

① 中移动阅读基地日点击过六亿 莫言吴晓波入驻[EB/OL].(2014-01-10)[2021-06-10]. https://tech.qq.com/a/20140110/012770.htm.

② 咪咕数媒公司简介[EB/OL].[2021-06-10]. https://www.migu.cn/about.html.

4.1.2　辅助层主体

虽然企业是国家数字出版基地的核心层,是基地得以存在和发展的最重要主体,但没有辅助层中各个部门的协助,国家数字出版基地将无法正常和良好地运转。辅助层主体中政府和公共部门、中介组织和公共服务平台、金融机构、高校和科研机构发挥着不同的功能,在外围共同为核心层中的各企业服务,保证基地的正常运转。

4.1.2.1　政府和公共部门

作为政府主导型的产业集群,国家数字出版基地中除了上海张江基地是"自下而上"的诱致生成型的产业集群之外,其他国家数字出版基地基本上是政府部门战略规划的结果。那么,政府在基地这个社会网络中的作用也就不言而喻了。政府在集群中发挥的作用主要表现在两个方面:第一是在总体规划上引导集群的布局和发展的方向;第二是在公共服务方面发挥作用,比如,对集群的监管以及在基础设施建设方面的支持和作为[①]。

政府职能部门这个重要的节点基本上是各个基地的主管单位,这一点从2017 年的全国数字出版产业基地(园区)管理工作会议当中就可以看出来,除了上海张江基地之外,汇报基地工作的代表都是各基地所在地区的新闻出版主管单位或者文化产业主管部门。从表 4-3 可以看到,各国家数字出版基地的主管单位基本上都是由当地新闻出版主管部门或文化职能部门组成,并且大多数采用高规格的部省(市)联合互动机制,即原国家新闻出版广电总局与地方政府的领导共同担任基地建设领导小组的组长,由园区管委会或者基地内专门成立的公司负责基地整体的运营。主管单位主要负责对基地发展方向的把控和发展情况的监管,而运营主体则负责整个基地的规划、建设、招商、服务等工作。虽然各基地的主管单位基本是当地新闻出版主管部门或文化职能部门,但在运营主体方面,根据政府参与的程度而分为政府型、事业型和公司型。

表 4-3　　　　　　　　国家数字出版基地主管单位及运营主体

基地名称	分园区	主管单位	运营主体
上海 张江基地	—	上海市新闻出版局和 浦东新区人民政府办公室	上海张江数字出版 文化创意发展公司

---

① 郝振省. 2011—2012 中国数字出版产业年度报告[M]. 北京:中国书籍出版社,2012.

续表

基地名称	分园区	主管单位	运营主体
重庆两江新区基地（原为北部新区基地）	—	重庆市新闻出版局（现变更为重庆市文化广电新闻出版局）	重庆北部新区管委会（现变更为重庆两江新区管委会）
浙江杭州基地	—	浙江省新闻出版广电局（现为浙江省广播电视局）	杭州国家数字出版基地建设管理领导小组及其办公室
湖南中南基地	—	湖南省新闻出版局	湖南省新闻出版局、中南出版传媒集团股份有限公司、体坛传媒股份有限公司、湖南纽曼数码科技有限公司、数字时代设计有限公司、长沙天欣文化投资有限公司
湖北华中基地	—	湖北省新闻出版广电局	华中国家数字出版基地管委会
天津空港基地	—	天津市新闻出版局和滨海新区文广局	天津港保税区管委会
广东基地	天河园区	广东省新闻出版广电局	天河软件园管委会
	东圃园区	广东省新闻出版广电局	广东出版集团
	深圳园区	广东省新闻出版广电局	深圳园区管理委员会
	佛山园区	广东省新闻出版广电局	—
陕西西安基地	—	陕西省新闻出版广电局（原陕西省新闻出版局）	西安高新区管委会
江苏基地	南京园区	江苏省新闻出版广电局	江苏国家数字出版基地南京园区管委会办公室、南京数字出版基地发展投资有限公司
	苏州园区	江苏省新闻出版广电局	苏州阳澄湖数字文化创意园投资有限公司
	无锡园区	江苏省新闻出版广电局	无锡日报报业集团
	扬州园区	江苏省新闻出版广电局	扬州蝶湖文化发展有限公司
	镇江园区	江苏省新闻出版广电局	睿泰数字产业园有限公司
安徽基地	合肥园区	安徽省新闻出版广电局	高新区管委会
	芜湖园区	安徽省新闻出版广电局	芜湖园区建设领导小组

续表

基地名称	分园区	主管单位	运营主体
福建 海峡基地	—	福建省新闻出版广电局	福州市软件园管理委员会
北京 丰台基地	—	北京市新闻出版局、 丰台区政府	北京国家数字出版基地建设办公室、 北京榆树庄投资管理公司
山东 青岛基地	—	青岛市文化广电新闻 出版局	青岛市文化广电新闻出版局 委托青岛数字出版产业联盟
江西 南昌基地	—	江西省新闻出版广电局	江西省新闻出版广电局发展改革处

(1)第一种运营模式是政府型。政府型的基地运营模式是政府完全监管和负责。例如,江西南昌基地和山东青岛基地就是采用这种模式。江西南昌基地是由江西省新闻出版广电局发展改革处牵头负责江西南昌基地的服务与管理工作。而山东青岛基地的管理主体是国家和省主管职能部门,青岛市文化广电新闻出版局根据国家和省主管职能部门的授权进行服务和监管。政府直接监管和掌握基地的动态,可以让基地及时获得国家和地方政府政策支持等多方面的优势,但同时也显现出了弊端。政府全权负责监督和管理的机制会使得整个基地的市场活跃度不够高,因为这样的模式会出现基地管理更偏于行政化,在自由的数字出版产业市场中,可能会出现与市场需求脱轨的情况,经营意识会偏淡薄,基地内部企业的竞争和忧患意识也不会像其他基地那么强。

(2)第二种运营模式是事业型,其中又分为两种情况。第一种情况是由政府派出的管委会来负责运营,通常是各高新区管委会或者由政府组建的基地建设办公室,在这种条件下的运营主体能够部分行使政府职能和行政职能,更有利于获得政府的支持[①],但管委会中的工作人员并不来自政府职能部门,而是聘请专人对基地进行管理,例如浙江杭州基地、天津空港基地、陕西西安基地、福建海峡基地都属于此类情况。而第二种则是由政府部门与企业共同组建基地管委会或管理公司,例如,湖北华中基地的华中国家数字出版基地管委会就是由湖北省新闻出版广电局、武汉经济技术开发区科技园建设有限公司以及华人汇联合成立的。江苏基地则分别成立了以南京市原副市长郑泽光同志担任组长的南京园区建设管委会办公室和由南京雨花经济技术发展有限公司出资成立的南京数字出版基地发展投资有限公司。两个机构分别负责园区的招商、规划、协调、建设、综合保障服务和政策争取以及对基地土地和办公楼资源的运作。

---

① 郝振省. 2009—2010 中国数字出版产业年度报告[M]. 北京:中国书籍出版社,2010.

(3)第三种运营模式是公司型。公司型的运营主体和运营模式是以管理机构化为前提,公司受出资人委托,以市场为导向,以委托代理关系和股份关系对基地资产进行管理。公司型的运营模式,又分为单一股东型和多方股东型,例如,上海张江基地的上海张江数字出版文化创意发展公司和江苏基地扬州园区的扬州蝶湖文化发展有限公司就属于单一股东型,以单一股东的形式来完成基地招商引资、规划发展、开发建设等为基地服务的工作。而多方股东型则是由不同单位或企业共同出资担任基地公司的股东,最典型的就是湖南中南基地。湖南中南基地采用的是股份制和理事会制度,由湖南省新闻出版局担任理事会理事长,中南出版传媒集团股份有限公司、体坛传媒股份有限公司、湖南纽曼数码科技有限公司、数字时代设计有限公司、长沙天欣文化投资有限公司共同担任基地公司股东。多元股东结构可以优化法人治理结构,具有权责明确、机理制衡和效率优先的特点,将来可能成为国家数字出版基地运营模式的发展趋势。

4.1.2.2 中介组织和公共服务平台

基地中的中介组织和公共服务平台是基地中企业的服务主体,在整个社会网络中起着桥梁的作用。基地中的中介组织和公共服务平台虽然不直接参与基地内企业的产品生产和企业运作,但能够帮助企业解决运行和产品生产中的一些人才招聘、创业指导咨询、法律、技术、流程等问题,从而大大节约了时间成本,提高了办事效率。

在我国 14 家国家数字出版基地中,最需要也是设立得最多的就是知识产权及版权服务和交易平台。例如,安徽基地芜湖园区的重点发展方向是动漫产业,则在芜湖园区专门搭建了原创项目与资本联结、企业与市场对接、文化创意与科技创新融合的动漫产业版权和交易平台,以此带动整个动漫产业的发展。广东基地东圃园区设立了为数字内容生产企业提供数字产品的展示与交易平台,同时吸引国内外知名 IT 企业、数码产品生产商进驻,开展数字出版终端产品、衍生产品的展示、推广、销售、服务等,旨在方便数字出版企业寻找合作伙伴或直接面向消费者进行交易,提升企业品牌形象,促进数字出版产品快速商业化、市场化。江苏基地无锡园区的知识产权平台集知识产权知识普及、知识产权管理(专利资助申报系统)、中外专利信息查询于一体,搭建了政府、科研院校与企业及时进行信息沟通的桥梁,同时联合知识产权相关服务机构为企业提供专利、商标、标准等更加方便、规范的知识产权服务,提供包括中国、美国、日本、英国、法国、德国、瑞士、世界知识产权组织和欧洲专利局在内的七国二组织的专利文献的检索,实现了在同一中文界面下对世界各国专利信息的统一检索和浏览,最大限度方便用户使用。

而除了知识产权和版权方面的服务平台之外,其他的如行业协会、信息交互平台、商业配套等也是基地园区内必不可少的中介组织和公共服务平台,但各个基地各有侧重。例如,江苏基地南京园区的中介组织和公共服务平台就分为三大块。第一是人才服务平台。区内建有江苏省博士后创新实践基地、北大工学院南京研究院、大软件学院软件谷分院、省软件人才公共培训中心、黑马训练营等一批人才服务平台,为基地内的人才培养和招聘提供了最优的条件。第二是数字基地"三中心"展示平台及数字社区交流平台,主要内容为:数字互动娱乐、数字图书馆、协同办公(视频会议、在线阅读、互动论坛)等,同时附带部分简餐、茶饮等商业配套。第三是行业协作平台,南京园区设有创业导师团队、文化创意产业沙龙、高层次人才沙龙、黑马会沙龙等,举办多种行业协会活动。此外,在基地内还成立了国内首家"南京数字出版协会",该协会不仅整合了全基地的数字出版企业,还整合了全南京市内数字出版相关的企业,已有会员单位 56 家。定期开展交流活动,整合资源,做大做强企业。2016 年 10 月,在基地"三中心"成功举办南京数字出版产业新产品、新成果展示会,获得多方好评。安徽基地芜湖园区建设了企业信息共享与交互平台、广告内容生产与服务平台、知识产权服务平台、金融与投资服务平台、广告内容培养与培训平台、交流与学习服务平台六个平台。其中,广告内容生产与服务平台主要提供影视广告服务和动漫广告服务;知识产权服务平台主要是引进知识产权服务的中介机构,为企业产权及知识产权的注册、登记、保护提供全程服务和协助。浙江杭州基地的数字娱乐出版园区与浙江大学合作成立了区域数字娱乐技术共享服务平台,滨江动漫出版园区打造杭州国家动漫游戏公共服务平台,为企业提供技术研发服务和设备共享。

4.1.2.3 金融机构

金融机构实际上也应算在中介组织和公共服务平台的范畴之内,主要负责基地内企业的投融资、贷款等各方面的金融业务,但相比基地内的其他机构和公共服务平台,金融机构更具有独立性和不可或缺性,因而将它单独作为国家数字出版基地社会网络的重要节点之一[1][2]。

国家数字出版基地虽然不是纯粹的高新技术企业,但基地内的大多数企业也属于资金或技术密集型,这类企业往往在发展中对资金的需求量比较大,例如,各种数字终端或者数字平台可能在企业建立之初就需要庞大的资金支持,如何建设合理的投融资环境和融资机制,拓宽企业获取资金的渠道,帮助入驻企业和有意落户园区的企业解决发展中的资金问题就变得极为重要。

① 王贤梅,胡汉辉. 基于社会网络的产业集群创新能力分析[J]. 科学学与科学技术管理,2009,30 (12):86-91.

② 冯宝轩. 基于社会网络理论产业集群升级理论及其实证研究[D]. 长春:吉林大学,2008.

江苏基地南京园区内成立了多家投资基金,如南京中兴合盈创业投资基金、南京紫金新兴产业投资基金等。举办多场投融资对接会,区内企业获得多家投融资支持。仅 2016 年企业融资项目数较 2015 年增长超过了 34.6%。以原力动画为例,2016 年获得 d 轮乐视影业等投资,融资金额达到亿元级别。重庆两江新区基地着重利用"长江上游金融中心"的强势资源,打造基地内投融资平台,针对中小企业孵化平台,提供资金、技术、培训、管理等方面的帮助。广东基地前海园区为了加强和助力园区中的中小创新企业上市而组建新三板学院,计划联系至少 100 家新三板企业与深圳创新投、嘉实资本、盈时基金、南方东英基金等大型投融资机构合作,建设最前沿的新三板企业案例库,培养新三板企业,为基地内企业创造最优良的投融资环境。青岛市政府在文化产业发展专项资金管理办法中指出要引入民间投资,与民间投资者协商和合作,吸引民间投资者进入出版产业园区投资。此外,融资渠道也应拓宽,不应仅局限于银行贷款或政府拨款这种基本的融资形式,而应该逐渐拓宽到上市融资、股权融资、私募融资等多种形式和多种渠道①。为更好地为数字出版企业提供贷款便利,浙江杭州基地办公室与中国建设银行浙江省分行合作,设立了专门为数字出版企业提供贷款服务的"助保贷"业务,计划投入专项资金 1000 万元,建设银行将以专项资金 10～15 倍的比例为数字出版企业提供资金贷款服务。

4.1.2.4 高校和科研机构

在产业集群的社会网络关系当中,高校和科研机构是这个网络重要的知识供给主体,其作用不仅仅体现在基地的形成方面。在基地的发展过程中,高校和科研机构不仅是技术创新、知识创新和思维创新的主要来源,而且是人才、知识、技术的供给者和传播者②。在科学技术产业化、人才支撑和企业孵化方面,高校和科研机构发挥着重要的作用③。而对于国家数字出版基地这种对文化资源和技术资源要求都非常高的产业集群来说,高校和科研机构是为基地内企业带来重要知识和技术,促使基地内企业优化升级的直接保障。

北京和上海自不必说,分别拥有 26 所和 10 所"211"高校,是所有城市当中高等教育水平最高的城市,全国各地人才聚集的地方,同时拥有各类全国最顶级的科研机构。其他基地所在地,例如广东基地天河园区所在的天河区是华南知

---

① 杜娟. 数字出版产业园区发展态势分析——以青岛国家数字出版产业基地为例[J]. 齐鲁艺苑,2016(4):119-123.

② 王腊银. 基于社会网络的集群企业成长机理研究[D]. 西安:西安建筑科技大学,2012.

③ 任太增. 产业集群的内部结构与治理[J]. 河南师范大学学报(哲学社会科学版),2015,42(2):36-40.

名的科教文化区。湖北华中基地所在的武汉市,是世界上拥有在校大学生数量最多的城市,2021 年在校大学生的数量达到 130 万。作为科技重镇、创新之城,武汉汇聚了 92 所高校、130 万在校大学生、73 名两院院士、101 家国家级科研机构、134 个国家级科技创新平台和 29 个国家重点实验室①。从以上数据可以看出,武汉这座城市在全国科技创新版图中的重要地位。高校和科研机构不仅仅是各基地形成的重要影响因素,也是各基地能够源源不断产生新的技术、开发新的产品的主要创新来源。在辅助系统中,高校和科研机构主要与企业进行产学研合作,是其必不可少的科研动力系统。

4.2 主体间关联互动

国家数字出版基地的主体结构由核心层主体和辅助层主体组成。作为产业集群这个社会网络的核心层主体,企业与辅助层主体中的各主体之间通过各种不同的连接方式共同参与集群的网络系统,通过各种活动结成一个相互作用的有机体②。

4.2.1 基地企业之间互动

在产业集群中,企业与企业之间的互动方式主要有垂直互动和水平互动两种③。垂直互动主要指的是产品从原料供应商到产品生产商,最后再到客户手上的一种上、中、下游垂直产业链的关系,在国家数字出版基地中,这种垂直互动的方式可以理解为数字出版产业链中各类企业的互动关系。水平互动则指的是具有互补关系和具有竞争关系的企业之间的一种既竞争又合作的互动方式,水平互动的企业在集群内可以共同实现资源的共享、风险与成本的降低以及优势的互补④。

---

① 武汉发布. 国家重点实验室数量全国第四,武汉锚定科技自立自强[EB/OL]. (2021-01-31)[2021-06-30]. https://baijiahao.baidu.com/s? id=1690390908933960125&wfr=spider&for=pc.

② 王腊银. 基于社会网络的集群企业成长机理研究[D]. 西安:西安建筑科技大学,2012.

③ Maskell P. Towards a knowledge-based theory of the geographical cluster[J]. Industrial and Corporate Change,2001,10(4):921-944.

④ 王睿. 高科技产业集群演进机制研究[D]. 北京:北京林业大学,2011.

4.2.1.1　垂直互动

在前文分析国家数字出版基地的主体结构时,已经将基地中企业的类型按照数字出版产业链的形式进行了明确的划分,而基地间的垂直互动正是按照上游的数字内容提供商、中游的数字技术开发和平台运营商以及下游的数字出版内容分销商来连接的①。数字内容提供商负责提供数字内容资源以及相关服务,数字技术开发和平台运营商负责开发阅读终端以及数字出版产品发布和分销平台,数字出版内容分销商是将数字内容提供商与消费者联系起来的数字出版市场主体②。由此看来,垂直互动的企业由于资产的专有性、资源和能力的互补性,它们之间大多属于建立在专业化分工和交易基础上的合作关系③。地理位置上的靠近便于企业间的相互沟通和交流,使数字内容提供商参与技术和平台开发的全过程,提出适合于内容呈现的相关建议,而数字出版内容分销商也可以根据消费者对数字内容的反应将内容需求和软硬件需求直接反映给上游和中游的企业。

在安徽基地合肥园区中,安徽教育出版社和安徽教育网络出版有限公司达成合作。安徽教育出版社提供优秀的教材和教辅资源,而安徽教育网络出版有限公司则提供技术支撑,联合打造"时代 e 博·智慧校园"的数字教育运营服务平台,向各中小学提供智能的校园教学的整体解决方案。时光流影的文化社交自出版平台,由该公司自己提供平台的开发和运营,而基地中的印刷企业负责将平台中已经排版好的内容印刷和装订成册,再将产品快递到每位客户手上。在这样的地理优势条件下,企业双方可以在互动的过程中节约时间和成本,便于沟通和信息交流,提高双方的效率,从而促进创新。在山东青岛基地当中,这种上、下游的分工形式更加明显,青岛出版集团、青岛报业传媒集团等拥有充足的内容资源的传统出版行业向海信、海尔等技术开发和平台运营商提供数字内容资源,例如在智能冰箱的显示屏上植入相关美食介绍或菜谱,那么用户在做菜时便能对照菜谱从冰箱中拿取原料,然后对照步骤在厨房里进行美食烹饪。或者是使用海尔和海信的移动终端设备,通过其他不同的电子书商城或者内容资源平台购买想要获取的数字内容资源。

4.2.1.2　水平互动

水平互动主要发生在具有互补关系的企业之间和具有竞争关系的企业之间,是一种横向的互动关系。合作形式的互动以相互信任为基础,依赖社会关系

① 曾元祥. 数字出版产业链的构造与运行研究[D]. 武汉:武汉大学,2015.

② 曾元祥,余世英,方卿. 论数字出版产业链主体及其功能定位[J]. 出版科学,2013,21(3):85-89.

③ 李波. 企业集群内部互动机理与博弈模型分析[J]. 科技经济市场,2009(6):108-110.

网络提高合作的效率,降低企业间的交易成本,发挥协同效应;竞争形式的互动则以良性竞争为基础,良性的竞争环境有助于整个集群内部的优化升级以及竞争力的提升,而恶性竞争,例如打"价格战"、相互倾轧等则会让企业和集群两方面都遭受损失[1]。在国家数字出版基地当中,比较典型的属于互补关系的企业是内容提供商和技术提供商。提供内容资源的传统出版企业和数字出版企业很多,但它们差异化也比较明显,基本上有各自擅长的领域,例如,网络文学类、教辅教材类、童书类企业,它们之间不是竞争的关系,而是要共同面对相同的设备终端、技术更新、销售渠道等。有的公司擅长软件开发,有的公司只做硬件,有的公司只做平台架构,相当于各个企业专注于某个产品的零部件,它们之间可以共享相同的营销渠道、区域品牌和面对共同的客户[2]。例如,山东青岛基地的海信和海尔,不论是在产品目标、形态方面,还是在盈利模式等方面都非常接近,不仅面对同类产品或服务,还面对相同的原材料、市场等。又例如,上海张江基地中拥有暴雪娱乐、索尼、盛大、第九城市、九娱等在国内外市场占有率非常高的知名企业,也有如好艺玩、索乐、星火等亟待发展的中小型游戏公司。龙头企业之间不仅能不断地你追我赶,还能不断共享知识和技术资源,中小型企业能够从中获得大公司在产品开发和运营等方面的各种经验,能够少走弯路,找准自己的定位。

在水平和垂直的互动过程中,企业能够时刻在竞争中找准与对手的差距,不断提高自己的技术开发水平和业务能力,借鉴对手的经验,同时也吸取对手的教训,促使企业的持续创新和自我改进。同时,在此过程中,不仅各个企业能够增强自身竞争优势,整个基地在产业中的整体竞争优势也得到了极大提升。

4.2.2　政府与基地之间互动

政府对于产业集群的作用方式主要是通过中央政府宏观政策引导和地方政府政策支持两方面来辅助和促进整个集群的发展。综合相关专家和学者对政府在产业集群方面的规划和政策方面的研究发现,政府在对国家数字出版基地进行战略规划和政策扶持时,必须遵循以下规律:第一,在发展政策方面,要突出基地的动态变化特点,根据每个基地的不同情况制订差异化的发展路线;第二,在调整基地产业结构时要遵循基地的发展规律;第三,除了要加强基地企业之间的经济联系,加快基地内企业间的资源流动和市场结构的变动之外,还必须加强基

---

① 李波. 企业集群内部互动机理与博弈模型分析[J]. 科技经济市场,2009(6):108-110.
② 张聪群. 产业集群互动机理研究[D]. 杨凌:西北农林科技大学,2007.

地与整个数字出版行业的经济联系；第四，找准基地内的中枢企业，大力推动其发展，以带动整个基地的发展①②。

4.2.2.1 中央政府与基地互动

中央政府与国家数字出版基地的互动基本上是以间接互动的方式进行的。这种间接的互动方式主要表现在中央政府进行引导时，往往是针对整个大行业和大方向来制定政策，而不会具体到针对某个特定的基地或者区域来实行。但地方政府往往根据中央政府的引导意见和思路，结合该区域自身的优势来对基地的规划发展作出具体的判断。

2009—2016 年中央政府针对数字出版产业和基地制定的相关政策可以分为三个层次：第一，针对整个文化产业的方针和政策，例如 2011 年的《中共中央关于深化文化体制改革　推动社会主义文化大发展大繁荣若干重大问题的决定》以及 2012 年的《国家"十二五"时期文化改革发展规划纲要》主要都是针对整个文化产业的发展来进行引导，比较宏观地提出要大力推动文化产业集群的发展、加快包括数字出版产业在内的新兴文化产业的发展等。第二，针对新闻出版行业以及数字出版产业方面的政策，在这一层次中更加具体地谈到了对数字出版基地建设的规划和思路。例如 2010 年的《关于加快我国数字出版产业发展的若干意见》和 2011 年的《数字出版"十二五"时期发展规划》中明确提出了根据各区域的条件和具体情况，建设 8～10 家功能各异、重点突出的数字出版产业基地，带动整个行业的资源聚集，加强产业集中度，以及带动周围地区的发展。第三，针对数字出版基地的政策。这一层次中中央政府制定了具体针对国家数字出版基地的相关管理办法，例如 2014 年的《国家新闻出版产业基地（园区）管理办法》，提出了更为具体的加大对基地的政策倾斜和扶持力度，对优秀基地（园区）进行表彰和奖励等。2009—2016 年中央政府针对数字出版产业和基地制定的相关政策、文件见附录 1。

4.2.2.2 地方政府与基地互动

除了国家层面上的宏观政策引导，将数字出版产业和国家数字出版基地当作整个出版行业乃至整个文化产业的重点方向进行培养之外，地方政府层面上的微观调控和政策激励能够将基地各方面的建设和发展落到实处。

地方政府与基地之间的互动关系主要体现在直接互动方面，可以说这是企业盈利而地方政府得以发展，将资金和政策向符合条件的企业投入和倾斜，能获

① 安虎森等. 新区域经济学[M]. 大连：东北财经大学出版社，2010.
② 朱英明. 中国产业集群分析[M]. 北京：科学出版社，2006.

得更大的收益,而获得了更多的税收之后将更加支持优秀企业的发展的一种良性互动方式①。

在地方政府与基地的互动关系中,在各地方政府针对数字出版产业和基地设立的政策当中,基本上有以下几个共同点。

第一,将基地的建设和发展归入省或市的重点发展项目当中,明确基地的重点发展思路和方向,强调其地位和重要性。基地的发展情况直接影响整个省或市的文化产业发展,在战略规划中的作用非常明显。例如,对于重庆两江新区基地的建设,重庆市人民政府出台《关于加快重庆数字出版产业发展的指导意见》,重庆北部新区(现为两江新区)出台《关于进一步加强科技创新工作的实施意见》,整体指导和推动基地数字出版产业发展。北京市出台的《北京市人民政府关于促进信息消费扩大内需的实施意见》和《2014年市政府折子工程》强调了全方位推动信息产业的全面升级,抓好文化产业相关基地的规划与建设,形成高端信息消费产业集群的明确目标。

第二,设立文化类或数字出版产业发展的专项资金,对入驻基地的企业提供项目补助、贷款贴息、配套资助等各种优惠条件,以此吸引更多符合基地需求和数字出版产业发展方向的优秀企业入驻。例如,从2015年起,重庆北部新区每年投入10亿元设立的"两江科技创新专项资金",鼓励和帮扶数字出版企业科技创新,目前已经累计向数字出版及相关企业投资超过50亿元。浙江杭州基地制定了《杭州市数字出版产业发展专项资金管理使用办法》,对数字出版专项资金的申报流程、评比流程等做了明确的规定。几年来,杭州市数字出版专项资金已扶持了8个园区77个项目,合计1176万元(2011年394万元,2012年390万元,2014年392万元)②。此外,"杭州市文化创意专项资金"还为杭州动漫游戏企业提供约7000万元的扶持资金。青岛市政府针对该市文化产业的发展专门设置了"青岛市文化创意产业投资和扶持专项资金""服务业发展引导资金""产业振兴专项资金"等相关资金项目来支持数字出版产业和本地文化创意产业的发展③。又如上海张江基地在园区配套政策方面内容详细、针对性强,不仅对重点和优秀项目给予高额的资金资助,对优秀高管和个人的补贴政策也十分吸引人,非常有利于优秀人才和企业的引进。同时,为了帮助科技型中小企业迅速崛起,上海张江基地还设立了创新基金以贷款贴息、无偿资助等不同方式来支持这

---

① 张聪群. 产业集群互动机理研究[D]. 杨凌:西北农林科技大学,2007.

② 杭州国家数字出版基地——8个园区托起数字出版新天地[EB/OL]. (2017-07-06)[2021-06-10]. http://www.cadpa.org.cn/news/view? id=313.

③ 杜娟. 数字出版产业园区发展态势分析——以青岛国家数字出版产业基地为例[J]. 齐鲁艺苑,2016(4):119-123.

类企业的创新活动。

第三,对贡献突出的企业和个人进行奖励。一般来说,按照企业营业收入或利润等经济指标,或者按照企业获得省市级或国家级奖项的数量来衡量其对基地或整个地区的文化产业的贡献程度来给予奖励或优惠政策;按照个人获评优秀人才、领军人才、创业人才等各种奖项来给予奖励或者给予支持人才的优惠政策。湖南中南基地制定的关于产业园的奖励办法中,设立了纳税贡献奖、企业入驻奖、创优创新奖、优秀企业家奖、招商引资重大贡献奖等奖项以鼓励基地中各方面表现优异的企业和个人。其中,纳税贡献奖分为纳税大户和税收增长两个子奖项,分别对年度实缴税收超过 100 万元和较上年度增长超过 30% 的企业给予所缴纳税额 5% 和增量部分 50% 的奖励。企业入驻奖分为文化总部企业入驻奖、文化创意企业入驻奖、品牌酒店入驻奖、新办文化中介企业奖四种,这里注明了享受入驻企业鼓励的文化企业须保证五年内不迁出园区。另外,创优创新奖下也分为名牌名企、科技创新和企业上市三个子奖项。长沙市政府对基地的大力支持很大程度上鼓励了企业入驻和生产出更优秀的数字出版产品。上海张江基地对经认定、新引进的文化创意企业,根据其对园区的贡献程度不同,采取五年内进行一定奖励的措施;对经认定、新引进的文化创意企业产品市场化给予一次性奖励;对经认定的文化创意企业原创项目进入发行渠道给予一次性奖励;对经认定、新引进的文化创意企业,根据其首年度经营情况,给予一次性奖励[①]。青岛市政府对新获得中国驰名商标或山东省著名商标的文化创意企业,分别一次性奖励 100 万元、20 万元。各基地所在省市针对文化产业或基地推行的相关政策见附录 2。

4.2.3　高校和科研机构与基地之间互动

高校和科研机构与基地互动关系主要表现在参与基地企业的产品研发、提供技术咨询、进行项目合作、合办研发机构方面。而这种互动关系又分为两种方式:直接合作和间接合作。

4.2.3.1　直接合作

一般来说,产业集群内规模较大、实力较雄厚的企业有与高校和科研机构直接合作的能力,而集群内的其他小型企业只能通过模仿大企业或者从集群的公

---

① 上海市张江高新技术产业开发区管理委员会.上海张江高科园区管理委员会关于印发《上海市张江高科技园区文化产业扶持办法》的通知[EB/OL].(2012-12-18)[2021-06-18].http://www.pku-law.cn/fulltext_form.aspx? Gid=17577115.

共技术平台获取新技术[①]。而高校和科研机构与集群最直接的合作方式就是以产学研的方式完成。在国家数字出版基地中,信息技术在新闻出版产业的开发和应用转化是各基地与高校和科研机构的主要合作方向。数字出版产业虽然是以优质内容为核心的产业,但信息相关的技术是用户在阅读、使用和享受数字出版产品时获得良好用户体验的关键支撑。企业对于新技术的研发和转化也需在高校和科研机构科研成果的基础上进行。目前,各基地主要在智能终端、显示技术、集成电路技术等硬件开发,数字内容加工、人工智能交互、语义出版、数字出版平台等软件和平台开发,以及人才培养三个方面与高校和科研机构进行直接合作。

(1)硬件开发。

山东青岛基地和广东基地与高校和科研机构的直接合作主要集中在智能终端、显示技术、集成电路技术等硬件开发方面。山东青岛基地的海信数字多媒体技术国家重点实验室在智能交互技术、数字多媒体计算、集成电路设计、显示技术、数字多媒体终端的嵌入式软件等各领域与中国科学院声学研究所、清华大学、北京大学、东南大学、山东大学、香港应用科技研究院、美国麻省理工学院媒体实验室等国内知名大学和研究机构展开长期的产学研合作。清华大学、中国科学院大学、同济大学、华中科技大学、西北工业大学、华东师范大学等一批国内知名院所从2018年起已相继落户重庆两江新区基地,将打造内陆地区科技创新示范高地、新兴产业孵化高地、国际科技交流合作高地以及一流创新资源聚集高地,为重庆建设国家(西部)科技创新中心提供有力支撑。

(2)软件和平台开发。

安徽基地和江苏基地与高校和科研机构的直接合作主要体现在软件和平台开发方面。安徽基地合肥园区数字出版产学研合作已经形成了“一院三中心”的体系,“一院”指的是依托时代出版博士后科研工作站专门设立的安徽教育数字出版研究院;“三中心”指的是企业先后获得的安徽省数字出版行业生产力促进中心、合肥市企业技术中心、合肥市教育网络出版工程技术研究中心这三个中心。图4-2所示为安徽基地合肥园区的数字出版产学研架构。

不仅如此,在技术创新方面,安徽基地以中国科学技术大学先进技术研究院、合肥工业大学智能制造技术研究院、中国科学院合肥技术创新工程院为代表的三大产业技术创新研究院为强劲的科研创新支撑,以科研实力为依托、以市场需求为导向,开展产业技术创新与转化。中国科学技术大学先进技术研究院已建设研发平台、协同创新中心、联合研发单位50余家,与国内外知名企业共建联

---

① 张聪群.产业集群互动机理研究[D].杨凌:西北农林科技大学,2007.

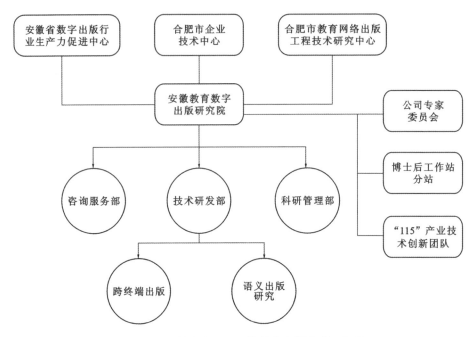

图 4-2　安徽基地合肥园区的数字出版产学研架构

(注:根据对安徽基地合肥园区进行实地调研情况绘制)

合实验室 20 多所,注册资本近 6 亿元,成功孵化了企业 100 多家。合肥工业大学智能制造技术研究院目前已入驻 9 个重点科研团队,注册资金超过 1 亿元,成立了 11 家股份制科技成果转化及产业化平台。中国科学院合肥技术创新工程院已成立 13 家企业,注册资金总额达 1.8 亿元。三大产业技术创新研究院为安徽基地合肥园区建设和数字出版及相关产业发展提供人才培养、项目研发、平台建设等强有力的支撑。除了与当地知名高校和科研机构开展合作之外,安徽基地还与其他基地以及国内其他知名高校展开合作,合肥园区与华东师范大学以及湖南中南基地与北京大学新媒体研究院在 2016 年联合申报了国家出版发展融合重点实验室。实验室的建立进一步凸显了安徽基地与高校和科研机构之间的紧密联系,其共同为数字出版前沿技术的开发而展开集智攻关,并且合力将最新的研究成果转化为能够应用于实践和产生经济效益的数字出版产品,为传统出版和新兴出版融合发展提供智力支撑、技术保障和示范经验。

　　另外,安徽基地另一所技术开发迈向数字出版在线教育板块的龙头企业——科大讯飞股份有限公司(以下简称"科大讯飞")的产学研合作网络也是所有高科技产业值得借鉴的产学研合作模式。科大讯飞产学研合作网络见图 4-3。作为中国最大的智能语音技术提供商和世界范围内的语音技术龙头企业,科大讯飞研发体系包括独立研发、联合研发和合作开发三个层次,既能够基于自己的研究基地进行独立开发,也能与高校和科研机构进行联合实验室开发,同时还能与其他企业创立战略合作和产业联盟。多层次、多样化的研发体系使该企业的技术开发主体多元化,同时核心技术也能得到不断的创新和突破[①]。同时,在在线教育行业的产学研合作方面,科大讯飞也屡屡有突破,从 2000 年开始就相继与中国科技大学、中国科学院声学研究所和中国社会科学院语言研究所这三所在语音领域全国实力强劲的高校和科研机构共建联合实验室;在 2006年以后,其又先后与中国科技大学、清华大学、新疆大学、内蒙古大学、西藏大学、云南大学、兰州大学等高校合作,对我国各种民族语言和方言进行全方位的研究和语音技术的开发。

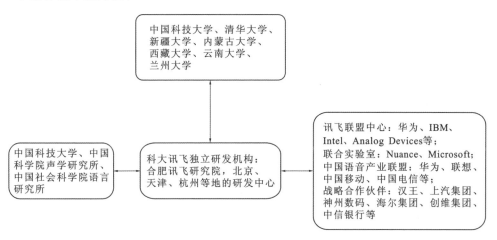

图 4-3　科大讯飞产学研合作网络(刘志迎,2013)

　　江苏基地的产学研合作则偏向于数字版权保护技术以及平台的开发,其旗下的睿泰数字产业园申请的江苏国家数字出版基地超媒体数字版权运营服务平台已列入新闻出版改革发展项目库,睿泰数字产业园与南京大学、南京邮电大学、中国新闻出版研究院、中国音像与数字出版协会、中国汽车人才研究会和江苏城市职业学院共同就"数字版权与隐私保护技术"进行产学研合作,打造数字版权的集聚化、超媒体化和产业化。在集聚化方面,建设版权登记保护交易平台、版权多媒体展示平台、版权再创新平台、版权金融服务平台、版权发行平台、版权人才服务平台和版权交流平台,以充分整合、授权和开发国内外的优秀版权资源,以及实现版权供需双方在平台上的对接和交易。超媒体化则是通过"技术

　　① 刘志迎. 企业主导产学研合作的技术与市场协同创新——以科大讯飞为例[J]. 管理案例研究与评论,2013(4):311-318.

工程师＋内容开发设计师＋视觉设计工程师"的专业化合作开发模式,融合超媒体数字加工技术,为传统图书增加更多的多媒体元素。数字版权产业化则是基于海量数字版权资源,在超媒体数字化技术基础之上,面向机构用户和个人用户开发超媒体的应用平台以推进数字版权产业化的实践应用。

（3）人才培养。

上海张江基地和重庆两江新区基地的产学研合作主要体现在人才培养方面。重庆两江新区基地利用重庆市"百人计划"等人才引进政策,大量引入数字出版产业方面的高端人才,并且依托重庆大学、西南大学、四川美术学院等高等学院进行数字出版方面的专业人才培养。另外,依托重庆软件与服务外包国际培训学院、NIIT（印度国家信息学院）国际软件工程师培训中心等职业院校培养实用人才。惠普、微软、正大、华龙网、天极网等企业各自建立了实训基地,根据行业的需求逐渐建立起产学研相结合的人才培养体制机制,试图培养懂出版、善经营及会技术的复合型数字出版人才,以满足数字出版产业对高层次复合型人才的需求。上海张江基地与上海市政府联合建立了上海市出版专业专业型硕士研究生实践基地,同时还入驻了其他高校,例如上海电影艺术职业学院、中国美术学院上海设计学院、北京大学软件与微电子学院、上海张江创新学院等,在计算机技术和文化创意人才方面进行实训培养,使基地企业能够即刻获得需要的人才。

从各基地的产学研合作情况来看,大部分基地与各地高校和科研机构已经展开了相关合作,并且进展良好,主要还是从数字出版技术创新、人才培养、产品研发等方面来进行合作。而有些基地产学研合作还开展得不够深入,应结合当地的优势科研资源,提升基地的技术创新能力。另外,各基地还要针对自身发展的目标和重点来选择产学研合作的方向和项目,不能盲目跟风,这样才有助于整个基地差异化发展。

4.2.3.2　间接合作

间接合作是指集群所在地方政府、行业协会、公共服务平台与高校和科研机构进行合作,为集群内的企业提供支持。虽然在这种情况下,集群内的企业与高校和科研机构并没有直接的合作关系,但集群内部的企业一定程度上会从地方政府、行业协会、公共服务平台与高校和科研机构的合作当中获益,得到某种程度上的技术指导或者经营建议。因此,对集群中的企业而言,这可以看成一种与高校和科研机构之间的间接合作形式[①]。

---

① 张聪群. 产业集群互动机理研究[D]. 杨凌:西北农林科技大学,2007.

　　在国家数字出版基地与高校和科研机构的间接合作形式当中,省部产学研协作模式和省校产学研协作模式属于比较常见的间接合作模式。在省部产学研协作模式中,比较有代表性的是教育部、科技部和广东省的"两部一省"的数字出版产学研合作,华中科技大学、西安交通大学、电子科技大学等国内顶尖高校和省部级单位共同协作,实现了数字出版产业中例如"新一代多功能光盘(NVD)整机研制及管件技术""音视频多媒体数据(流媒体)编码和传输综合仿真平台""自主知识产权的数字媒体通用基础引擎"等关键技术的研发,为广东国家数字出版基地的产业创新和开发提供隐形的技术支撑,使之从中受益①。另外,政府与高校之间建立的数字出版人才培养计划,相当于是政府与各高校之间在数字出版人才培养方面的一次"合作"。对于各基地内部企业来说,虽然其并没有直接参与到与高校和科研机构的人才培养合作当中(有些基地内的大型集团或企业可能会参与到人才联合培养体系当中),但整个基地内的所有企业都会因此受益,因为将涌现更多符合产业发展和国际化方向的复合型数字出版人才,基地内部的各数字出版企业或文化创意企业能因此获得更多符合其发展需求的员工,推动各企业甚至整个基地的发展。

4.3　组织形态

　　产业集群的组织形态可以根据核心企业是否存在以及其网络组织各环节的链接状态来判定②。虽然,我国 14 家国家数字出版基地大部分属于以政府来进行战略布局规划这种他组织方式形成的产业集群组织类型,少数通过自组织方式和混合组织方式形成的基地在形成之后也都由政府职能部门和基地管理部门共同来运营和治理,但各基地在组织形态方面还是有很大的区别,具体而言,可以分为小企业主导型和大企业主导型。小企业主导型的集群通常来说是以某种产业为集群核心,大量相关联的中小型企业聚集的产业集群类型,其中并无绝对的核心企业,这种集群的网络关系比较松散③。而大企业主导型产业集群可以分为单核心和多核心两种,单核心形态就是在集群之内有某一大型企业为绝对的核心和支柱,是集群网络中明确的中心节点,其他中小型企业都围绕该中心节

---

① 肖洋. 数字时代出版产学研协作模式中的共性问题与对策分析[J]. 出版科学,2012(3):68-71.
② 严北战. 集群式产业链组织形态、治理模式及演化研究[J]. 软科学,2012(11):21-26.
③ 于众. 美国中小企业集群发展问题研究[D]. 长春:吉林大学,2016.

点进行产品生产和服务,网络关系比较稀疏。多核心形态则是指集群中有多个大型主导企业,有多个中心节点和密集的网络关系,每个主导企业周围聚集的配套、服务、竞争企业都各不相同①。而鉴于14家国家数字出版基地的组织形态各不相同,有的基地以多层次分园区的形式发展,有的则并非如此;有的基地各个分园区都围绕着某一核心企业来建设和发展,有的基地中有的分园区有核心企业,有的则是无核心企业状态。

由此,本书将国家数字出版基地分为无核心、多层次单核心、单层次多核心、多层次混合四种组织形态进行讨论,见表4-4。

表4-4　　　　　　　　　　　　各基地的组织形态

国家数字出版基地组织形态	基地名称
无核心组织形态	江西南昌基地、北京丰台基地、天津空港基地、福建海峡基地、湖南中南基地、陕西西安基地
多层次单核心组织形态	浙江杭州基地、安徽基地
单层次多核心组织形态	上海张江基地、重庆两江新区基地、湖北华中基地
多层次混合组织形态	江苏基地、山东青岛基地、广东基地

4.3.1　无核心组织形态

无核心组织形态也称星型组织形态,是指基地内无绝对的核心或主导企业来领导整个基地的发展和运行方向,基地内的各企业协同关系比较弱,合作机会也比较少,基地内的企业更多的是竞争而不是协作的关系,由此就缺少了资源的汇集和处理中心,在这种缺乏向心力的情况之下,基地很难朝着某一两个方向持续、稳定地发力。无核心组织形态的基地基本上还处于初期发展的摸索阶段②。

江西南昌基地、北京丰台基地、天津空港基地、福建海峡基地、湖南中南基地、陕西西安基地均属于无核心组织形态。虽然入驻企业中不乏中兴、久游数码科技这样的大企业、大品牌,但并未形成以它们为核心的产业聚集,这些在业界举足轻重的企业也并未成为基地的主导和核心。并且除了北京丰台基地之外,其他无核心组织形态的基地的入驻企业都超过了200家,业务范围也比较广,但基本上都未形成比较特色化、差异化并且独有的产业优势。尤其是湖南中南基

---

① 高菲,俞竹超,江山. 多核式中卫型产业集群的网络结构分析[J]. 产经评论,2014(5):63-77.

② 喻登科,涂国平,陈华. 战略性新兴产业集群协同发展的路径与模式研究[J]. 科学学与科学技术管理,2012,33(4):114-120.

地、天津空港基地和陕西西安基地几家成立较早的基地,很显然陷入了涉及业务广但不精的困境而导致基地发展比较缓慢。这是因为基地在引进企业以及企业本身决定入驻时并没有明确自身的发展目标和方向,导致引进企业的种类和方向比较分散,所以大部分企业入驻后各自为政,享受基地和各地方政府提供的各项优惠政策,而无法从基地整体的发展目标和情况出发,对产业链的运行和延伸没有起到帮助作用,也限制了自身的发展[①]。

无核心组织形态显然是不利于基地的长远发展的。无核心组织形态会让基地找不到发展的重心,无法实现差异化的发展,并且企业间横向和纵向的关联度都不强,无法最大限度地发挥集群深化分工的优势,也无法保持持续创新和整体竞争力的优势,是一种不成熟的产业集群发展形式。因此,基于国家数字出版基地的发展目标,这些还处于无核心组织形态的基地势必会朝着多层次单核心组织形态或者单层次多核心组织形态演进。

4.3.2　多层次单核心组织形态

多层次单核心组织形态的国家数字出版基地指的是从整个基地的角度来看,该基地是处于多核心的组织形态,而以分园区的形式来看,每个园区又处于单核心组织结构,而每个园区内有唯一的核心企业,这个核心企业的技术水平、资源优势、生产和营销等方面的能力代表了整个基地最高的技术实力和综合竞争力,围绕着这个中心节点而形成的基地网络组织结构比较简单,围绕着这个中心节点而聚集的相关企业主要是以该企业的主营业务为核心的上、下游以及配套企业,以外包或者分包的形式参与到整个基地的运行当中[②]。在所有的国家数字出版基地中,以多层次单核心组织形态运行的基地是浙江杭州基地和安徽基地。

浙江杭州基地是多层次单核心组织形态的典型范例,从杭州基地八大分园区的名称就可以看出每个分园区都是围绕一个核心企业进行构建,如中国移动手机出版园区的咪咕数字传媒有限公司、中国电信数字阅读园区的天翼阅读文化传播有限公司、华数数字出版园区的华数传媒网络有限公司、杭报数字出版园区的浙江出版集团数字传媒有限公司、滨江动漫出版园区的浙江中南卡通股份有限公司、数字娱乐出版园区的杭州乐港科技有限公司等都是在全国数字出版领域具有较大影响力的数字出版企业。各个园区的发展方向和业务类型比较集

---

① 陆奕彤,杨海平. 我国国家数字出版基地发展研究[J]. 科技与出版,2013(10):7-9.

② 彭仲耀. 核心企业双元性下我国地方产业集群升级研究[D]. 湘潭:湘潭大学,2012.

中和明确,例如,中国移动手机出版园区和中国电信数字阅读园区就是我国移动阅读企业中当之无愧的龙头企业,培育了大量移动阅读用户,影响着数以亿计的数字阅读用户的行为。中国移动下属的咪咕数字传媒有限公司连续三年承办了中国数字阅读大会,在推动全民阅读、推动数字出版行业发展、鼓励技术创新方面发挥着引领作用。而华数传媒网络有限公司(以下简称"华数传媒")则是由浙江文化广播电视集团有限公司和浙江广电集团等大型集团联合投资成立的浙江实力最强劲的专业从事数字电视网络与新媒体运营的企业,同时也是全国最大的互动电视内容提供商,其用户数量超过2000万人。十年来,在国家政策大力推动之下,基于广电网、互联网和通信网三网合一的融合媒体平台在全国范围内的综合竞争优势特别突出,华数传媒也基于自身全国最大的数字化节目内容媒体资源库、全国最大的互动电视内容提供商、全国最大的手机电视内容提供商等优势推动全国三网融合布局。2021年,华数传媒所属华数数字电视传媒集团有限公司获得中宣部颁布的"全国文化企业30强"称号。另外,浙江中南卡通股份有限公司和杭州乐港科技有限公司分别是我国原创动画制作和网页游戏中的佼佼者。因此,杭州基地从顶层架构的设计来看是非常清晰和科学的。基地的发展目标定位于多核心业务的发展,致力于移动阅读、网络电视新媒体运营、动画制作和网络游戏三个板块的发展,而每个板块都有核心企业作为支撑带领整个园区稳步发展,从而增强整个基地的实力和竞争力。

安徽基地的两个园区——合肥园区和芜湖园区的核心企业分别为时代出版传媒股份有限公司和华强方特文化科技集团。时代出版传媒股份有限公司的第一大股东——安徽出版集团是安徽实力最强,同时也是常年稳居国内出版传媒集团前十的出版集团。时代出版传媒股份有限公司不仅在传统出版产业中是佼佼者,在数字出版、数字教育、数字印刷、现代传媒等科技与文化融合的相关产业方面也取得了突出成绩,是我国国家级的"数字出版转型示范单位"。同时该集团还设立了自己的科技企业孵化器——时代数码港孵化器,其内容生产和技术开发在安徽省乃至全国都有比较大的优势,拥有良好的数字出版基地形成和发展的基础。

芜湖园区的华强方特文化科技集团为文化与科技融合的典范,在文化科技主题公园和文化内容产品产出方面在国内外市场都已成为强势的文化科技品牌。紧紧围绕这两个主题而衍生的主题公园、动漫产品、数字电影等产业是安徽基地芜湖园区的发展重点。周围的互联网、电子商务、广告、软件开发、设计和服务等中小型配套和外包企业都围绕着这些特色产业进行有效聚集,明确的发展目标和深度的分工协作提高了其生产效率,同时也加快了其创新的脚步。

显而易见的是,这些单核心的基地或其中的分园区通过唯一核心企业掌握着整个园区或基地的发展特色和方向,控制着整个基地运行结构的核心环节,负责整合基地整个运行系统,主导着基地的组织发展进程[①]。目前来看,这种单核心式的基地组织形态对基地的内聚力和协同力的形成比较有利,能够在资源配置、流转、创新、治理等各方面形成系统性的运行模式,但同时,单核心式的组织形态的风险也比较大,因为一旦这个唯一的核心企业出现了决策上的重大失误或者企业的盈利能力或竞争力无法持续攀升,整个基地都会陷入比较大的危机[②]。

4.3.3　单层次多核心组织形态

处于单层次多核心组织形态的国家数字出版基地指的是单个主基地内同时存在着多个规模较大且实力相当的企业,这些企业在各自涉足的产业当中起主导和支配作用,能够一起带领基地内其他企业进行较快却又相对稳定的均衡发展的核心基地的组织形态。在多核心的组织形态之下,就算一旦其中一个核心企业出现了比较大的危机,其他核心企业也能够在短时间之内在一定程度上代替其功能,使基地能够得到持续发展[③]。这些核心企业通常将产业中的核心环节牢牢掌握在自己手中,例如核心技术的开发、品牌的推广和经营或者关键制造的环节等,而其他的业务则外包给聚集在其周围的在某个生产或制造环节更专业并且效率更高的中小型企业。

目前,采用单层次多核心组织形态的国家数字出版基地为上海张江基地、重庆两江新区基地和湖北华中基地。

作为我国成立最早并且发展最好的数字出版基地,上海张江基地一直以来是我国国家数字出版基地的标杆,其经济规模、年产值、资产等各方面指标年年都稳居第一,并且一直保持着稳定的增长趋势。

上海张江基地的发展一直秉持着多板块多核心企业的发展模式,网络文学方面由阅文集团带动;网络游戏代理有上海盛大网络发展有限公司和第九城市计算机技术咨询(上海)有限公司;网络游戏开发有暴雪娱乐公司和索尼公司;在线教育有沪江教育科技(上海)股份有限公司;网络视频有爱奇艺和聚力PPTV;之后的 Wi-Fi 万能钥匙更是以覆盖全球 223 个国家和地区,全球用户量达到 9

---

① 严北战. 集群式产业链组织形态、治理模式及演化研究[J]. 软科学,2012(11):21-26.

② 喻登科,涂国平,陈华. 战略性新兴产业集群协同发展的路径与模式研究[J]. 科学学与科学技术管理,2012,33(4):114-120.

③ 喻登科,涂国平,陈华. 战略性新兴产业集群协同发展的路径与模式研究[J]. 科学学与科学技术管理,2012,33(4):114-120.

亿人,月活跃用户 5.2 亿人的骄人成绩成为许多移动终端用户的必备网络通信软件①。与其他基地相比,上海张江基地的核心企业不仅是全国范围内的航母型平台企业,也是世界范围内各自领域当中的王牌,这些企业的一举一动都可能指引着该产业未来的发展方向,可以说已经快其他基地一步率先构建形成了集文学、出版、影视、动漫、游戏、衍生品等于一体的 IP 产业经济模式。而基地其他中小型企业也因此获得了巨大的业务量,同时能不断提升自己企业的专业技能,在全国同类型的企业当中保持竞争力。

作为全国第二、西部首个国家级数字出版基地,重庆两江新区国家数字出版基地汇聚了以腾讯光子(重庆)美术研发基地、完美互娱、猪八戒、华龙网、享弘影视等网络游戏制作与研发、融媒体、数字影像制作等行业的领军企业,并吸引超过 400 家相关企业入驻。②

湖北华中基地的两家核心企业分别为湖北中文在线数字出版有限公司和当当全球数字出版总部。位于华中国家数字出版基地的湖北中文在线数字出版有限公司是中文在线数字出版集团股份有限公司(简称中文在线集团)旗下控股子公司之一,其主营业务主要是围绕在线教育、版权教育和数字出版专业培训来展开的。其他六家全资子公司和两家控股子公司的主营业务也各不相同,例如北京在线教育公司专注于为图书馆、学校、企业、事业单位等机构用户提供数字阅读内容服务以及全方位的解决方案;而北京文化传媒有限公司则致力于为终端用户提供数字内容产品,同时从事 IP 运营方面的业务;杭州中文在线信息科技有限公司则专门负责数字内容加工及其数字内容渠道推广③。

在 2016 年确定入驻的当当全球数字出版总部是当当集团正式进入数字出版领域的一个信号。作为我国最大的中文纸质书和电子书平台,当当的入驻无疑会为湖北华中基地吸引更多相关的中小型企业入驻,同时也会投资和孵化大量数字出版相关企业和项目,围绕其业务展开数字出版全产业链的集群构建。

目前而言,湖北华中基地虽然致力于依托这两大核心企业展开数字出版全产业链的集群构建和运营,但两家核心企业目前在各自的目标产业当中还处于一种摸索和萌芽阶段,基地内入驻企业数量不多,且核心企业与基地内的其他企业之间的业务关联不强,还未能形成良好的企业互动和分工,相对其他基地来说发展较为缓慢。

---

① WiFi 万能钥匙宣布用户量破 9 亿,月活 5.2 亿[EB/OL]. (2016-06-29)[2021-06-10]. http://www.iheima.com/article-157034.html.

② 韩毅. 重庆两江新区数字出版基地"加速跑"——打造数字内容产业新名片[EB/OL]. (2020-11-12)[2021-6-30]. https://app.cqrb.cn/economic/2020-11-12/512768.html.

③ 暴晓楠. 中文在线发展现状、问题及建议研究[D]. 开封:河南大学,2016.

4.3.4 多层次混合组织形态

多层次混合组织形态指的是基地有多层级（即多个园区），而各个园区的组织形态又不尽相同，不同园区会出现无核心、单核心和多核心的不同组织形态。这既是因为在政府战略规划下每个园区的规划目标各不相同，也是因为各个园区发展进度各不相同。其中江苏基地、山东青岛基地和广东基地就属于多层次混合组织形态。

江苏基地拥有5个分园区，分别位于南京、苏州、无锡、扬州和镇江。其中苏州基地处于无核心组织形态，扬州、无锡和镇江园区则处于单核心组织形态，南京园区则处于多核心组织形态。

江苏基地南京园区经过两次规划，形成了以"北优、中核、南特"三大板块为主的发展模式。北部形成了数字基地科技文化板块。北部主要是巩固和强化通信软件产业优势，完善和提升各类公共服务平台，打造具有全球竞争力的中国通信软件产业第一基地和全省乃至全国最重要的软件产业公共服务平台，聚集了时代传媒、龙虎网、华博广告、中兴阅读等企业。中部为服务支撑板块，以"数字技术产业创业提升区"和"数字企业孵化支撑区"为依托，强化公共平台服务和数字企业孵化两大核心功能，为区域提供强有力的服务支撑。目前已形成创业创新城、紫金科创中心、数字大厦三大载体，数字基地"三中心"及数字社区平台。南部为数字出版板块，为基地未来重点发展区域，以"国家数字出版基地"为核心，以"数字出版产业"为特色，整合现有企业及剩余用地，形成"数字媒体融合创新区"，全面展示基地特质和特色。已有原力动画、慧翼展览、苏宁足球小镇等优质项目。截至2017年初，南京园区初步形成了以江苏润和、艾迪亚（国家重点文化出口企业）、江苏原力电脑动画为核心企业的数字内容研发生产产业；以江苏华博、慧翼展览为核心企业的广告产业；以时代传媒、龙虎网为核心企业的数字新闻出版产业；以及以中兴通讯（香港）为核心企业的通信产业巨头向移动阅读解决方案转化的产业。苏州园区以A区和B区双轮驱动的模式发展，目标是打造"专、精、特"的数字出版样板园区。A区主要入驻数字内容企业，B区则打造影视产业聚集区。无锡园区以无锡报业集团为核心，与无锡高新区和梁溪区分别共建了数字出版软件技术聚集区和文化创意产业聚集区。围绕着无锡报业集团的内容资源优势而聚集的相关联的网络版权、云视频、互联网出版、互联网广告等企业入驻其中，致力于充分发挥无锡智慧城市、云计算、物联网等新媒体产业发展的独特优势，坚持完善载体配套与提升服务效能并举，打造国内领先的新媒体产业基地。扬州园区的核心企业为全球最大的电子墨水和电子纸制造商——川奇光电,并且扬州园区紧紧围绕着该核心,打造和建立了"一园"(数字出版产业园)、"二区"(生产制造区、生活配套服务区)和"四中心"(数字内容创作中心、数字版权交易中心、数字平台运营中心、数字阅读器研发中心)的以川奇光电为中心节点的网络结构。镇江园区作为国家数字出版基地当中唯一的一个民营园区,以睿泰数字产业园为核心企业,打造聚焦于数字教育出版的"大教育、大出版、大生态"的数字内容产业聚集区,目前与我国乃至世界顶级的通信技术服务商华为、日本最大的在线教育企业之一的 NetLearning 都签订了战略合作协议,携手开发海外教育应用市场。睿泰数字产业园与华为的合作基于自身成熟的学习管理系统和华为世界领先的通信服务技术,两者联合起来能够解决教师和学生之间跨地域和跨时间的在线沟通、学习、教学管理等问题。而与 NetLearning 的合作则是基于引入其先进的技术平台和版权课程资源,进一步挖掘我国职业教育的深度。

山东青岛基地同样拥有 5 个分园区,分别聚焦于数字出版企业孵化、软件研发、数字内容出版、数字出版终端研发生产以及数字创意新媒体 5 个方向。以青岛市北中央商务区为依托的数字出版企业孵化园区和以青岛光谷软件园为依托的软件研发园区还处于无核心组织形态,单核心组织形态的园区为以青岛出版集团为依托的数字内容出版园区,多核心组织形态的园区为以海尔和海信集团为依托的数字出版终端研发生产园区以及以青岛报业传媒集团和山东大众报业集团为依托的数字创意新媒体园区。

山东青岛基地的数字出版在终端研发生产园区是以两家在全球范围内都非常知名的家电品牌海尔和海信作为核心企业,在终端制造以及智能家居与数字内容融合方面进行深度挖掘和开发创新。在全国的数字出版基地中,山东青岛基地终端产品种类最丰富、数量最多、技术先进,成为数字出版终端产品研发的领头军。

可以看到,湖北华中基地和山东青岛基地两家基地各自的两家核心企业的类型其实是相同的,湖北华中基地的两家核心企业致力于数字内容的生产和渠道平台的构建,而山东青岛基地则着重于数字内容产品与智能终端的深度融合及应用。两家同性质的核心企业能够使得基地内的各企业更有持续创新的动力,同时也有可能带来比较激烈的竞争,从而导致整个基地的发展受到影响。比较理想的多核心组织形态的基地的核心企业最好应处于产业链的不同位置,这样不仅能够避免恶性竞争,还能够保证整个基地的各个产业处于一种均衡发展的状态。上海张江基地、重庆两江新区基地以及广州基地天河园区就属于这种核心企业占据产业链不同位置的多核心组织形态。

　　从整个基地的组织结构来看,广东基地各个园区的发展目前处于不是很均衡的状态。在四个园区当中,天河园区已经形成以互联网和大数据为核心的数字出版软件和平台聚集区。2016 年广东基地天河园区数字创意行业营业收入超 198 亿元,利润额约为 29 亿元,在所有国家数字出版基地中名列前茅,这种均衡的多核心组织形态能够让基地形成多方协同合作、协同创新、协同治理的多目标、多维度以及多功能的密集而稳定的网络关系[①]。而其他园区还处于基础设施建设和企业引进的起步阶段。

　　多层次混合组织形态的基地基本上由于园区的产业基础以及申请批复的时间各不相同,导致各个园区发展的步调不太一致。因此,处于形成阶段的园区需要与已经迈进快速发展阶段的园区产生紧密联系和合作,发展比较好的园区带动其他园区的发展,尤其是在互补企业合作上的加强可以带动整个基地顺利运行。

---

　　① 高菲,俞竹超,江山. 多核式中卫型产业集群的网络结构分析[J]. 产经评论,2014(5):63-77.

5 国家数字出版基地运行机制

产业集群中有多重主体聚合在同一个区域中相互作用和协调,而运行机制是影响和促进整个集群内部主体间相互作用的内部规律和原理。完善的运行机制能够调动产业集群中各个主体功能的协调发挥,使集群中的各个主体遵循一定的规则和制度在产品生产的各个环节发挥不同的作用,使得产业集群朝着稳定和持续的方向发展[1]。推动国家数字出版基地顺利运行的机制有多种,本章将围绕影响基地顺利运行最重要的三大机制:协同创新机制、竞合机制以及知识溢出与学习机制来进行解析。

5.1 基地运行机制概述

要了解国家数字出版基地是通过哪些机制来推动整个基地的运行以及各个机制的内涵、作用和实现途径,首先就得了解什么是运行机制,一般产业集群包含哪些运行机制,国家数字出版基地包含哪些运行机制,什么是推动国家数字出版基地运行和发展的最重要的机制,这些机制分别在基地发展的什么环节发挥了什么作用。

"机制"一词源于机械学,表示机器或机械的构造原理,而后广泛应用在各个学科的研究中表示某些事物的构造以及运转[2]。机制通常包含三层意思:事物之间关系的联系方式、关系的发生过程、关系的存在条件和可变性[3]。在经济学中,"机制"一词引申为各事物间相互作用和相互影响的运转方式[4]。而运行机制在经济活动中可以界定为:参与经济活动主体内部运行的各要素相互作用的

---

① 骆建栋. 产业集群合作创新网络的结构和运行机制研究[D]. 长沙:湖南大学,2009.

② 夏征农. 辞海:1999 年版普及本[M]. 上海:上海辞书出版社,1999.

③ 盛亚. 中国高技术产业化过程的机制研究[J]. 科研管理,1996(2):38-42.

④ 黄思源. 创意产业及其运行机制探析[D]. 北京:中共中央党校,2010.

根本活动程序和方式、相应的规范和制度，以及经济活动主体在推进自身发展时的内部管理手段和运作套路。

产业集群是一种内部结构和系统比较复杂，以某一主导产业为核心而大量聚集相关企业和机构的组织。这样一种复杂的组织内有不同的层次和结构，每一层次之间不同要素或者不同层次之间要素相互作用来推动整个产业集群组织系统的运行，这种内部各要素之间相互作用和相互联系，环环相扣来保证产业集群能够正常运行的方式和手段称为产业集群的运行机制①。对于国家数字出版基地来说，需要多种运行机制同时运作来保证基地的正常运行和发展，这其中包括了激励机制、人才引进机制、创新机制、竞合机制、知识溢出机制、技术学习机制、自我增强机制、整合机制、保障机制等。但不同类型的集群由于自身的特性不同，其运行的核心机制也就各不相同，例如对工业类的产业集群来说，创新机制、保障机制、整合机制为推动其顺利运行的核心机制；竞争与协调机制、目标与决策机制、激励与惩罚机制对于图书馆信息集群的运行则至关重要；对于高新技术集群来说，专业分工和创新机制、技术学习机制、自我增强机制则必不可少，是其运行的核心机制；而对于文化创意集群来说，竞合机制、激励机制、政策引导机制牵引着整个集群的发展方向和态势②③④。综合国家数字出版基地文化与科技相融合的集群特性，协同创新机制、竞合机制和知识溢出与学习机制是基地运行的核心机制，其他机制作为这三大机制的辅助机制来推动集群的发展。

5.2　协同创新机制

国家数字出版基地是高科技与文化融合的产业集群，因此技术创新和优秀的数字内容生产是其核心，其特点是高风险和高收益并存。因此，数字出版产业以集群形式聚集和存在的根本优势在于能够提高企业的创新效率、有效降低创新成本、降低企业采用新技术的风险。而能够使基地获得这种根本优势的关键在于协同创新机制在基地企业中的运行。

---

① 黄思源. 创意产业及其运行机制探析[D]. 北京：中共中央党校，2010.

② 陆鹏飞，贺红权. 工业产业集群品牌生态系统协同机理及运行机制研究[J]. 工业技术经济，2016(11)：103-108.

③ 孙鹏. 图书馆信息集群的运行与管理机制[J]. 图书馆学刊，2011(4)：39,45.

④ 潘忠志，张毅，刘伟. 高技术集群企业创新网络的关联模式和运行机制分析[J]. 特区经济，2009(9)：285-286.

5.2.1　协同创新机制的内涵

协同创新(collaborative innovation)是在协同理论和创新理论两种理论的基础上发展起来的。美国著名经济学家熊彼得在其1912年所著《经济发展理论》中第一次明确提出"创新理论",他认为创新是一种将已有的自然资源创造成新事物的手段,这种手段通过引入新产品、采用新的生产方法、开辟新的市场、获得和采用新的原料以及建立新的企业组织五种方式来实现[1][2]。而"协同"的概念最早由战略管理学鼻祖伊戈尔·安索夫(Igor Ansoff)在《公司战略》一书中提出,他认为协同是相互独立的个体为了资源共享而建立的一种共生互长的、可以使得在联合情况下各主体获得的总体收益大于各主体独自运营产生的收益之和的方式,协同的核心是为了创造价值[3]。协同创新的概念则是由美国麻省理工学院斯隆中心的学者彼得·格罗(Peter Gloor)在2006年提出的,他将协同创新定义为由自我激励的人员所组成的网络小组借助网络交流工作、信息和思路来进行合作的方式,这种方式是为了达到每个小组成员的共同目标[4]。综合以上学者对"协同""创新"以及"协同创新"概念的解析,"协同创新"在经济学领域中可以理解为由两个及以上主体利用已有自然资源,通过引入新产品、采用新的生产方法、开辟新的市场、获得和采用新的原料或建立新的企业组织而达到共同目标的方式。结合产业集群的特性和情况,可以得出协同创新机制是由集群内两个及以上的主体为了实现共同利益,通过各种共同深度协作的方式整合有效和优势资源,进行创新和开发活动的过程[5]。协同创新的过程通常是按照沟通—协调—合作—协同的步骤进行的[6]。

国家数字出版基地的性质决定了基地内企业的创新开发具有高风险、高投入、高产出的特征。因此,大多数创新活动不能由一个企业独立完成,而协同创新作为基地最重要的运行机制,其目的就是让基地内的企业通过与其他企业或基地内其他主体进行协同创新来降低创新和开发的风险以及研发成本,协同发

① 熊彼得. 经济发展理论[M]. 北京:商务印书馆,2000.

② 代明,殷仪金. 创新理论:1912—2012[J]. 经济学动态,2012(4):143-150.

③ ANSOFF H. Corporate strategy,revised edition [M]. New York:McGraw Hill Book Company, 1987.

④ GLOOR P A. Swarm creativity:competitive advantage through collaborative innovation networks [M]. New York:Oxford University Press,2006.

⑤ 高晓霞. 基于产业集群的高技术企业协同创新绩效研究[D]. 太原:太原理工大学,2014.

⑥ VERONICA S,THOMAS F. Collaborative innovation in ubiquitous system [J]. Journal of International Manufacturing,2007(5):599-615.

挥各个主体自身的优势来获得高产出、高收入的回报。协同创新机制是最直接的提高国家数字出版基地绩效的运行机制,也是基地能够获得持久竞争优势的主要原因①。

5.2.2 协同创新的动力

作为推动国家数字出版基地发展最重要的运行机制,协同创新机制从根本上促进了基地的技术创新,降低了基地整体以及基地内部各企业的创新风险,加快了基地的创新和知识扩散速度,强化了基地整体竞争力。而推动该机制运行的动力分为内部动力和外部动力。

5.2.2.1 内部动力

内部动力是来自国家数字出版基地内部的动力因素,也是驱动协同创新机制运行的核心动力,主要包括收益驱动力、内部激励推动力以及基地创新保障力三个方面②。

企业或集群是以盈利为目的的经济主体。获得利润是其生存的先决条件,而最大化地获取收益是企业或集群运营共同追求的目标。同样,对国家数字出版基地内的企业来说,最大化地占领市场,从而获取利润和竞争优势是其共同的首要目标。因此,收益驱动力是国家数字出版基地协同创新的首要内在驱动力③。

内部激励推动力主要是指对基地内从业人员以及基地内企业的激励。基地内从业人员包括企业家、技术创新人员、管理人员等,是创新活动最主要的行为主体,也是进行创新活动的思想和力量源泉。国家数字出版基地中的创新活动进行的效率和效果很大程度上取决于基地内从业人员在工作上的积极性。调动从业人员积极性的方法则来自基地内部的激励机制。这种激发员工积极性,推动员工顺利开展创新活动的激励机制通常分为物质激励和精神激励两种。物质激励一般指员工的工资、奖金、福利、股份等各种能够直接给员工带来经济上的回报的形式,通常是最直接、最有效的激励方式;精神激励则通常是以表彰形式呈现,例如对优秀员工进行晋升、表彰、公派深造等,也能促使员工在工作上更有

① 孙威,陈彦亮,丛永强,等. 我国体育产业集群的协同创新研究[J]. 技术经济与管理研究,2012(11):33-39.

② 张哲. 基于产业集群理论的企业协同创新系统研究[D]. 天津:天津大学,2008.

③ 关士续. 技术创新的运行机制和动力机制[J]. 未来与发展,1991(5):46-50.

积极性①。出版企业中的精神激励通常表现为提拔在数字出版业务方面表现突出的业务骨干,例如新设数字出版部门或者提高职级从而给予其充分发挥和施展才华的空间。例如,江苏基地的凤凰出版传媒集团和湖南中南基地的中南出版传媒集团每年都选取在数字出版业务方面表现突出的员工赴美国进行培训深造。除了基地从业人员外,基地管理部门对基地内表现优秀的企业的激励也是重要的内部激励推动力。上海张江基地每年都对基地内发展迅速、营收增长迅速的企业进行表彰和奖励,除了颁发相应证书之外,还在奖金和各种优惠政策上对企业进行直接的鼓励,很大程度上提高了企业进步的积极性。内部激励能够促进基地从业人员在数字出版产业的认知力、学习能力、技术转化能力等方面能力的提高,也能提高基地内部企业的积极性,是有效推动基地内数字出版产品市场化和产业化的重要内部动力②。

基地能够进行协同创新的基地创新保障力指的是基地内部是否具有开发创新的能力,以及基地在创新的过程中是否能够充分利用其所有资源而获得创新收益的能力③。基地的创新能力往往体现在技术从业人员的数量、研发中心的数量、新产品产生的速度、创新资金的投入这些方面,创新能力越强,越有利于实现技术创新,在产业中开辟更广阔的市场,也就越能够吸引其他企业与之进行协同创新。因此,拥有良好的创新能力既是协同创新的保障,也是前提条件。

5.2.2.2 外部动力

基地协同创新的外部动力指的是基地以外产生的动力因素。基地的外部动力主要来源于市场的需求、企业之间的竞争以及政府政策的驱动。

用户对数字内容产品的需求决定了数字出版产业的走向,市场的需求是驱动基地进行协同创新的首要外部动力。基地内的企业不光要了解市场的需求,还要不断挖掘用户新的需求。尤其是对于日新月异的数字出版产业来说,从数字终端的内存不断扩大、功能日渐丰富、显示和运行效果逐渐变好,到数字内容的形式不断丰富,能够给用户提供的愉悦性体验也日趋多样化。用户在现有数字内容和数字终端的体验方面不断有新的要求,推动数字内容产品不断向前演进。基地中企业的产品必须时刻走在最前端才能保证自己的产品能够在市场中占有一席之地。不管是数字终端产品还是数字内容产品,其崛起和陨落都是极其迅速的。曾经智能手机中的"领头羊"诺基亚和摩托罗拉在苹果公司推出了iPhone第四代之后就急速陨落,就是因为其没有掌握用户对移动终端最重要的

---

① 杨建君,李垣. 企业技术创新主体间的激励关系研究[J]. 科研管理,2004(3):13-18.

② 尚策. 数字出版考核激励机制研究[J]. 科技与出版,2015(12):23-27.

③ 熊中奥. 我国企业技术创新的动力机制研究[D]. 武汉:武汉水利电力大学,1999.

现实需求;iPhone同时满足移动终端用户对内存和移动应用的强烈需求,移动终端同时拥有多个应用,且应用的运行快速、稳定,操作容易、方便。而作为智能手机中的领军产品,iPhone同时满足用户拍照、听音乐、看书、玩游戏、看视频、购物等多方面的需求,迅速走在了所有同类型产品的最前面。在此之后,诺基亚跟风推出了和微软公司合作的以Windows 8为主页面的智能手机,但反响平平,许多对诺基亚抱有极大期望和情怀的诺基亚用户极其失望地表示,与Windows系统的融合不仅让用户觉得非常难操作,完全不符合用户的使用习惯和需求,而且系统非常不稳定,经常出现崩溃的情况。在此情况下,诺基亚在智能手机上的市场份额已经基本流失,诺基亚这个从前的移动终端巨头在两三年间骤然消失。即便是诺基亚和微软这两个终端巨头的联合开发,因为不满足用户的需求,得不到市场的认可,也无法挽救诺基亚于危难。

但中国移动和科大讯飞的协同则是截然相反的一个例子。浙江杭州基地的中国移动咪咕文化科技有限公司和安徽基地的科大讯飞看准了目前我国语音识别服务的空白,联合开发了灵犀语音助手,用户通过该软件能够语音操控移动终端,享受语音查找信息、发送短信、设置提醒等多种服务。这款产品是基于中国移动强大的网络和丰富的互联网内容以及科大讯飞全球顶尖的智能语音技术完成开发的,并且占据我国智能识别软件中60%的市场份额[①]。在看准了用户需求,以及在市场的强劲动力驱动下,两家企业走到了一起,想要占领这个市场,完成这个产品开发,哪家企业都没有办法单独实现,因此需要发挥两家企业的优势协同来完成整个产品的开发和运作。

这些事例说明了即便是在全球范围内都具有主导地位的企业,如果其产品让用户觉得性价比低、使用极其麻烦、无法满足其需求,仅靠多年积累的品牌形象和顾客忠诚度也是无法让企业一直屹立不倒的。只有满足用户不断变化和发展的需求,企业才能持续向前发展,这往往也是驱动数字出版企业协同创新的重要外部动力。

企业之间的竞争往往也是激励和驱动企业之间协同创新的又一大外部动力。尤其是在横向业务相似的企业之间,这种外部动力的作用更为明显。企业之间的竞争迫使数字出版企业必须不断找寻新的思路,开发新的技术和产品。而往往关键性的新技术和新产品需要协同合作创新才能比别的企业先一步完成并投入市场[②]。从第4章国家数字出版基地组织形态的分析来看,多核心组织

---

① 德勤数据:2020—2021年,科大讯飞以60%的市场份额稳居第一[EB/OL].(2021-12-21)[2022-03-11]. https://baijiahao.baidu.com/s? id=1719733172689632474&wfr=spider&for=pc.

② 徐维祥.企业技术创新动力系统研究[J].数量经济技术经济研究,2002(1):70-73.

形态的基地或园区往往比以无核心或单核心组织形态的基地或园区发展得更好,这就是因为基地内企业之间相互竞争,是重要的外部驱动力。例如浙江杭州基地中的中国移动数字阅读园区(现已改名为咪咕数媒)和中国电信天翼数字阅读园区两大全国移动数字阅读的王牌企业,除了因为有电信运营商这一得天独厚的优势之外,两家企业在数字阅读方面都在持续竞争获得更大的市场份额。而要能够获得更多的用户、更多的利润,则要求两个企业各自与其他内容提供商和终端提供商等进行共同合作和开发创新,以提供给市场更好的产品①。

例如咪咕数媒与亚马逊在 2017 年 6 月联合开发了 Kindle X 咪咕阅读器,不仅发挥了 Kindle 在电子阅读器上能够给用户带来最好的电子书阅读体验以及内存大、机身轻薄的优点,还发挥了咪咕数媒在数字内容资源上的强大优势。购买 Kindle X 咪咕阅读器的用户相当于拥有了咪咕数媒 90 余万本电子书的藏书量,还能获得咪咕数媒提供的 300 元读书券,并且与其他电子阅读器不同的是,它支持除银行卡之外多种付款方式:话费、支付宝、微信、书券等,多种付款方式让用户购买数字内容时选择更多、更方便。

另外,政府在政策上的鼓励也将为基地的协同创新带来动力。在各地政府为当地数字出版产业或基地制定相关政策以推动数字出版产业发展之时,如果没有一些政策上的扶持和优惠,很难吸引优质的企业落户或者入驻。

5.2.3 协同创新模式

国家数字出版基地的协同创新模式可以分为基于 IP、基于产业链以及基于产学研三种。

5.2.3.1 基于 IP 的协同创新

近几年来,IP 运营成为我国数字出版产业协同创新的主要模式之一,并且为各企业带来巨大的经济效应和社会效应。基于 IP 的协同创新模式不仅让各品牌收获了极高的人气和大量的用户,而且为各数字出版企业开拓了更多的盈利渠道。对国家数字出版基地来说,基于 IP 的协同创新也是实现企业利润的有效增长以及获得品牌价值有效提升的协同创新模式。

目前,IP 运营模式主要有"动画+全产业链""小说+影视版权+衍生品""网络文学+影视授权""出版社影视投资+反哺 IP"和"影视游戏 IP 联动"五

---

① 耿玉娟. 电信运营商移动阅读基地图书整合运营研究——以咪咕阅读为例[J]. 新媒体研究, 2017(5):58-62.

种[1]。而国家数字出版基地基于 IP 的协同创新以"网络文学＋影视授权"和"影视游戏 IP 联动"两种模式为主。

"网络文学＋影视授权"是各基地中的数字内容企业与影视企业开辟和发现的一种新型的数字出版产业协同创新模式，也是目前我国最主流、最受欢迎的 IP 运营模式。在网络文学平台上具有极高人气的网络小说的版权会被各个影视公司争相竞标，改编成影视作品，邀请国内外极具人气的演员扮演主角，往往能达到电视台和视频平台收视率双高的目的。同时能够进一步增加被改编小说的阅读量，不管是网络文学平台还是影视企业，都能从这种协同创新模式中获得较大的盈利以及知名度。而由优质 IP 进行影视和游戏双运营的模式近年来也十分热门，尤其在手游的热度持续上升之后，"影视游戏 IP 联动"成为泛娱乐环境下国家数字出版基地中 IP 运营的主流模式。这种"影视游戏 IP 联动"的协同创新模式所带来的跨界深度营销的效果可谓相当显著。内容企业、影视企业和网络游戏企业的跨界协同为数字出版产业带来了新的盈利模式和更广阔的市场空间。

在基于 IP 的协同创新模式方面，上海张江基地是最为成功的范例之一。能够进行 IP 运营的必须是受众广泛，并且具有大量粉丝基础的内容或作品，而阅文集团是全球最大的中文电子书平台，我国 80％左右的热门网络文学作品都来自该平台，其是我国最大的 IP 源头[2]。《花千骨》《琅琊榜》《盗墓笔记》《择天记》《锦绣未央》等优质网络文学作品均以"网络文学＋影视授权"和"影视游戏 IP 联动"的协同创新模式呈现在了大众眼前。"影视游戏 IP 联动"的协同创新模式让我国移动游戏市场在 2016 年的实际销售收入达到了 89.2 亿元，占我国移动游戏市场实际总销售收入的 10.9％[3]。

国家数字出版基地内部的"影视游戏 IP 联动"的协同创新模式也为企业和基地带来了巨大的品牌效应和经济效应。同为上海张江基地的三七互娱网络科技集团从阅文集团取得授权，将《琅琊榜》小说改编成了网页游戏，并且顺势借助电视剧《琅琊榜》的火爆影响力，由其男主演胡歌担任代言人，充分发挥了电视剧的热度带来的粉丝效应，许多电视剧粉丝纷纷投入游戏当中，使得版权方和改编方企业都获得了巨大的收益。而《择天记》则由基地另一家著名游戏开发商巨人网络取得授权，开发了《择天记 OL》这部大型多人在线角色扮演游戏。巧妙的

---

① 江小妍. 泛娱乐环境下的 IP 运营模式研究[J]. 科技与出版，2016(5)：23-27.

② 艾瑞咨询. 2015 年中国网络文学 IP 价值研究报告[EB/OL]. (2015-10-27)[2021-06-15]. http://www.199it.com/archives/397566.html.

③ 王然婷. 影游联动撬动 90 亿市场规模[J]. 经理人，2017(2)：64-65.

是,阅文集团和巨人网络采取了书游同步的模式,即《择天记》的线上内容更新到哪里,游戏篇章也随着线上内容的进度而更新,将读者和玩家巧妙地连接在了一起,可以让用户从游戏中得到沉浸式的体验,同时内容作者和游戏团队也能根据用户在游戏中的反馈不断改进和改编情节。"影视游戏 IP 联动"的协同创新模式不仅能够让电视剧的影响力和余热迅速提高游戏的关注度和热度,使得看过电视剧的玩家能够以极快的速度投入游戏的剧情当中,玩家的游戏体验也会相对较好。

另外,还有抛弃传统的电视剧拍摄和电视台买断播放的流程,直接与在线视频网站合作,以网剧的形式呈现的运营模式,避免了很多繁复的申请和拍摄流程。在这方面,基地中与阅文集团不断进行深度和密切合作的就是爱奇艺。例如阅文集团与爱奇艺联合推出的由张一山主演的悬疑犯罪网剧《余罪》打破了我国传统警匪剧拍摄的条条框框,塑造了一个外表不正经但内心充满正义的卧底警察的形象。阅文集团还与爱奇艺合作将《莽荒纪》改编成动画并获得很高的播放量。另外还有借着电视剧《花千骨》的热度而制作的衍生网剧《花千骨 2015》获得了 2016 年中国泛娱乐网络剧榜"Top 10"的骄人成绩,而且同名手游大受欢迎。

除了以上比较常见的影视、游戏、衍生品制作的基于 IP 的协同创新模式之外,音频 IP 的 IP 价值也被极大地开发出来,并且成为上海张江基地基于 IP 的协同创新新手段。例如,阅文集团与喜马拉雅 FM 共同进行文学作品的有声改编,以及与 PPTV 在手机业务方面展开合作,共同开发硬件渠道①。另外,还有蜻蜓 FM 联合合一集团、创新工场、新榜发起创立的"有声有视"全媒体意见领袖 IP 孵化平台,力图打通图文、视频、音频三种社交传播平台的全媒体 IP 运营方式。

5.2.3.2 基于产业链的协同创新

基于产业链的协同创新模式本质上来说是基于产业集群深度分工的一种协同模式,也是国家数字出版基地中比较常见的协同创新模式,是能够提高创新和生产效率的有力方式。国家数字出版基地的基于产业链的协同创新是基于数字内容提供商、数字技术开发和平台运营商以及数字出版内容分销商的上、中、下游的纵向协同方式。在基于产业链的协同创新模式当中的企业通常不再限于目前本身一直以来从事的范围比较狭窄的业务,而是想要打破束缚,在产业链上进行业务延伸和扩展,进行端和端的业务融合,也是为了比同质企业快一步抢占先机,获得先发的竞争优势。

例如山东青岛基地采用的就是数字内容与终端开发的协同创新模式。山东

① 姚婷婷. 阅文集团 IP 运营研究[D]. 南京:南京大学,2016.

青岛基地的青岛出版集团、青岛日报报业集团、海尔集团、海信集团、青岛移动、青岛联通、青岛电信等数十家数字出版企事业单位,成立了青岛数字出版产业联盟,把原来分散的数字出版资源加以有效整合,形成了产业沟通协调机制。

青岛出版集团、青岛日报报业集团拥有丰富的数字出版内容资源;青岛移动、青岛联通、青岛电信、青岛新闻网等传播媒介发展完善,构成辐射广泛的投送渠道;海尔、海信等企业拥有强大的研发能力和品牌优势,为数字出版内容提供终端平台。联盟成立后,成员单位发挥各自在出版内容、技术研发、网络通信等方面的优势,互通有无、团结协作,有效推进了集内容、媒介、终端于一体的产业链运营,为青岛数字出版产业发展提供了坚实的支撑,并形成了促进基地发展的合力。在联盟框架下,青岛出版集团与海尔集团签订了"数字出版战略合作协议",共同研发数字出版产品,进入消费市场。作为内容提供商的青岛出版集团与海尔集团、海信集团共同开发的智慧家庭等项目,由内容提供商提供如图书、视频、图片等数字内容,海尔集团和海信集团负责终端和应用的开发,通过智能电视、平板电脑、智能手机和物联网冰箱、酒柜等终端产品的开发生产和内容投送平台的研发推广,在电视、电脑、手机、冰箱、烤箱等各种家电之间组建网络社区,使消费者通过手机、遥控器、鼠标、键盘即可方便地在所有家电上实现电子书、报、图片及视频的共享。

另外,重庆两江新区基地中的两大龙头企业惠普和富士康通过联合组建合资公司的形式,在产业链上进行分工互补,共同开发云计算服务使用的服务器。在双方协同创新合作的过程中,惠普负责提供技术支持和研发,而富士康则负责生产、推广和销售流程。作为全球最大的信息科技企业之一,惠普涉足云计算领域是其在行业中保持竞争优势的关键。而作为全球最大的 6C 高科技代工企业,尤其作为苹果最大的代工厂,富士康在近几年苹果公司市场份额下滑之时,必须通过寻觅新的业务和市场进行转型来摆脱对苹果公司的过度依赖。在此情况之下,双方分别利用其设计开发服务器以及制造服务器的经验为企业提供云计算的优质服务,以实现业务扩张和转型为共同目标而进行资源整合和协同开发,强强联合针对大型互联网企业的成本低功能强大的需求进行设计和生产,占领云计算服务器的市场。同样为了在云计算业务中取得先机和优势而进行协同开发和创新的还有江苏南京基地中的凤凰出版传媒集团和中国电信江苏公司。凤凰出版传媒集团是全国市值最大的文化企业,近年来一直在进行数字化转型和数字版权运营体系的规划,其需要强大的云计算平台支撑数据库和专业数字资源平台的建设运营;而中国电信江苏公司则需要强大的云计算中心来满足用户端和云端之间的数据交互,二者基于优势互补和互惠共赢的理念共同开发了华东地区最大的云计算中心——中国电信江苏凤凰云计算中心。该中心具备近

10万台服务器的托管功能,中国电信江苏公司能够提供强大和高品质的宽带网络服务,而凤凰出版传媒集团的云计算技术可以为各种类型和规模的互联网企业提供定制化的数据存储和传输的按需服务。

5.2.3.3　基于产学研的协同创新

基于产学研的协同创新是基地中的另一种重要的协同创新模式,本质上是基于加速科技成果转化的协同模式。这种模式主要发生在基地内的企业与基地内或周边的高校和科研机构之间,企业是整个产学研合作中的技术接收方,高校和科研机构为技术产出和转移方,企业将高校与科研机构研究得出的知识和技术成果用于生产实践,转化为现实的生产力,而高校和科研机构既可以解决研究经费的短缺问题从而进行更深入、更符合市场的实际需求的研究,也可以对企业实践的结果进行更深层次的研究和技术理论上的改进,双方能够共同解决企业中的技术创新难题以及进行学术上的理论和实践创新[①]。

基于产学研的协同创新是以企业为主,以高校和科研机构、政府和公共部门、中介组织和公共服务平台以及金融机构为辅助,共同参与技术创新和产品研发活动的协同创新模式。企业与高校和科研机构之间协同合作,是以联合开发、利益共享、风险共担为原则共同进行技术创新活动,以达到知识产业化,获得经济利润的最终目的[②]。

在国家数字出版基地中,基于产学研的协同创新主要采取了以下几种方式。

第一种是双方共同建立研究中心,这里的研究中心有的是基地中的企业与高校和科研机构合作建立的。典型的如安徽基地合肥园区的科大讯飞,从2000年开始就相继与中国科学技术大学、中国科学院声学研究所、中国社会科学院语言研究所、新疆大学、内蒙古大学、西藏大学、云南大学、兰州大学等周边乃至全国的高等院校成立语音联合实验室,由科大讯飞提供专项科研经费和产业转化平台,使这些高校和科研机构能够在各自优势的研究方向上取得突破和创新,有些技术和语言研究(例如少数民族语言研究)无法在企业内部完成和实现,都是通过联合实验室来进行研究。在这样合理分工协作的情况下,科大讯飞迅速提升了我国语音产业技术水平[③]。又例如,广东基地深圳园区龙华项目,园区内已经有众多企业与美国南加州大学、麻省理工学院、纽约大学等世界一流高等学府共同建立VR/AR实验室,在VR/AR的硬件设备、内容制作、分发平台以及B

---

① 李琳. 基于产业集群的高新区竞争力研究[D]. 长沙:中南大学,2005.

② 张在群. 政府引导下的产学研协同创新机制研究[D]. 大连:大连理工大学,2013.

③ 刘志迎. 企业主导产学研合作的技术与市场协同创新——以科大讯飞为例[J]. 管理案例研究与评论,2013(4):311-319.

端应用方面进行深度产学研的项目合作,在人工智能的技术创新方面力争突破,走在产业前端。同样还有浙江杭州基地的咪咕数媒联合浙江大学出版社、浙江传媒集团和浙江出版联合集团共同申报了原国家新闻广电总局的全国首批出版融合发展重点实验室,共同为移动阅读领域中的技术开发、行业标准的建立、新媒体内容的新模式探索进行协同合作。

第二种是基地作为一个整体,与高校和科研机构共建人才服务平台,例如,江苏基地南京园区建有江苏省博士后创新实践基地、北京大学工学院南京研究院、南京大学软件学院软件谷分院、江苏省软件人才公共培训中心、黑马训练营等一批人才服务平台。这些高校和科研机构不仅能够与基地内的企业进行联动开发技术和产品,还能够给基地提供针对性极强的专业人才。

第三种是共建技术服务平台,使参与产学研协同合作的所有单位都能够共享平台上的信息资源和技术资源。例如,凤凰出版传媒旗下的江苏凤凰数据有限公司就与技术服务平台共同进行凤凰云计算服务平台的开发工作,为数字出版、智慧教育、智慧医疗等多方面的信息化产业服务。还有浙江杭州基地的数字娱乐出版园区与浙江大学合作成立了"区域数字娱乐技术共享服务平台",致力于数字娱乐技术的开发创新;湖南中南基地的四海通达园区中的四海通达文化传媒有限公司与中南大学、湖南大学、湖南省社会科学院等高校和科研机构开展产学研协同合作,创建了"四海智库"平台,产学研的协同模式将有助于企业技术、管理、经营等全方位的提升,同时也有助于高校和科研机构在学术研究和人才培养方面能够不脱离产业实际,与产业运作高度融合地进行研究和人才培养的工作。

产学研的协同创新可以实现科研成果的产业化,让基地内的企业降低创新成本以及加快创新速度,从而缩短数字产业技术的生命周期,从技术更新上推进企业占领市场份额。

5.3 竞合机制

互联网技术发展迅速、数字出版市场空间广阔、产品差异性大等众多因素决定了国家数字出版基地中无论是大型全产业链的企业还是中小型企业在发展的道路上都具有巨大的不确定性,无法长期牢牢占据市场的顶端。因此,在这个行业中,无论是竞争还是合作都不是绝对的。企业之间通过竞争与合作不仅能够在数字出版产业中站稳脚跟,还有可能在分配市场时占有优势。

5.3.1　竞合的内涵

竞合(coopetition)一词由合作(cooperation)和竞争(competition)组合而成,其含义是竞争与合作是不可分割的整体,在各个企业发展的进程中都存在着竞争中有合作、合作中有竞争的关系①②。竞合摒弃了以前企业以完全打败其他与之竞争的企业或让其他企业消失在市场为目的的发展方式,而是靠合作来竞争,为竞争而合作,不仅能够有效遏制恶性竞争,还能让企业实现优势互补,从而形成一种螺旋式的上升。竞合的本质在于:第一,参与竞合的企业之间必须有互补的关系,这是竞合能够产生的前提条件。第二,竞合的目的是企业联合起来占领市场,打败其他竞争者,实现共赢。第三,市场能够解决竞争与合作之间产生的矛盾,因为当企业在共同创造市场的时候,企业之间的关系表现为合作,而在进行市场分配和占有时,企业之间的关系则变为竞争,因此市场是维系和平衡竞合关系的关键因素③④。

在产业集群中,企业由于在地理位置上更加靠近,而且企业之间的关联性更强,因此集群中的企业比集群之外散落各地的同类型企业有更优越的条件去共享集群之间的资源、最优化地整合配置,共同承担风险,共同参与更大规模的外部竞争⑤。国家数字出版基地中的竞合有两种情况:第一种是基地内的企业之间的竞合,基地中的企业为了在集群或该区域之中取得竞争优势或强势地位,往往会与其他能够与之互补或能共同开拓其他业务的企业进行合作;第二种是跨基地之间的竞合,这种情况通常发生在基地中的大型企业中,大型企业不满足于在该区域的业务发展,而选择与其他基地实力同样强劲的企业进行合作,目的是在整个数字出版市场的该方面业务上取得突破或市场优势。那么,对国家数字出版基地中的大型企业来说,竞合首先可以扩大市场,将数字出版市场做大,能够为数字出版的市场带来更多的可能性,然后进一步占领市场。而对无法与龙头企业相抗衡的中小型企业来说,一旦在数字出版产业链中的其他环节产生了

① BRANDENBURGAM A M,NALEBUFF B J. The right game:use game thoery to shape strategy [J]. Harvard Business Review,1995,73(4):55-71.

② BRANDENBURGAM A M,NALEBUFF B J. Co-opetition:a revolutionary mindset that combines competition and cooperation:the game theory strategy that's changing the game of business[M]. New York:Doubleday Publication Press,1996.

③ 郑小勇. 产业集群内企业的竞合:回顾与展望[J]. 经济纵横,2007(8):50-53.

④ 马宗国,张咏梅. 产业集群竞争优势的来源——企业合作机制[J]. 科学学研究,2006(8):74-78.

⑤ 甄翠敏,李娟. 产业集群内企业竞合行为及竞合伦理[J]. 中国市场,2008(6):124-125.

非常顺畅的链接,形成了高效率网络化的合作,它们表现出来的竞争力就不仅仅是单个企业的竞争力的简单叠加,而能够产生更大的集群效应[①]。对于国家数字出版基地来说,竞合的目的有两个:第一个是参与到竞合行为中的任何一方都能获得利益和提升,第二个是提高基地的整体竞争力以获得在整个数字出版产业中的竞争优势。

在此背景下,国家数字出版基地中企业之间竞合方式主要有两种:一种是以合作为主导的合作竞争模式,另一种则是以竞争为主导的竞争合作模式。在数字出版的产业链中,上、中、下游之间由数字内容提供商、数字技术开发和平台运营商以及数字出版内容分销商来串联,是有序的分工形式,上、中、下游之间通常以合作的形式为主,这就是以合作为主的竞合模式。但有些企业可能不只占据产业链中的一端,而是两端或者以全产业链的形式来运作,尤其是基地中的大型核心企业。在此情况下,企业与企业之间会由于参与到相同业务中而形成竞争的局面,但由于合作能为双方带来更大的好处而进行合作,这就是以竞争为主的竞合模式。

5.3.2 以竞争为主导的竞合

以竞争为主导的竞合模式通常发生在产品性质相似,要在同一市场中进行竞争占领市场,也就是处于同一产业链环节的企业之间。在数字出版产业当中,处于基地核心层的横向结构的同质企业,由于生产的产品性质相同、功能类似,都想在产业中占据主导地位而竞争,僵持不下的时候,为了达到共赢的目的而进行互补合作。

一个比较典型的例子就是传统电视行业与互联网视频网站之间的竞争。传统电视行业与视频网站虽然是通过不同渠道接触用户,但本质都是给消费者提供直接的视频内容和服务,两者为了争夺优质内容资源以及用户,长期在同一产业链环节中竞争。例如浙江杭州基地中的华数传媒同时拥有互联网电视、IPTV和手机电视三种类型电视牌照,是全国最大的互动电视内容提供商以及全国仅有的几家持证互联网电视运营服务商。这也是华数传媒的核心竞争力[②]。上海张江基地的PPTV在内容版权资源和平台技术方面的优势能够使其在互联网互动方面与电视方展开合作,由华数传媒负责互联网电视一体机和机顶盒集成

---

① 黄娟. 产业集群内企业之间竞合的博弈分析[J]. 企业技术开发,2011(16):30.
② 杨若飞. 华数传媒运营模式分析[J]. 新闻世界,2014(4):183-185.

播控,PPTV 负责内容聚合和市场推广①。二者竞合既使得 PPTV 在众多视频网站中突出重围,拥有电视平台同步直播的优势,例如春节时由于在境外工作、学习或旅游而无法实时收看央视春晚直播的用户,可以直接通过移动端 PPTV 的应用采用网络频道直播的模式收看节目,而华数传媒则可以利用 PPTV 大量的视频资源以及接通其直播频道,让用户通过传统电视收看方式也能享受到视频网站的大量功能,那么华数传媒在互联网电视方面就能比其他企业吸引到更多的用户。

移动音乐服务目前的状态也是如此。在互联网企业还没有像如今这么活跃和有优势时,电信运营商在用户号码、数据统计和结算平台上占有绝对优势,使得音乐内容提供商只能与其合作才能在移动音乐产业方面获得市场和利润。而当众多互联网运营商,例如网易云音乐、酷狗、QQ 音乐、虾米音乐等,能够通过互联网平台直接接触用户,利用大数据技术获得用户行为和偏好等数据时,中国移动、中国电信和中国联通三大电信运营商就有了非常强大的竞争对手,相当于互联网运营商和电信运营商在移动音乐市场形成了竞争关系②。在电信运营商开始从事移动音乐业务之时,互联网音乐运营商在这方面的业务已经趋于成熟和完善,所以电信运营商相当于是移动音乐市场中的跟随企业,需要主动与互联网企业进行合作来了解移动音乐业务的市场和用户。电信运营商通过为互联网企业提供渠道和支持其业务与之合作,能够给互联网企业带来一定利润的分成。例如,酷狗计算机公司在酷狗音乐的基础上推出的酷狗直播,能够让用户享受酷狗平台上海量的正版音乐伴奏资源来唱歌或进行表演直播,而中国移动能够为其提供渠道和平台,使用中国移动的移动用户可以享受流量优惠等一系列活动,从中得到的利润由双方企业进行分成。同时,电信运营商也能通过与互联网企业之间的互动,一边合作一边在此基础上开展自己的移动音乐业务。那么,它们之间的博弈关系可以用斯塔克尔伯格模型来解释:在移动音乐市场中占据主导地位的互联网运营商已经形成了稳定的用户量,而作为跟随企业的电信运营商则是通过观察龙头企业的用户量,在能够最大化自身利润的前提下,基于观察的结果再制定自身的目标用户量,而同时互联网运营商也会通过预判电信运营商的选择对开始制定的用户量目标进行调整和改进③。互联网运营商在移动音乐市场中具有先动优势,但电信运营商由于成本优势大且掌握着电信渠道的核心

---

① 周勇,何天平."互联网+"背景下视听传播的竞合——2015 年我国视频内容发展综述及前瞻[J].传媒观察,2016(3):43-47.
② 黄金秋.移动音乐产业链内部博弈关系研究[D].北京:北京邮电大学,2013.
③ 黄金秋.移动音乐产业链内部博弈关系研究[D].北京:北京邮电大学,2013.

资源,就算之前没有涉足过相关业务,也能在与之进行竞合的企业面前拥有相当的话语权。而如果互联网运营商与电信运营商是同一时间进入同一领域开展同性质的业务,互联网运营商没有了先动优势,会被电信运营商用强大的成本优势和电信渠道的核心资源给压制住。

目前,国家数字出版基地中的大型企业由于不满足于只在初始业务的部分盈利,纷纷开始向全产业链模式拓展,这就造成了很多原本是以合作为主导的竞合模式向以竞争为主导的竞合模式转变。以暴雪娱乐和网易为例,网易一开始没有自主开发优质游戏的能力,其是通过代理暴雪娱乐或其他品牌的游戏而在行业中站稳脚跟的,但同时也在不断地进行游戏开发技术的创新和提升,等到把握了用户数据,拥有大量和稳定的用户时推出自主开发的产品时也就和暴雪娱乐形成了以竞争为主导的竞合模式。上海张江基地的盛大网络、重庆两江新区基地的完美世界等目前占据我国网络游戏市场的大型企业大多数是这样的发展路线。

5.3.3 以合作为主导的竞合

国家数字出版基地中以合作为主导的竞合通常发生在数字出版产业链的上、下游企业之间,是基于技术研发、内容提供、产品生产、渠道销售等产业链分工的合作①。处于这种纵向结构的竞合模式下的企业主要是通过合作的方式在各自的领域站稳脚跟并获得优势,但其中又存在着在利益的分成方面发生冲突的情况,双方都想在产业链上拥有绝对的话语权,因而产生竞争。通常在数字出版产业链当中,处于产业链上游的内容提供商或开发商负责提供精品的数字内容或产品,处于下游的平台运营商则依靠良好的运营手段和优质的服务赢得市场。不管是处于产业链哪一端的企业,最终的目的都是赢得用户的青睐,若一家数字内容提供商一直以高品质的数字内容服务用户,用户对该企业或该品牌就会产生信任和依赖。同样,平台运营商如果用多元和良好的服务来维护与用户之间的关系,自然也会产生品牌效应,使用户愿意长期在该平台上进行消费和购买服务。数字出版产业链上、下游企业之间的利益循环在于,优质的数字内容能够为平台运营商带来用户,让用户产生购买行为,而平台运营商优质的服务则能够让用户产生持续消费意愿和品牌依赖。由此可见,在以合作为主导的竞合模式中,上、下游企业竞争的焦点在于用户的青睐于哪一方,处于哪一端的企业就会在产业链中占据优势。

这种以合作为主导的竞合在网络游戏产业中的表现尤为突出。优秀的游戏

---

① 杨庆国,王娟. 集群内数字出版产业融合机理研究[J]. 中国出版,2015(4):36-39.

开发商生产出的游戏贵精不贵多,精品游戏能够使用户保持高品牌忠诚度,让用户有"只要这个开发商开发的游戏我就愿意去玩"的想法。上海张江基地的暴雪娱乐就是如此,其旗下游戏产品的数量远远不及其他大型的网络游戏开发商,但其旗下的每一款产品都能从精美的场景和人物设计、多样化的游戏玩法等不同角度给用户带来非常强的游戏沉浸感,每一次的修正和更新都能根据用户的需求进一步改善用户的游戏体验,以至于暴雪娱乐这个品牌在网络游戏产业中有着持续的竞争优势。而优秀的游戏代理运营商则通过丰富的运营经验,扩大自身在用户中的影响力,通过提供优质的服务来取得用户的信任,积累用户群体,同样也能使用户保持高忠诚度。游戏开发商与游戏代理运营商之间首先一定是以合作为主的关系,但在合作的过程中也往往会因为利益的分成导致双方的博弈竞争,因为哪一方都想在合作中取得主动权,而如果双方的关系无法在合作中达到平衡,就有可能导致这种以合作为主导的竞合关系破裂,在这种关系中处于弱势的企业往往会遭受比较大的损失。上海张江基地的盛大网络、第九城市、网之易都是国内顶级的游戏代理运营商。在网之易与暴雪娱乐达成合作,而后成为国内数一数二的游戏代理运营商之前,暴雪娱乐旗下的《魔兽世界》一直以来与上海张江基地的游戏代理运营商第九城市合作,第九城市在《魔兽世界》运营和维护方面作出的努力给双方企业带来了巨大成功,第九城市通过代理和运营该游戏一举成为国内游戏代理运营商中的"领头羊"。而在后期,两家企业发生了分歧,暴雪娱乐想要更多地参与到游戏的运营中,通过获取用户的数据来更好地了解用户行为,并且要求第九城市在服务器上进行更新以便让用户得到更好的游戏体验,从而与第九城市发生严重分歧,导致双方合作关系破裂。最终暴雪娱乐将《魔兽世界》的代理权交给了上海张江基地的另外一家企业——网易旗下的网之易,由网之易来负责代理和运营《魔兽世界》,并且现在大部分暴雪娱乐研发的游戏都由网易来负责运营。暴雪娱乐与网易的游戏运营合作目前已签到2023年。

在暴雪娱乐和第九城市的合作博弈当中,双方都想在产业链中拥有更多的话语权。在取得《魔兽世界》代理权之前,第九城市只是一个在国内游戏行业中没有名气、刚刚起步的小公司,而在接手《魔兽世界》之后,公司得以迅速扩张,希望在合作方面有更多的主动权。此时,第九城市开始接受暴雪娱乐最大的竞争对手——艺电公司(Electronic Arts)的注资,同时迅速代理多款其他网络游戏,通过积累大量玩家和产生其他游戏方面的收益来和占据主动权的暴雪娱乐抗衡。在这场博弈当中,暴雪娱乐与第九城市的合作破裂直接导致第九城市的用户量下降了三千万。用户因为《魔兽世界》出色的游戏体验而选择了跟随这个游戏转投网易,而并没有因为第九城市的代理服务而选择其旗下的其他游戏产品①。竞合关系的破裂不仅使第九城市遭到了巨大的损失,也使暴雪娱乐流失了一定的玩家,玩家也由于游戏代理运营商更换而受到了冲击。由此可见,公开且有效的沟通机制以及公平合理的利润分配机制才能形成稳定的竞合关系,使参与竞合的企业能够最大化地实现自己合作上的盈利目标。

此外,浙江杭州基地的咪咕文化和华策影视分别作为中国三大电信运营商之一和我国影视制作的龙头企业,在传统电视渠道市场份额逐渐与视频网站进行焦灼的竞争之时,联合推出手机剧和移动影院的概念。华策影视用强大的精品内容资源,如电视剧《何以笙箫默》《亲爱的翻译官》,电影《破风》《我的少女时代》《小时代4:灵魂尽头》《刺客聂隐娘》等与移动咪咕的入口进行强力对接,开启了碎片化精品影视内容的新模式。作为中国移动整合数字内容全产业链的文化科技公司,咪咕文化整合了移动游戏、阅读、音乐、动漫和视频五大数字内容业务板块,在数字内容的移动渠道方面得天独厚的优势使得咪咕文化能够在产业链中占据主要优势。作为产业链下游的平台运营商和渠道商,咪咕文化与其他合作的数字内容提供商采取的是六四分成的利益分配模式,显然在产业链上面咪咕文化占据了主要优势,但华策影视非常需要中国移动的接口和渠道为其打开市场,获得更多用户。华策影视如果想要在彼此的竞合关系中获得更大的主动权,则需要通过发展多边业务或者拓展内容资源以使自身占据更多的优势。

5.4　知识溢出与学习机制

作为高科技与文化融合的产业集群,国家数字出版基地拥有高科技产业集群更新换代快、产品生命周期较短、风险高、投入高、技术水平高等特点②。而对于数字出版产业来说,无论是内容还是技术的竞争都十分激烈,目前来说并没有哪一家处于数字出版产业链的龙头企业能够长期独占鳌头、一直保持领先,世界范围内的各个与数字出版产业相关的企业兴盛和衰亡的速度不断加快促使整个产业的创新活动大大增加,而知识溢出与学习机制能够让基地内的所有企业在最短的时间内以最低的成本获取最新的技术知识和动向,相比其他单独打拼的企业,入驻国家数字出版基地的企业更有创新优势。例如美国加州的硅谷和我

① 杜渐. 我国网络游戏产业研究[D]. 北京:对外经济贸易大学,2016.
② 韩十甲. 信息产业集群的知识溢出机制研究[D]. 南昌:江西财经大学,2010.

国北京的中关村,它们的信息产业发展总是走在世界的前沿,正是因为知识溢出与学习使得短时间、低成本地获取集群内的创新知识成为可能,这些知识都是由集群内的其他企业的知识溢出与学习而来的,所以它们能够在第一时间掌握其专业知识的最新动向。

5.4.1 知识溢出与学习机制的内涵

著名经济学家、诺贝尔经济学家奖获得者约瑟夫·斯蒂格利茨(Joseph E. Stiglitz)和哈佛大学学者兹维·格里利切斯(Zvi Griliches)对知识溢出的定义比较类似,可以归结为"从事类似的工作或产业(模仿创新),并且在彼此的研究和经验当中受惠"的行为或过程,得到了学术界的广泛认同[1][2][3]。而在产业集群的定义产生之后,知识溢出在产业集群中的内涵可归结为知识在集群内一旦产生,将迅速扩散到整个集群,集群内的所有企业可以获取到这些重要的知识资源,从而加快创新活动的进行[4][5]。学习是基地内的知识溢出产生作用之后,基地内的成员对知识进行吸收与理解,然后将外来知识转化为自有知识,并且转移到基地共有知识库的循环行为。知识溢出是集群中学习的原始驱动力,而学习又能使集群内产生新的知识源,促使集群内知识溢出的再次发生,知识溢出与学习两者相辅相成[6]。

产业集群通常由两种知识形态构成,即显性知识和隐性知识,两者在存储介质、传递过程、信息技术支持、所有权等方面都各不相同,见表 5-1。

表 5-1　　　　　　　　　　　显性知识和隐性知识的对比分析

项目	显性知识	隐性知识
含义	能用符号或语言表达	个人性质较强,不易表达与沟通
存储介质	文件报告、设计图纸、数据库等	个人的头脑

① STIGLITZ J. Refections on the Natural Rate Hypothesis[J]. The Journal of Economics Perspectives,1997,11(1):3-10.

② GRILICHES Z. The search for RD spillovers[J]. Scandinavian Journal of Economics,1992,94(1):29-47.

③ GRILICHES Z. Issues in assessing the contribution of R&D to productivity growth[J]. Bell Journal of Economics,1979(10):92-116.

④ 程璐. 高技术虚拟产业集群知识转移机制研究[D]. 哈尔滨:哈尔滨理工大学,2011.

⑤ 金祥荣,汪伟,项力敏. 产业区内的知识外溢:一个选择性综述[J]. 产业经济评论,2004(1):1-10.

⑥ 朱秀峰. 产业集群内的集体学习机制[J]. 经济导刊,2010(3):66-67.

续表

项目	显性知识	隐性知识
传递过程	表达清晰,易于通过模仿和交流的方式传递,传递效率较高,成本低,传播渠道丰富	不易表达,难以模仿或复制,不易传递。传播范围小,成本高,适合通过面对面的交流来传递,渠道有限
信息技术支持	能很好地利用现有的信息管理技术	难以利用信息技术作为外界支持手段
所有权	可以申请专利,依法转让,受知识产权等相关法律保护	属于知识所有者个人

注:通过整理各学者研究得出。

显性知识可以通过书本、网络、媒体等各种介质或手段来获得,传递的途径丰富,效率较高,并且容易获得。基于这类知识的技术创新活动对区位选择的要求相对没有那么严格,企业之间并不需要地理位置上的靠近。而通常来说,隐性知识才是集群中绝对重要且对创新活动非常重要的知识。这类知识不像显性知识那么容易获得,个人属性极强,因为往往这类知识隐藏于技术人员、专家或工程师的脑中,属于传授者本人的主观想法,主要依赖其自身的经验和直觉,并且是根植于该行业环境中的,无法像显性知识那样脱离具体的情境或者用一种规范和系统的方式传达[1]。在国家数字出版基地当中也是如此,基地中的知识溢出涉及大量隐性知识,并且更具有地方根植性。基地中的企业、科研机构、高校等基地的行为主体之间稳定和持续的互动关系,能为基地内部和不同组织间的隐性知识的准确传递和扩散创造条件,从而促进创新活动的进行。

知识溢出和学习两者相互作用,相辅相成的循环过程是驱动国家数字出版基地中的企业进行创新和创新扩散的基础,知识溢出和学习的主体在这个循环过程中的互动和协同能够促进知识的交流以及创新成果的扩散,从而加快基地内创新活动的进行[2]。

5.4.2 知识溢出与学习主体分析

在国家数字出版基地的运行系统中,知识溢出与学习机制运行的主体主要有四类,分别是基地企业、基地内公共研究机构、基地内公共服务机构以及用户。

---

① 朱秀梅. 知识溢出、吸收能力对高技术产业集群创新的影响研究[D]. 长春:吉林大学,2006.
② 刘晓. 基于知识网络的软件业集群技术学习机制研究[D]. 杭州:浙江大学,2003.

5.4.2.1　基地企业

基地中的企业作为绝对的核心层主体,在基地的知识溢出与学习机制中也是绝对的主要溢出源。由本书 4.1.1 节可知,国家数字出版基地中的企业关系又分为以数字内容提供商、数字技术开发和平台运营商以及数字出版内容分销商为数字出版产业链的垂直互动的企业关系和以合作和竞争为水平互动的企业关系两种。

处于垂直关系中的企业往往产生的知识溢出更多。例如,电子终端制造商能够从上游的零件供应商那里获取大量的能够改进自身产品的零件信息,将最新的能改进其产品性能的技术和零件运用于终端生产中。同时,零件供应商也能从终端制造商处得知材料等方面的零件改进需求,以便在之后的生产活动中提供更好的材料和服务[①]。数字内容提供商也能从数字技术开发和平台运营商、数字出版内容分销商处得知用户的使用偏好和行为,以便生产出更符合用户需求的优秀数字内容产品。

5.4.2.2　基地内公共研究机构

虽然公共研究机构(包括基地中以及周边高校和科研机构)只是国家数字出版基地辅助层中的一个主体,但在基地的知识溢出与学习机制当中起到的作用非常重要,是除了基地企业之外最重要的知识溢出源。美国的罗森博格和理查德·R.纳尔逊教授认为科研机构或高校是社会的任何创新活动的主要影响因素[②]。大约有 10% 的创新开发活动因为得不到公共研究机构的支持而未能发展[③]。高校和科研机构不仅能为基地提供目前最新的研究动态,与企业一起进行创新开发,将科研成果转化为最先进的技术和产品,还能为基地内的企业提供源源不断的优秀的相关从业人员和相关培训,帮助企业和整个基地应对不断变化的产业环境[④]。

全国 14 家国家数字出版基地所在的地区都是高校云集且科研实力非常强的地区,能够对基地内的创新互动起到巨大的推动作用。

5.4.2.3　基地内公共服务机构

公共服务机构除了为基地内的企业提供金融、招商引资、税务、管理培训等

① KIERON M,MARK R. Network density and R&D spillovers[J]. Journal of Economic Behavior & Organization,2004,53(1):237-250.

② ROSENBERG N,NELSON R R. American universities and technical advance in industry [J]. Research Policy,1994(23):323-348.

③ MANSFIELD E. Academic research underlying industial innovations:sources,characteristcis and financing [J]. Review of Economics and Statistics,1995(77):55-65.

④ 朱秀梅. 知识溢出、吸收能力对高技术产业集群创新的影响研究[D]. 长春:吉林大学,2006.

各种服务，以保障基地的良好运行之外，也有可能通过某些方式成为基地的知识溢出源①。基地内的公共服务机构包括多种类型，有政府在基地内设立的协调与管理机构，有基地内企业联合设立的行业协会或组织，还有入驻基地内的各种提供培训和管理服务的商业机构以及专业孵化机构等。

例如，上海张江基地的张江文化控股连续编辑推出了《张江文产动态》，持续传播企业信息，扩大产业影响，每周一期，全年编辑 49 期，源源不断为基地提供产业动态，促进知识溢出。浙江杭州基地的两大园区——数字娱乐出版园区和滨江动漫出版园区分别成立了区域数字娱乐技术共享服务平台和杭州国家动漫游戏公共服务平台，为基地内的企业提供技术研发和设备共享服务。安徽基地合肥园区建成了自主创新综合试验区科技创新公共服务中心，其中包括入驻的中国科学技术大学先进技术研究院、合肥工业大学智能制造研究院和中国科学院创新院三大产业技术创新研究院。安徽基地芜湖园区的动漫产业交易服务平台、企业信息共享与交互平台，构建了集影视动漫广告服务、知识产权注册登记服务、金融与投资服务、企业信息共享与交互服务等于一体的公共服务平台体系。这些公共服务机构围绕着基地核心产业进行建设，能够提供大量精准和有效的知识及信息，促进各种知识在基地内的传播，并且在维护基地内各企业之间的相互联系和交流方面作出较大贡献。

5.4.2.4 用户

用户是国家数字出版基地数字产品最直接的消费者和使用者，用户体验的好坏直接反映产品的设计、生产、传播等方面是否合理，是否符合用户需求，从而影响销量的多少。而数字出版产业涵盖的业务类型众多，需求也各不相同。例如，电子终端使用者考虑的是终端外观设计、性能、易用性等方面。网络游戏用户考虑的是角色设计的感官体验、道具设计的合理程度、游戏运行的流畅程度、游戏的操作性和新鲜程度、付费的合理程度等各种因素。数字内容平台用户考虑的是网站或客户端的板块和导航设置、阅读和购买体验、售后服务等方面。主流消费者和用户的意见是推动企业改进和创新，不断产生新思想的重要源泉，不仅不能忽视，而且要加强对用户使用意愿、行为和体验等多方面的调查和跟进，促使基地内企业能够不断改进自己的产品和服务。

用户对产品的反馈意见对企业来说是非常重要的参考，市场的需求和动向决定了企业今后在产品以及企业运营战略方面的调整，对基地来说也是知识溢出的重要主体。

---

① 韩十甲. 信息产业集群的知识溢出机制研究［D］. 南昌：江西财经大学，2010.

5.4.3　基地知识溢出与学习的过程和机理

国家数字出版基地的知识溢出与学习过程是一个知识转移、知识交换以及知识收获的循环过程[①②](图 5-1)。具体而言,其可以分为基地中的成员的自身学习以及成员之间的学习两种情况。基地内的成员从模仿复制阶段开始,可能是从基地内获取知识,也有可能是从基地外部获得知识,然后在模仿的基础上开始创造符合自己企业和市场需求的产品,这时步入了成员自身的结合阶段,而后通过不断地改进和摸索,开始创造企业自身的产品和进行知识创新,最终实现了知识溢出,并在企业自身和整个基地中的其他企业之间开始流动,形成了基地成员之间的学习过程[③]。知识从基地内一个成员向另一个成员流动的动作称为知识转移,通常由基地中的主导核心企业或高位势企业转移到基地中的中小型企业或低位势企业。各个成员将知识进行吸收和整合并最大化地转化为生产力,同时贡献到各个基地自己独具根植性的知识库中,基地中成员可以在此知识库中进行知识的任意转换,在向知识库贡献知识的同时,也能从知识库中收获到自己所需的知识。

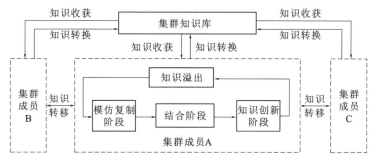

图 5-1　国家数字出版基地知识溢出与学习循环过程

5.4.3.1　知识转移

知识转移指的是知识输出方向知识接收方传递的过程[④]。通常,基地中的主导核心企业和高位势企业从外部引进知识,而低位势的中小型企业则承接由

① 马萍. 产业集群内的集体学习过程和机制研究[D]. 武汉:华中科技大学,2004.

② 孙文彬. 武汉光谷产业集群学习机制研究[D]. 武汉:华中科技大学,2006.

③ 徐碧祥,符韶英. 产业集群的学习过程机制研究[J]. 科学管理研究,2006(4):64-66.

④ DAVERNPORT T H,PRUSAK L. Working knowledge:how organizations manage what they know [M]. Boston:Harvard Business School Press,1997.

高位势的大企业的知识溢出而产生的知识转移[1]。但无论是高位势企业还是低位势企业,只要有知识溢出就会产生知识扩散和转移。虽然低位势的中小型企业大部分承接高位势企业的知识溢出,但它们同样会产生知识转移。中小型企业对与它们规模相差不大或者能力相对较弱的企业来说,会产生比较强的知识流转移,而对高位势企业来说,其知识流转移比较弱[2]。

国家数字出版基地中的知识转移并不是一个基础知识的转移过程,而是实在的各个企业中的经验和实践,是如何解决企业中生产、管理、运行等各方面问题的方案,而且这些知识不是纯粹地模仿和复制。

5.4.3.2　知识转换

知识转换指的是企业将转移来的知识进行吸收和学习,将其运用到生产的创新活动中,从而转换为生产力并生成基地集体知识库的过程[3]。这是知识溢出与学习机制至关重要的一环,知识成功转换为生产力,为企业创造价值,除了溢出知识的存量足够之外,还要求企业具有足够的知识吸收和学习能力[4]。即便是拥有了易于获得知识的途径和非常好的知识源也不意味着能够将其合理地运用和转换为企业的生产力,知识接收方与知识溢出方产业背景的相似性、企业本身的实力、员工的技术水平、知识溢出的网络和渠道等因素都可能影响知识转换的效果。产业背景的相似性越高,知识接收方越能有效吸收和消化他们所需的知识内容。同时,知识溢出方和接收方之间的知识差距也需在一定范围之内。差距太小,自然吸收的知识对接收方来说没有很大的意义;差距太大,对接收方来说又会有知识吸收和学习方面的困难,不利于将知识转换为生产力。此外,员工作为知识信息最直接的处理者,其自身的主动学习性、受教育程度、社会阅历等因素也将影响知识的吸收和转换。而基地当中的从业人员的上述条件都比较接近,所以相比基地之外的企业更具有优势,能够缩短创新的时间,提高生产的效率,对企业和基地来说都是非常有利的。

除了企业自身的吸收能力之外,对知识进行筛选是非常重要的行为。基地内大量的企业和机构溢出大量的知识,如果不能对这些知识进行合理的筛选,反而会给企业带来累赘或者降低效率[5]。另外,在经过知识筛选和吸收的工作之后,能够科学地整合所吸收的知识,才能够提高学习的效率,从而将知识进行改进、二次创

---

① 徐金发,汪铭泉. 集群企业集体学习机制及运行研究[J]. 中国人力资源开发,2009(2):6-11.

② 王涛. 产业集群内企业间知识转移影响因素研究[D]. 济南:山东大学,2012.

③ 孙文彬. 武汉光谷产业集群学习机制研究[D]. 武汉:华中科技大学,2006.

④ 周雪松. 产业集群技术学习过程模式研究——以浙江省为例[D]. 杭州:浙江大学,2003.

⑤ 迟文成,冯永刚. 产业集群技术学习机制研究[M]. 北京:经济管理出版社,2013.

新并运用到实践中,把握市场机会,转化为符合市场需求的产品①。

5.4.3.3 知识收获

知识收获指的是基地内的知识库流回到相关基地成员以及其他成员,并应用到它们各自的内外部的发展活动当中的过程②。在这一过程中,基地内的成员对于知识吸收的程度受很多方面的影响,包括吸收、学习、融合等。善于学习的企业能够从中将知识转换为自己的生产力,而不善于学习的企业从中获得的知识自然比较少。这取决于进行知识学习的企业中的从业人员、企业规模等多种因素,小型企业即便与龙头企业比邻而居,但由于资金条件、从业人员素质等方面相距甚远,可能也很难从中汲取到与之能力相匹配的知识。但毋庸置疑的是,即便不能从中获得具有改变企业命运或者立即提升企业产业效率的关键技术,也能从其他优秀的企业中多多少少学习到生产和管理方面的经验和知识,从而能够少走弯路。

5.4.4 基地知识溢出与学习的形式

在基地中,知识溢出与学习是一个知识在内部不断流动的循环过程。而在这个循环过程当中,知识的溢出与学习通过不同的形式来完成知识转移、知识转换和知识收获。

5.4.4.1 知识溢出的形式

对于国家数字出版基地来说,知识溢出主要通过三种形式实现:主动溢出、被动溢出和非正式溢出③。主动溢出包括基地主体之间的技术转让和合作创新的动作;被动溢出主要指的是通过模仿学习其他企业的技术、管理、运行等模式或者由于人员流动而造成的知识外溢;非正式溢出则是指基地内不同企业员工之间的关于工作方面的私下交流。

(1)主动溢出。主动溢出是国家数字出版基地中主要的知识溢出途径,主要包括技术转让和合作创新两种方式。

技术转让的主体通常是基地内的企业以及公共研究机构,可以是科研机构将其科研成果通过技术转让给企业,企业能够将其运用于自身的产品生产或运营当中。同时,也可以是企业之间的技术转让,例如基地内的中小型企业向大型企业购买先进的技术设备和知识来弥补自身因为规模和资金的局限无法进行这

---

① 朱秀梅. 知识溢出、吸收能力对高技术产业集群创新的影响研究[D]. 长春:吉林大学,2006.
② 王进. 基于知识溢出效应的产业集群学习机制研究[D]. 大连:大连理工大学,2005.
③ 高长元,程璐. 高技术虚拟产业集群知识溢出机制研究[J].科技进步与对策,2011(6):55-59.

方面的技术开发而带来的技术滞后缺陷。技术输出方除了提供设备之外,一般还需提供技术条件和诀窍给技术接收方。这样,技术接收方才能在接收到最新技术设备和知识的同时,不断根据企业和产业的需求来完善和改进自身,以实现企业的进步①。基本上通过技术转让这种形式形成的知识溢出主体和接收主体之间在某方面的知识差距是比较大的。例如,传统出版企业在进行业务转型升级或者进行数字内容制作或传播时必须采用技术转让的形式,因为大多数传统出版企业没有专门的软硬件开发部门,不论是在数字内容制作软件方面,还是在传播平台方面,通过从其他企业或者研究机构购买的方式可以更简单、更直接、更有效率地进行数字内容制作和传播的工作。又例如,制作各种动漫或游戏软硬件的中小企业完全可以通过技术转让的方式实现企业自身在产品生产方面的要求,形成自己的优势。

另外一种主动溢出的途径是合作创新,一般指基地内两个或以上知识差距比较小,且能够通过合作的方式共同开发新的技术或产品的企业或者企业与公共研究机构共同开展基地的创新活动。在这种途径中,实力比较接近的企业之间可以共享和互换核心技能和知识、加快创新速度,降低创新成本和交易成本,实现优势互补。采取与公共研究机构合作创新的企业则是以产学研合作的方式共同进行研究与技术开发,将研究成果转化为产品。

在技术转让和合作创新的知识主动溢出的过程中,知识溢出的主体都是主动提供或者交换自己的知识和技术以达到互惠互利或共同进步的目的。

(2)被动溢出。被动溢出是指基地内的企业或研究机构在非自愿的情况下,其知识被其他企业获取和吸收的一种知识溢出途径。被动溢出通常是由于一些知识产权保护、管理等出现纰漏而产生的,主要有人力资本流动和技术模仿两种方式。

对国家数字出版基地来说,高科技产业集群的属性使其劳动力流动性特别高。尤其是在大量高科技企业聚集时,由于地理上的接近和聚集,企业的类似性便会带来大量技术人员在各企业之间频繁的跳槽和流动②。而技术人员往往掌握着企业中比较关键的核心技术知识,这些知识能够帮助其在新企业、新岗位上有所建树,也就导致企业之间知识的被动溢出。另外,基地内除了高科技企业之外,传统内容和数字内容生产商之间也有可能产生比较大的人员流动。目前,数字出版内容提供商往往需要传统出版和互联网技术交叉融合的高技能人才。而这样的人才在数字内容的研发和生产、数字产品的传播渠道、企业的管理等方面都能作出突出的贡献。因此,这样的人才流动将会导致溢出主体一定程度上的

---

① 孙兆刚. 知识溢出的发生机制与路径研究[D]. 大连:大连理工大学,2005.
② 王国红. 知识溢出和产业集群中企业学习研究[D]. 大连:大连理工大学,2007.

损失。但从整个基地的角度来讲,人力资本的流动可以大幅度促进知识的有效传播以及技术的进步,这是壮大基地知识存量和知识库的一种有效方式,能够促进整个基地的创新互动①。

另外一种重要的被动知识溢出途径就是技术模仿。大多数企业在创业之初是从模仿其他已经比较成功的企业开始,从专业技术、管理模式、运营模式、销售渠道等方面模仿和学习,除了单纯的模仿以外,还必须融合自身的情况进行改进和创新。因为就算是处于同一产业中生产类似产品的企业,在企业规模、资金投入、管理模式等方面也会存在差异。因此,通过技术模仿进行二次创新和改进能达到提升企业绩效的目的。

(3)非正式溢出。非正式溢出的知识溢出途径指的是基地内的从业人员在非工作时间进行的私底下的非正式交流②。国家数字出版基地的文化与科技相融合的特点决定了基地从业人员的受教育程度相对来说是比较高的。那么,在这种非正式的交流途径当中隐性知识的溢出和吸收也会比较顺畅。基地内的从业人员在非工作时间进行交流时多多少少会交换一些最新的行业动态或者行业内新兴技术资讯等。往往这些看起来只是私底下的无意识交流反而给企业带来了新的思路。同时,除了面对面的交流之外,现代发达的通信技术和设备也帮助基地从业人员克服了时间以及空间上的障碍,让他们可以随时随地交换资源和信息。前提是大量企业在基地中的聚集给各企业的从业人员带来了相互联系和交流的机会。

5.4.4.2 基地知识学习形式

知识溢出产生后,要经过学习吸收才能转化为企业自己的知识和技术,基地中知识学习主要通过企业-企业间的学习和企业-公共机构间的学习两种形式完成。

(1)企业-企业间的学习。

基地中的企业是知识的溢出源,也是最主要的学习来源和途径。在国家数字出版基地中,基于基地企业的学习途径主要有三种:第一种是通过模仿学习其他企业先进的技术、设计理念、管理方法等;第二种是通过企业之间的竞合行为产生的互相学习和借鉴;第三种则是通过企业之间组成联盟或协会定期举办活动来进行交流、学习。

在基地核心层的学习途径中,通过被动知识溢出的模仿学习是最主要的学习方法。在国家数字出版基地这样一个距离近、范围小的集群环境中,模仿学习

① ALMEIDA P, KOGUT B. Localization of knowledge and the mobility of engineers in the regional networks [J]. Management Science,1999,86:641-652.

② 程璐. 高技术虚拟产业集群知识转移机制研究[D]. 哈尔滨:哈尔滨理工大学,2011.

是非常普遍的,集群内各企业的风吹草动都会比较容易暴露,在一项产品取得了比较大的成功之后,很容易引来其他企业的竞相模仿。例如,同位于广东基地天河园区的网易游戏和银汉科技同是国内知名的移动网络游戏开发与运营商。作为我国互联网企业中的佼佼者,网易游戏在门户网站、在线游戏、在线教育、电子商务等多个领域中的生产活动均开展得如火如荼。其中网络游戏对其来说是非常重要的盈利来源,目前网易游戏已成为全球七大游戏公司之一,其自主开发的《梦幻西游》系列是其能跻身全球游戏开发商前列的重要作品。而银汉科技看到了《西游记》背景和题材对用户的吸引力之后,开发出与之相似的移动网络游戏《梦回西游》和《西游 Online》系列,获得了巨大的成功,银汉科技也由此成为我国移动网络游戏企业中的优秀企业。

另外,基地内企业之间的竞争合作也给企业之间带来更多学习的机会,在以竞争为主导的竞合关系中,竞争能够迫使企业开拓创新;而在以合作为主导的竞合关系中,企业可以通过合作来获得互补性的资源和知识[1]。例如,咪咕数媒一开始只是作为内容提供商的渠道商,与内容提供商进行数字内容收益的合作分成,实际上咪咕数媒通过合作学习到了内容提供商的运作流程和方式,所以咪咕数媒现在除了与内容提供商合作之外,还通过专业编辑团队、IP 开发软件、大数据分析和多层次服务吸引了许多原创网络作家,开始形成自己独特的内容资源渠道和来源,这种直接与内容提供源头——作者合作的方式受到了追捧,因为作者们不需要再与内容提供商去分其与咪咕数媒分成得到的四成中的六成,而是直接与咪咕数媒对盈利进行四六分成。咪咕数媒作为以电信运营商起家的数字出版企业,依靠强力的渠道资源与国内各优秀的内容提供商合作,从中获益良多。

通过组织联盟和协会来进行交流也是国家数字出版基地中比较常见的交流和学习形式。例如山东青岛基地中的青岛出版集团、青岛日报集团、青岛新闻网、海尔集团、海信集团以及三家电信运营商等在数字出版产业链不同端上的强势品牌联合成立了青岛市的数字出版联盟,定期召开交流会,促进了产业中信息的有效沟通和交流,分享最前沿的技术以及数字内容开发和生产上的资源。

(2)企业-公共机构间的学习。

基地中的公共机构能带来的学习途径主要来自基地中公共服务机构、高校和科研机构等为企业带来的知识流动[2]。这些辅助层当中的机构虽然不是基地进行产品创新,为基地以及基地中的企业带来直接盈利的机构,但在基地的知识

---

① 黄寅晨. 产业集群企业竞合策略的行为特征对变革绩效影响研究:基于组织间学习视角[D]. 杭州:浙江大学,2011.

② 迟文成,冯永刚. 产业集群技术学习机制研究[M]. 北京:经济管理出版社,2013.

学习和吸收方面发挥着重要的作用。除了能与基地内的企业进行产学研方面的合作之外，基地内的培训机构、周边的高校和科研机构能够为基地培养和输送人才。基地内或周边的高校或科研机构由于地理上邻近的关系，能够及时了解基地内企业的需求，与基地内的企业合作进行有针对性的培养，这能够让新加入的员工在工作上实现无缝对接，快速融入和投入工作。

除了之前提到的广东基地天河园区的国内外众多顶尖高校入驻园区与基地进行产学研合作以及人才培养之外，其在公共服务平台方面的建设也为基地内的企业进行技术和知识学习提供了良好的途径，尤其是广州天河软件园公共技术支持平台是该园区的具代表性公共服务平台。广州天河软件园公共技术支持平台通过建立全方位智能化的信息服务和技术支持平台体系，为园区企业及社会提供专业培训，为园区企业提供基于"云"平台的国产软件 SASS 应用服务，以及技术支持服务，引导园区企业不断开发新技术、提升创新能力，实现园区软件产品登记数、ISO 9001 认证企业和通过 CMM（能力成熟度模型）评估企业数的稳步增长。

安徽基地合肥园区也为基地提供了良好的学习条件和途径。安徽基地合肥园区的几家众创空间为基地企业和从业人员提供了良好的技术学习平台和空间。例如，安徽省信息产业投资控股有限公司创办的粒子创客空间，对数字语音产业链上、下游优质项目的挖掘与孵化，向创业者提供语音通用技术、开发测试分析、展示推广等基础平台服务，并于 2015 年成功申报国家级众创空间。安徽游艺道网络科技有限公司创办的游艺道众创空间，是以游戏行业创业辅导培训为主，集相关游戏创业配套服务于一体的综合型创业服务平台。合肥昌河实业有限公司创办的中航工业合肥爱创客众创空间，将传统工业的老旧厂房建设为创客空间，为创业者们提供文化创意及数字出版相关平台、培训、融资等支持。

很显然，基地辅助层中的机构或企业是基地企业或从业人员学习技能和吸收知识非常重要的途径，并且机构或平台的服务越好，高校的教学质量越高，基地内的企业越能从中受益，从而提升企业的核心竞争力以及基地的整体竞争力。

5.5 小 结

协同创新、竞合、知识溢出与学习机制是使国家数字出版基地得以在我国出版产业当中顺利运行以及脱颖而出的三大机制，很显然，三大机制运行比较顺利的基地在全国的基地和数字出版行业内自然是名列前茅，有着非常强劲的竞争力以及持续发展能力。

　　当然,由于国家数字出版基地是高科技与文化结合的产业集群,还有一些其他的机制对于其运行来说也是比较重要的。例如,完善的政策与法律机制能够吸引更多的优秀企业入驻,能够带动基地的整体发展以及中小企业的进步;人才引进机制能够提升基地企业以及基地整体的创新能力;全面的激励机制能够使基地内的企业和从业人员保持高涨的工作热情和动力;趋同的文化向心机制能够使基地企业作为一个群体形成相似或相同的思维和行为模式,有利于内部合作和创新,更好地引导基地内的分工和创新;等等。这些机制同样在国家数字出版基地的发展与运行当中起着比较重要的作用,但能够决定基地发展的仍然是协同创新、竞合和知识溢出、学习三大机制①②③。

---

① 王宗敏. 河南高新技术产业运行机制分析[D]. 郑州:郑州大学,2011.
② 刘义圣,林其屏. 产业集群的生成与运行机制研究[J]. 东南学术,2004(6):131-137.
③ 黄琴凌扬. 产业集群创新网络运行机制剖析[J]. 企业家天地(下半月),2014(7):33.

6 国家数字出版基地运行绩效评价

产业集群的绩效是指对集群在一定时期内的生产和经营活动的效果的判断,通过绩效可以了解集群在一定资源、条件、时间和环境下目标的实现程度和效率,能够从不同方向和维度了解集群在运行和发展中的优势、劣势及存在的问题,以便在集群未来发展的过程中进行调整①。如果要了解国家数字出版基地具体的运行情况和效果,从研究的角度来看,最直观的方式就是通过把握基地的运行绩效,掌握在一定时期、条件、资源和环境下,在整体运作上各基地达到的水平和程度。因此,本章将以产业集群相关理论为依据,结合国家数字出版基地高新技术产业以及文化产业融合的特点,组织专家评价小组来建立相对科学和客观的运行绩效评价指标体系,并用搜集到的数据对评价模型进行检验,以期得出目前我国 14 家国家数字出版基地运行绩效的结果以及排名。再分别从不同模块层的横向以及绩效综合评价值的纵向两个方面对测算结果进行分析,旨在分析各个基地、各个模块的优势和劣势,以及总体运行绩效的水平。政府部门能够通过绩效评价的结果了解各基地的发展情况,同时制定基地的相关政策;各基地则能通过各指标数据和总体数据分析自身的优势、劣势,进而发扬自身优势,弥补自身劣势,这对于各基地确定自身未来运行绩效的提高方向有参考作用。

6.1 开展基地运行绩效评价的意义与作用

"绩效"一词从字面上来看是绩与效的组合,绩指的是业绩或成绩,而效指的是完成目标的效率和效果。在社会经济活动中,绩效指的是一项工作在一定时期内,进行或运行的效果或结果②。国家数字出版基地的运行绩效指的是在一

---

① 方永恒. 区域产业集群绩效评价研究——以陕西装备制造业集群为例[J]. 科技管理研究,2010(12):169-171.

② 王欣,高攀,孙冰,等. 电子信息产业集群绩效评价的研究[J]. 才智,2011(29):307-308.

定时期内,在一定资源、环境下基地内所有主体共同运作而达到的水平和效果。

运行绩效评价能够从不同的方面来判断工作的进程和效果,是一种比较全面和科学的评判方式。针对国家数字出版基地的特性,其运行绩效需要结合产业集群相关理论和基地发展的特性来对整个基地的占有、使用、管理和配置经济资源的效果进行综合评价,由此来对各个基地发展的情况作出相对科学和客观的判断①。

本章借鉴国内外文化产业和高科技产业集群的评价方法,结合我国国情,在吸收现有的运行绩效评价指标体系的基础上,相对科学、合理地构建国家数字出版基地运行绩效评价指标体系,对于推进我国国家数字出版基地乃至数字出版产业指标体系的学术研究,弥补该领域的研究不足,以及引导数字出版产业集群的发展方向,调整国家对数字出版产业的发展战略与政策导向,具有重要的理论意义与实践价值。

国家数字出版基地运行绩效评价指标体系的构建要将国家数字出版基地综合绩效系统中所涉及的所有构成领域的复杂关系进行简化和量化,为相对准确地了解国家数字出版基地的综合绩效提供科学的判断依据,在降低基地运行成本、提高基地生产效率、优化基地产业结构、提升基地竞争优势、排除阻碍基地发展因素等方面有积极作用。因此,国家数字出版基地运行绩效评价指标体系的功能主要体现在三个方面:测算、对比和预测。

第一,测算功能。国家数字出版基地运行绩效评价指标体系由技术创新能力、媒介融合能力、市场盈利能力以及基地规模四大能力要素构成。通过请专家组(包括业内相关专家和基地内实际工作者)对上述四大要素加以判断评分,对每个要素赋予权重,可以计算出四大要素的综合得分,由此可以得出国家数字出版基地运行绩效整体的测算水平。并且,通过各大要素各自的得分,可以得出各个要素对国家数字出版基地运行绩效的贡献程度和影响状况。

第二,对比功能。国家数字出版基地运行绩效是一个相对的概念,可以根据各基地评价指标体系的综合得分,对各个基地的运行绩效进行排序,据此了解每个基地运行绩效的相对地位和对比状况。此外,还能够进行对比的方面还有很多,例如,可以对基地每个要素的得分进行排序,由此了解各个基地每个要素绩效的相对地位;通过不同时期基地的综合评估,可以得出基地在不同时期运行绩效的能力强弱以及上升或者下降的趋势;另外,可以根据四大要素不同时期的得分进行排序,对各基地各要素不同时期的相对地位和变化趋势进行对比。由此多角度、全方位、动态地从各方面、各时期、整体、局部对基地运行状况和相对地

---

① 王灿. 区域高新技术产业创新绩效评价研究[D]. 合肥:合肥工业大学,2013.

位进行测评和对比,能够有针对性地和全面地为提升基地竞争力提供有效的政策指引。

第三,预测功能。根据国家数字出版基地运行绩效评价模型得出的综合得分,结合客观的预测条件,能够对各基地未来的发展趋势进行有效预测,实现基地运行变化发展的预测功能,便于基地领导者和政府机关对其进行动态管理。

6.2 构建运行绩效评价指标体系

国家数字出版基地运行绩效评价指标体系构建分为几个步骤:首先要了解体系中评价指标的选取原则,然后根据该原则进行指标的初选和筛选,再通过专家打分法和层次分析法来确立评价指标体系的权重,最后通过一致性检验确定国家数字出版基地运行绩效的评价模型。

6.2.1 评价指标的筛选和确定

在国家数字出版基地运行绩效评价指标体系的指标初选环节中,首先依据众多学者对产业集群绩效评价的研究可得知,运行绩效往往包括经济效益、社会效益、竞合效益、规模经济效应、技术创新能力、生产能力、投入产出能力、集群集中度、政府作用力等方面,不同类型的产业集群在绩效评价的指标选择上有不同的偏向①②③④⑤⑥。结合国家数字出版基地运行绩效评价指标体系构建的意义与原则,可以将整个评价体系分为三个层级:目标层、模块层和指标层。其中,目标层指的就是评价客体——国家数字出版基地运行绩效。模块层分为技术创新能力、媒介融合能力、市场盈利能力和基地规模四个部分。而指标层则需要根据相关理论并结合专家的筛选才能最终确定。

① 杨鑫. 产业集群治理绩效评价及实证研究[D]. 武汉:中国地质大学,2008.
② 杜磊. 基于神经网络方法的产业集群绩效评价[D]. 秦皇岛:燕山大学,2016.
③ 王欢. 成都高新技术产业集群绩效研究[D]. 成都:四川农业大学,2012.
④ 田雪丰. 河北省高新技术产业集群绩效评价研究[J]. 北华航天工业学院学报,2016(1):41-44.
⑤ 蒋云霞,肖华茂. 基于生态经济学的产业集群综合绩效评价体系研究[J]. 企业经济,2009(8):59-61.
⑥ 张淑静. 产业集群的识别、测度和绩效评价研究[D]. 武汉:华中科技大学,2006.

在运行绩效评价的指标初选环节中,需要综合高科技产业和文化产业集群的主要特征来进行判断和选择。在此基础上,通过发放问卷以及访谈的形式使各基地相关负责人以及来自国家新闻出版署、中国新闻出版研究院、长江出版传媒集团、安徽时代出版传媒集团、武汉理工大学数字传播工程中心等的业内权威专家进行指标层各指标的调研和筛选,对各指标的易得性和重要性进行综合判断。最终,在技术创新能力、媒介融合能力、市场盈利能力和基地规模这四个模块层中选取了 15 个指标来衡量国家数字出版基地的运行绩效。

(1)技术创新能力。作为文化和科技产业相融合的产业集群,国家数字出版基地的科技创新能力必然在技术、文化表现形式、内容创意等方面得到全方位的体现,仅仅有足够优秀的数字内容而没有先进的科技作为支撑,是无法生产出高质量的数字出版产品的。因此,国家数字出版基地的技术创新能力主要通过以下关键性指标来体现:基地技术企业数量、数字出版企业入驻数量、新产品产生速度、技术扩散速度四个指标。

(2)媒介融合能力。尽管基地内企业的科技水平,例如终端、数字内容的软件和平台、流通渠道等方面很大程度上决定了用户在使用数字内容产品时能否拥有方便的购买和使用渠道以及好的使用体验,但终端、数字内容的软件和平台、流通渠道等毕竟只是作为用户和数字内容产品的桥梁,数字出版基地形成和发展的本质仍然是为知识内容的传播和扩散服务的,数字内容产品的质量仍然是数字出版产业的核心,是用户是否愿意购买数字内容产品的决定因素。媒介融合能力主要通过传统内容企业入驻数量、文化品牌综合知名度、基地媒介融合能力三个指标来体现。

(3)市场盈利能力直接反映的是各基地在数字出版产业市场中的占有率,包括全年营业收入、全年净利润、全年营业收入增长率、营业收入额占数字出版市场总营业收入额比例四个指标。

(4)基地规模能够体现基地现阶段的整体规模和体量水平。因此,基地规模的指标初步定为基地总从业人员数量、基地总入驻企业数量、基地入驻企业数量增长率、基地总资产四个指标。

国家数字出版基地运行绩效评价模型见表 6-1。

表 6-1　　　　　　　　　　国家数字出版基地运行绩效评价模型

目标层	模块层	指标层	单位	性质
国家数字出版基地运行绩效	技术创新能力	基地技术企业数量	家	定量
		数字出版企业入驻数量	家	定量
		新产品产生速度	指数	定性
		技术扩散速度	指数	定性
	媒介融合能力	传统内容企业入驻数量	家	定量
		文化品牌综合知名度	指数	定性
		基地媒介融合能力	指数	定性
	市场盈利能力	全年营业收入	亿元	定量
		全年净利润	亿元	定量
		全年营业收入增长率	％	定量
		营业收入额占数字出版市场总营业收入额比例	％	定量
	基地规模	基地总从业人员数量	人	定量
		基地总入驻企业数量	家	定量
		基地入驻企业数量增长率	％	定量
		基地总资产	亿元	定量

6.2.2　指标体系权重的确立

具体来说,用层次分析法来确定国家数字出版基地运行绩效评价模型的权重主要有构造判断矩阵、计算判断矩阵的最大特征值和特征向量、一致性检验、计算组合权向量并做组合一致性检验、各指标权重的最终计算和确定以及整体指标层一致性检验这几个主要环节。具体权重确立步骤如下。

6.2.2.1　构造判断矩阵

层次分析法(analytic hierarchy process,AHP)是美国运筹学家 Saaty 在 20世纪 70 年代提出的一种将与决策有关的元素分解成几个不同层次,在此基础上进行定量和定性分析的决策方法。

根据 Saaty 提出的九标度法(表 6-2),通过对相关专家进行问卷调查的方式,对国家数字出版基地运行绩效的评价指标进行两两要素评判,从而构建出判断矩阵。其目的是尽可能减少性质不同的因素之间相互比较的困难,以提高比较的准确度。

表 6-2 判断矩阵标度定义

标度	含义
1	表示两个因素相比,具有相同重要性
3	表示两个因素相比,前者比后者稍重要
5	表示两个因素相比,前者比后者明显重要
7	表示两个因素相比,前者比后者强力重要
9	表示两个因素相比,前者比后者极端重要
2,4,6,8	表示上述相邻判断的中间值
倒数	若因素 i 与因素 j 的重要性之比为 a_{ij}, 那么因素 j 与因素 i 的重要性之比为 $a_{ji}=1/a_{ij}$

本次问卷调查共发放问卷 30 份,回收 24 份,其中无效问卷 1 份,有效问卷 23 份,本次问卷调查的对象主要是全国各地出版行业内的专家,这些专家主要来自国家新闻出版署、中国新闻出版研究院、电子工业出版社、中国地图出版社、凤凰出版传媒集团、长江出版传媒集团、安徽时代出版传媒股份有限公司等单位。根据问卷调查的结果,可得目标层的判断矩阵 A 如下:

	A_1	A_2	A_3	A_4
A_1	1	1	2	3
A_2	1	1	1	2
A_3	1/2	1	1	2
A_4	1/3	1/2	1/2	1

同理,各指标层相互关联的指标也分别构成了 4 个判断矩阵 A_1,A_2,A_3 和 A_4。技术创新能力判断矩阵 A_1 如下:

	B_1	B_2	B_3	B_4
B_1	1	1/2	1/4	1/5
B_2	2	1	1/3	1/4
B_3	4	3	1	1/2
B_4	5	4	2	1

媒介融合能力判断矩阵 A_2 如下：

	B_5	B_6	B_7
B_5	1	1/2	1/3
B_6	2	1	1
B_7	3	1	1

市场盈利能力判断矩阵 A_3 如下：

	B_8	B_9	B_{10}	B_{11}
B_8	1	2	1/4	1/3
B_9	1/2	1	1/2	1/2
B_{10}	4	2	1	1
B_{11}	3	2	1	1

基地规模判断矩阵 A_4 如下：

	B_{12}	B_{13}	B_{14}	B_{15}
B_{12}	1	1/2	1/3	1/5
B_{13}	2	1	1/4	1/2
B_{14}	3	4	1	1/2
B_{15}	5	2	2	1

6.2.2.2 计算判断矩阵的最大特征值和特征向量

一般地,在 AHP 方法中计算判断矩阵的最大特征值与特征向量时,可以采用求和法或者求根法来计算特征值的近似值,本书采用求和法来进行求解。

(1)将 A 的每一列向量归一化,得

$$\widetilde{w}_{ij} = \frac{a_{ij}}{\sum\limits_{i=1}^{n} a_{ij}} \tag{6-1}$$

(2)对 w_{ij} 按行求和,得

$$\widetilde{w}_i = \sum\limits_{i=1}^{n} \widetilde{w}_{ij} \tag{6-2}$$

（3）将 w_i 归一化，得

$$w_i = \frac{\widetilde{w}_i}{\sum\limits_{i=1}^{n} \widetilde{w}_i}, \quad \boldsymbol{w} = (\boldsymbol{w}_1, \boldsymbol{w}_2, \cdots, \boldsymbol{w}_n)^{\top} \tag{6-3}$$

即为近似特征向量。

（4）计算

$$\lambda = \frac{1}{n} \sum_{i=1}^{n} \frac{(\boldsymbol{A}\boldsymbol{w})_i}{\boldsymbol{w}_i} \tag{6-4}$$

λ 即为最大特征值的近似值。

这个方法实际上是将 $\boldsymbol{A}$ 的列向量归一化后取平均值，作为 $\boldsymbol{A}$ 的特征向量。因为当 $\boldsymbol{A}$ 为一致阵时，它的每一列向量都是特征向量，所以若 $\boldsymbol{A}$ 的不一致性不严重，则取 $\boldsymbol{A}$ 的列向量（归一化后）的平均值作为近似特征向量是在容许范围内的。

6.2.2.3　一致性检验

判断矩阵通常不是一致阵，但是为了能用它的对应特征值 λ 的特征向量作为被比较因素的权向量，其不一致程度应在容许范围内。定理表明，n 阶正互反阵 $\boldsymbol{A}$ 的最大特征值 $\lambda \geqslant n$，而当 $\lambda = n$ 时 $\boldsymbol{A}$ 是一致阵。根据这个定理和 λ 连续地依赖于 a_{ij} 的事实可知，λ 比 n 大得越多，$\boldsymbol{A}$ 的不一致程度越严重，用特征向量作为权向量引起的判断误差越大。因而可以用 $\lambda - n$ 数值的大小来衡量 $\boldsymbol{A}$ 的不一致程度。Saaty 将

$$CI = \frac{\lambda - n}{n - 1} \tag{6-5}$$

定义为一致性指标。当 $CI = 0$ 时，$\boldsymbol{A}$ 为一致阵；CI 越大，$\boldsymbol{A}$ 的不一致程度越严重。$\boldsymbol{A}$ 的 n 个特征值之和恰好等于 n，所以 CI 相当于除 λ 外其余 $n-1$ 个特征值的平均值（绝对值）。

为了确定 $\boldsymbol{A}$ 的不一致程度的容许范围，需要找出衡量 $\boldsymbol{A}$ 的一致性指标 CI 的标准。Saaty 引入所谓随机一致性指标 RI，计算 RI 的过程是：对于固定的 n，随机地构造正互反阵 $\boldsymbol{A}'$［它的元素 $a_{ij}'(i<j)$ 从 $1 \sim 9$、$1/9 \sim 1$ 中随机取值］，然后计算 $\boldsymbol{A}'$ 的一致性指标 CI。可以想到，$\boldsymbol{A}'$ 是非常不一致的，它的 CI 相当大。如此构造相当多的 $\boldsymbol{A}'$，用它们的 CI 的平均值作为随机一致性指标。Saaty 对于不同的 n，用 $100 \sim 500$ 个样本 $\boldsymbol{A}'$ 算出的随机一致性指标 RI 的数值如表 6-3 所示。

表 6-3　　　　　　　　　　　**随机一致性指标 $\boldsymbol{RI}$ 的数值表**

n	1	2	3	4	5	6	7	8	9	10	11
RI	0	0	0.58	0.90	1.12	1.24	1.32	1.41	1.45	1.49	1.51

由表可知,当 $n=1,2$ 时,$RI=0$,这是因为 1 阶和 2 阶的正互反阵总是一致阵。

对于 $n \geqslant 3$ 的成对比较阵 $\boldsymbol{A}$,将它的一致性指标 CI 与同阶(指 n 相同)的随机一致性指标 RI 之比称为一致性比率 CR,当 $CR = \dfrac{CI}{RI} < 0.1$ 时,认为 $\boldsymbol{A}$ 的不一致程度在容许范围之内,通过一致性检验,可用其特征向量作权向量。

6.2.2.4 计算组合权向量并做组合一致性检验

(1)计算组合权向量。

假设层次结构共有 s 层,则第 k 层对第 1 层(设只有 1 个因素)的组合权向量满足

$$\boldsymbol{w}^{(s)} = \boldsymbol{W}^{(k)} \boldsymbol{w}^{(k-1)} \quad (k = 3, 4, \cdots, s)$$

其中 $\boldsymbol{W}^{(k)}$ 是以第 k 层对第 $k-1$ 层的权向量为列向量组成的矩阵。于是最下层(第 s 层)对最上层的组合权向量为

$$\boldsymbol{w}^{(s)} = \boldsymbol{W}^{(s)} \boldsymbol{W}^{(s-1)} \cdots \boldsymbol{W}^{(3)} \boldsymbol{w}^{(2)} \tag{6-6}$$

(2)组合一致性检验。

在应用层次分析法做重大决策时,除了对每一个成对比较阵进行一致性检验外,还常要进行所谓的组合一致性检验,以确定组合权向量是否可以作为最终的决策依据。

组合一致性检验可逐层进行。若第 p 层的一致性指标为 $CI_1^{(p)}, \cdots, CI_n^{(p)}$ (n 是第 $p-1$ 层因素的数目),随机一致性指标为 $RI_1^{(p)}, \cdots, RI_n^{(p)}$,定义

$$CI^{(p)} = [CI_1^{(p)}, \cdots, CI_n^{(p)}] \boldsymbol{w}^{(p-1)}$$

$$RI^{(p)} = [RI_1^{(p)}, \cdots, RI_n^{(p)}] \boldsymbol{w}^{(p-1)}$$

则第 p 层的组合一致性比率为

$$CR^{(p)} = \frac{CI^{(p)}}{RI^{(p)}} \quad (p = 3, 4, \cdots, s) \tag{6-7}$$

第 p 层通过组合一致性检验的条件为 $CR^{(p)} < 0.1$。

定义最下层(第 s 层)对第 1 层的组合一致性比率为

$$CR^* = \sum_{p=2}^{s} CR^{(p)} \tag{6-8}$$

仅当 CR^* 适当地小时,才认为整个层次的比较判断通过组合一致性检验。

6.2.2.5 各指标权重的最终计算和确定

经过计算组合权向量并做组合一致性检验之后,可通过对判断矩阵进行归一化处理和一致性检验分别确认模块层和指标层的权重。

(1)模块层指标权重。

对判断矩阵 A 进行归一化处理,得到

$$\tilde{w}_0 = \begin{bmatrix} 0.3529 & 0.2857 & 0.4445 & 0.3750 \\ 0.3529 & 0.2857 & 0.2222 & 0.2500 \\ 0.1765 & 0.2857 & 0.2222 & 0.2500 \\ 0.1177 & 0.1429 & 0.1111 & 0.1250 \end{bmatrix}$$

对 $\tilde{w}_0$ 按行求和,得到

$$\tilde{w}_0' = (1.4581 \quad 1.1108 \quad 0.9344 \quad 0.4967)^{\mathrm{T}}$$

对 $\tilde{w}_0'$ 进行归一化处理,得到

$$\tilde{w}_0'' = (0.3645 \quad 0.2777 \quad 0.2336 \quad 0.1242)^{\mathrm{T}}$$

$\tilde{w}_0''$ 即为特征向量,对应各个指标的权重。

计算判断矩阵 A 的最大特征值:

$$\lambda = \frac{1}{n} \sum_{i=1}^{n} \frac{(A\tilde{w}_0'')_i}{\tilde{w}_{0i}''} = \frac{1}{4} \times (4.0658 + 4.0483 + 4.0323 + 4.0366) = 4.0458$$

进行一致性检验:

$$\mathrm{CI} = \frac{\lambda - n}{n - 1} = \frac{4.0458 - 4}{4 - 1} = 0.0153$$

由随机一致性指标可知

$$\mathrm{RI} = 0.90$$

则有

$$\mathrm{CR} = \frac{\mathrm{CI}}{\mathrm{RI}} = \frac{0.0153}{0.90} = 0.017 < 0.1$$

说明判断矩阵 A 通过一致性检验。

(2)指标层指标权重。

①技术创新能力 A_1。

同理,根据模块层指标权重的计算方法,依次计算指标层的权重。对判断矩阵 A_1 进行归一化处理,得到

$$\tilde{w}_1 = \begin{bmatrix} 0.0833 & 0.0588 & 0.0698 & 0.1026 \\ 0.1667 & 0.1177 & 0.0930 & 0.1282 \\ 0.3333 & 0.3529 & 0.2791 & 0.2564 \\ 0.4167 & 0.4706 & 0.5581 & 0.5128 \end{bmatrix}$$

对 $\tilde{w}_1$ 按行求和,得到

$$\tilde{w}_1' = (0.3145 \quad 0.5056 \quad 1.2217 \quad 1.9582)^{\mathrm{T}}$$

将 $\widetilde{\boldsymbol{w}}_1'$ 进行归一化处理,得到

$$\widetilde{\boldsymbol{w}}_1'' = (0.0786 \quad 0.1264 \quad 0.3054 \quad 0.4896)^{\mathrm{T}}$$

$\widetilde{\boldsymbol{w}}_1''$ 即为特征向量,对应科技创新能力各个子指标的权重。

计算判断矩阵 $\boldsymbol{A}_1$ 的最大特征值:

$$\lambda = \frac{1}{n}\sum_{i=1}^{n}\frac{(\boldsymbol{A}_1\widetilde{\boldsymbol{w}}_1'')_i}{\widetilde{\boldsymbol{w}}_{1_i}''} = \frac{1}{4}\times(4.0212 + 4.0174 + 4.0727 + 4.0829) = 4.0486$$

进行一致性检验:

$$\mathrm{CI} = \frac{\lambda - n}{n - 1} = \frac{4.0486 - 4}{4 - 1} = 0.0162$$

由随机一致性指标可知

$$\mathrm{RI} = 0.90$$

则有

$$\mathrm{CR} = \frac{\mathrm{CI}}{\mathrm{RI}} = \frac{0.0162}{0.90} = 0.018 < 0.1$$

说明判断矩阵 $\boldsymbol{A}_1$ 通过一致性检验。

②媒介融合能力 $\boldsymbol{A}_2$。

对判断矩阵 $\boldsymbol{A}_2$ 进行归一化处理,得到

$$\widetilde{\boldsymbol{w}}_2 = \begin{bmatrix} 0.1667 & 0.2000 & 0.1429 \\ 0.3333 & 0.4000 & 0.4286 \\ 0.5000 & 0.4000 & 0.4286 \end{bmatrix}$$

对 $\widetilde{\boldsymbol{w}}_2$ 按行求和,得到

$$\widetilde{\boldsymbol{w}}_2' = (0.5096 \quad 1.1619 \quad 1.3286)^{\mathrm{T}}$$

将 $\widetilde{\boldsymbol{w}}_2'$ 进行归一化处理,得到

$$\widetilde{\boldsymbol{w}}_2'' = (0.1699 \quad 0.3873 \quad 0.4428)^{\mathrm{T}}$$

$\widetilde{\boldsymbol{w}}_2''$ 即为特征向量,对应媒介融合能力各个子指标的权重。

计算判断矩阵 $\boldsymbol{A}_2$ 的最大特征值:

$$\lambda = \frac{1}{n}\sum_{i=1}^{n}\frac{(\boldsymbol{A}_2\widetilde{\boldsymbol{w}}_2'')_i}{\widetilde{\boldsymbol{w}}_{2_i}''} = \frac{1}{3}\times(3.0085 + 3.0207 + 3.0257) = 3.0183$$

进行一致性检验:

$$\mathrm{CI} = \frac{\lambda - n}{n - 1} = \frac{3.0183 - 3}{3 - 1} = 0.00915$$

由随机一致性指标可知

$$RI = 0.58$$

则有

$$CR = \frac{CI}{RI} = \frac{0.00915}{0.58} = 0.01578 < 0.1$$

说明判断矩阵 A_2 通过一致性检验。

③市场盈利能力 A_3。

对判断矩阵 A_3 进行归一化处理,得到

$$\tilde{w}_3 = \begin{bmatrix} 0.1176 & 0.2857 & 0.0909 & 0.1176 \\ 0.0588 & 0.1429 & 0.1818 & 0.1765 \\ 0.4706 & 0.2857 & 0.3636 & 0.3529 \\ 0.3529 & 0.2857 & 0.3636 & 0.3529 \end{bmatrix}$$

对 $\tilde{w}_3$ 按行求和,得到

$$\tilde{w}_3' = (0.6118 \quad 0.5600 \quad 1.4728 \quad 1.3551)^{\mathrm{T}}$$

对 $\tilde{w}_3'$ 进行归一化处理,得到

$$\tilde{w}_3'' = (0.1530 \quad 0.1400 \quad 0.3682 \quad 0.3388)^{\mathrm{T}}$$

$\tilde{w}_3''$ 即为特征向量,对应市场盈利能力各个子指标的权重。

计算判断矩阵 A_3 的最大特征值:

$$\lambda = \frac{1}{n} \sum_{i=1}^{n} \frac{(A_3 \tilde{w}_3'')_i}{\tilde{w}_{3_i}''} = \frac{1}{4} \times (4.1698 + 4.0714 + 4.3427 + 4.2680) = 4.2130$$

进行一致性检验:

$$CI = \frac{\lambda - n}{n - 1} = \frac{4.2130 - 4}{4 - 1} = 0.071$$

由随机一致性指标可知

$$RI = 0.90$$

则有

$$CR = \frac{CI}{RI} = \frac{0.071}{0.90} = 0.07889 < 0.1$$

说明判断矩阵 A_3 通过一致性检验。

④基地规模 A_4。

对判断矩阵 A_4 进行归一化处理,得到

$$\tilde{w}_4 = \begin{bmatrix} 0.0909 & 0.0667 & 0.0930 & 0.0909 \\ 0.1818 & 0.1333 & 0.0698 & 0.2273 \\ 0.2727 & 0.5333 & 0.2791 & 0.2273 \\ 0.4546 & 0.2667 & 0.5581 & 0.4545 \end{bmatrix}$$

对 $\tilde{w}_4$ 按行求和,得到

$$\tilde{w}_4' = (0.3415 \quad 0.6122 \quad 1.3124 \quad 1.7339)^{\mathrm{T}}$$

对 $\tilde{w}_4'$ 进行归一化处理,得到

$$\tilde{w}_4'' = (0.0854 \quad 0.1531 \quad 0.3281 \quad 0.4334)^{\mathrm{T}}$$

$\tilde{w}_4''$ 即为特征向量,对应基地规模各个子指标的权重。

计算判断矩阵 A_4 的最大特征值:

$$\lambda = \frac{1}{n}\sum_{i=1}^{n}\frac{(A_4\tilde{w}_4'')_i}{\tilde{w}_{4_i}''} = \frac{1}{4} \times (4.1920 + 4.0668 + 4.3078 + 4.2058) = 4.1931$$

进行一致性检验:

$$CI = \frac{\lambda - n}{n - 1} = \frac{4.1931 - 4}{4 - 1} = 0.06437$$

由随机一致性指标可知

$$RI = 0.90$$

则有

$$CR = \frac{CI}{RI} = \frac{0.06437}{0.90} = 0.07152 < 0.1$$

说明判断矩阵 A_4 通过一致性检验。

6.2.2.6 整体指标层一致性检验

根据前文分析,进行整体指标层一致性检验:

$$CR^* = \frac{CI^*}{RI^*} = \frac{\sum\limits_{i=1}^{n} w_i CI_i}{\sum\limits_{i=1}^{n} w_i RI_i}$$

$$= \frac{0.3645 \times 0.0162 + 0.2777 \times 0.00915 + 0.2336 \times 0.071 + 0.1242 \times 0.06437}{0.3645 \times 0.90 + 0.2777 \times 0.58 + 0.2336 \times 0.90 + 0.1242 \times 0.90}$$

$$= 0.0407 < 0.1$$

因此,认为整个层次的判断矩阵通过了一致性检验,这表明组合权重向量可以作为最终的权重衡量值。

6.2.3 基地运行绩效评价模型

通过以上构建和计算过程,可得出国家数字出版基地运行绩效评价模型各指标权重,见表6-4。

表 6-4　　　　　　国家数字出版基地运行绩效评价模型各指标权重

目标层	模块层	权重	指标层	权重
国家数字出版基地运行绩效	技术创新能力	0.3645	基地技术企业数量	0.0786
			数字出版企业入驻数量	0.1264
			新产品产生速度	0.3054
			技术扩散速度	0.4896
	媒介融合能力	0.2777	传统内容企业入驻数量	0.1699
			文化品牌综合知名度	0.3873
			基地媒介融合能力	0.4428
	市场盈利能力	0.2336	全年营业收入	0.1530
			全年净利润	0.1400
			全年营业收入增长率	0.3682
			营业收入额占数字出版市场总营业收入额比例	0.3388
	基地规模	0.1242	基地总从业人员数量	0.0854
			基地总入驻企业数量	0.1531
			基地入驻企业数量增长率	0.3281
			基地总资产	0.4334

从表 6-4 可以看到,技术创新能力在国家数字出版基地运行绩效评价模型当中权重最大,由此可见该模块对于基地整体的运行起到了非常重要的作用。媒介融合能力在四个模块层当中的权重排在第二,虽然与市场盈利能力权重相差不多,但作为以内容为王的出版行业,文化品牌的综合知名度以及媒介融合能力也是直接影响基地运行绩效的重要指标。市场盈利能力则是直接用数据反映各个基地在数字出版市场的占有率。基地规模在整个模型当中权重最小,由此也说明基地从业人员数量、基地总入驻企业数量、基地入驻企业数量增长率、基地总资产等因素并不是影响基地运行绩效的决定性因素,但一定程度上也能从侧面说明基地运行的效果和实力。

6.3 基地运行绩效评价过程与结果

在构建评价指标体系,并且确立了各指标的权重之后,就要对各指标进行数据搜集、导入、测算,从而得到评价结果,再对得到的评价结果进行横向和纵向两个方面的分析。

6.3.1 评价过程

国家数字出版基地运行绩效的评价过程分为指标数据的搜集、各基地数据导入与测算。

6.3.1.1 指标数据的搜集

本研究的指标数据分为定量指标和定性指标两种,由于性质不同,两种数据在获取的渠道和方式上也有所不同,本书将分别采用文献调研和问卷调查两种方式获取定量指标和定性指标。

(1)定量指标的数据来源。

国家数字出版基地运行绩效指标评价体系中的定量指标包括基地技术企业数量、数字出版企业入驻数量、传统内容企业入驻数量、基地总入驻企业数量、全年营业收入、全年净利润、基地总资产、全年营业收入增长率、营业收入额占数字出版市场总营业收入额比例、基地总从业人员数量、基地入驻企业数量增长率11项。基于可信性和权威性的考虑,各定量指标主要来源于原国家新闻出版广电总局新闻出版研究院每年权威发布的数字出版产业报告、各基地在2017年原国家新闻出版广电总局新闻出版产业基地(园区)工作会议的报告、各基地官方网站以及数据库,少数指标来源于对基地工作人员的口头采访以及估算。各项定量指标的数据来源说明如下:

①基地技术企业数量、数字出版企业入驻数量、传统内容企业入驻数量和基地总入驻企业数量:大部分来自2017年原国家新闻出版广电总局新闻出版产业基地(园区)工作会议上各基地园区负责人对各基地的2016年工作总结报告,其中少部分基地的部分数据有缺失,通过电话访问再进行估算的形式获取。

②全年营业收入、全年净利润以及基地总资产:来源于2015—2016年原国家新闻出版广电总局新闻出版研究院的数字出版产业报告,统计了全国14家国家数字出版基地这三个方面的具体数据。

③全年营业收入增长率:根据原国家新闻出版广电总局新闻出版研究院2015—2016年两年数字出版产业报告中的数据,对各基地的营业收入的增长进行计算,计算公式为:(2016年各基地营业收入－2015年各基地营业收入)÷2015年基地营业收入＝各基地营业收入增长率。

④营业收入额占数字出版市场总营业收入额比例:根据2015—2016年原国家新闻出版广电总局新闻出版研究院发布的数字出版产业报告,对各基地营业收入额占数字出版市场总营业收入额比例进行计算。计算公式为:2016年各基地营业收入÷2016年我国数字出版总营业收入＝各基地营业收入额占数字出版市场总营业收入额比例。

⑤基地总从业人员数量:综合各基地的2016年工作总结报告、官方网站以及数据库中的数据获得。

⑥基地入驻企业数量增长率:根据各基地的2016年工作总结报告、数字出版产业报告以及各基地官方网站数据再通过计算获得。计算公式为:(2016年各基地总入驻企业数量－2015年各基地总入驻企业数量)÷2015年各基地总入驻企业数量＝各基地入驻企业数量增长率。

(2)定性指标的数据来源。

国家数字出版基地运行绩效评价指标体系中的定性指标包括新产品产生速度、技术扩散速度、文化品牌综合知名度和基地媒介融合能力4个指标。各项指标的数据均来源于问卷调查,即邀请专家针对上海张江基地、湖南中南基地、天津空港基地、湖北华中基地、重庆两江新区基地、浙江杭州基地等14家国家数字出版基地在上述4个定性指标方面的表现进行主观判断与打分。其中问卷中各指标采用李克特九级量表,即采用九分制打分法,1表示"非常慢/非常不好",3表示"慢/不好",5表示"一般",7表示"快/好",9表示"非常快/非常好",而2,4,6,8则表示处于两数之间的程度,由专家按照自己的判断对每个指标赋予1～9的分值。

在选择调查对象时,尽可能保证问卷调查的覆盖面和有效性,必须同时兼顾专家的专业背景、行业背景、职务以及对国家数字出版基地发展的了解情况来进行选取和展开调查。共发放问卷15份,回收10份,其中无效问卷2份,有效问卷8份。本次问卷调查的对象来自各基地中级管理层以上从业人员或原国家新闻出版广电总局有关部门(例如新闻出版研究院、数字出版司和规划发展司等部门的专家),具体问卷形式与结构见附录3。

综合以上两大类指标的数据获取和搜集,本研究最终搜集了2015—2016年14家国家数字出版基地运行绩效评价指标体系中的所有指标的所有数据,具体数值见表6-5。

表6-5 国家数字出版基地运行绩效指标数据汇总表

指标	上海	天津	湖南	湖北	广东	浙江	江苏	青岛	安徽	西安	重庆	福建	北京	江西
基地技术企业数量（家）	82	35	8	15	31	80	85	85	230	58	22	120	10	37
数字出版企业入驻数量（家）	378	256	16	57	70	165	220	60	110	220	256	52	25	132
新产品产生速度（分值·最低为1分·最高为9分）	6.250	5.375	5.000	4.875	5.500	7.375	5.625	5.625	4.750	5.375	5.500	4.875	5.750	5.125
技术扩散速度（分值·最低为1分·最高为9分）	7.000	5.250	5.500	4.500	6.250	6.875	6.625	5.875	5.125	5.250	5.375	4.625	5.625	5.000
传统内容企业入驻数量（家）	12	0	50	0	35	50	36	27	19	23	35	10	18	30
文化品牌综合知名度（分值·最低为1分·最高为9分）	8.000	5.000	6.375	5.625	5.375	7.375	6.875	5.500	5.375	5.250	5.750	5.375	6.250	5.375
基地媒介融合能力（分值·最低为1分·最高为9分）	6.875	5.125	5.375	5.375	5.875	7.375	6.375	5.500	6.000	5.125	5.375	5.000	5.550	4.875
全年营业收入（亿元）	332.10	73.61	62.32	1.82	190.01	91.68	267.18	28.82	168.04	93.38	63.92	32.78	0.16	47.01
全年净利润（亿元）	69.44	3.87	3.51	0.50	28.58	4.20	25.90	4.18	21.41	15.18	40.33	6.57	0.04	37.34
全年营业收入增长率（%）	18.61	122.52	6.04	87.63	12.93	8.82	17.91	0.91	75.32	43.18	26.57	15.50	100.00	100.00
营业收入额占数字出版市场总营业收入额比例（%）	7.540	1.670	1.420	0.040	4.310	2.080	6.070	0.650	3.820	2.120	1.450	0.740	0.003	1.060
基地总从业人员数量（人）	35000	17000	3500	5500	17000	24000	28000	50000	23000	20000	24000	5745	2500	6000
基地总入驻企业数量（家）	596	320	50	160	200	390	545	200	449	385	352	365	65	210
基地入驻企业数量增长率（%）	13.31	13.83	8.3	200.00	14.52	25.64	24.85	18.00	80.00	100.00	23.00	120.00	50.00	47.89
基地总资产（亿元）	173.9	42.06	126.79	10.05	146.59	106.99	86.64	41.65	276.78	130.85	84.38	34.07	0.66	26.58

6.3.1.2 各基地数据导入与测算

在定量指标和定性指标数据搜集整理完毕之后,就要进行数据导入和测算。因为定量数据和定性数据的搜集标准不同,所以在数据导入之前要将所有数据进行标准化处理。数据标准化处理公式为:(某基地对应指标值－此指标最小值)÷(此指标最大值－此指标最小值)＝各项指标标准化数据。标准化处理过后的数据控制在 0～1 之间,达到了去单位化的效果,可得表 6-6 所示的各指标值标准化结果值。

之后,将所有经过标准化处理后的数据,代入各指标权重进行计算,得出各基地各指标的最终标准化数据得分以及综合评价值,见表 6-7。综合评价值的计算公式为

$$Z = \sum_{i=1}^{15} w_i x_{ij} \qquad (6-9)$$

式中,Z 表示综合评价值;w_i 表示第 i 个指标的权重;x_{ij} 表示第 j 个基地的第 i 个指标标准化后的值。

以上海为例:

$$\begin{aligned}
Z_{上海} ={}& 0.6066 \times 0.0286 + 1.0000 \times 0.0461 + 0.5714 \times 0.1113 + \\
& 1.0000 \times 0.1785 + 0.2400 \times 0.0472 + 1.0000 \times 0.1076 + \\
& 0.8000 \times 0.1230 + 1.0000 \times 0.0357 + 1.0000 \times 0.0327 + \\
& 0.1455 \times 0.0860 + 1.000 \times 0.0791 + 0.6842 \times 0.0106 + \\
& 1.0000 \times 0.0190 + 0.0261 \times 0.0408 + 0.6274 \times 0.0538 \\
={}& 0.7440
\end{aligned}$$

同理可得其他 13 个基地的综合评价值,计算步骤同上,在此不做赘述。由此可得表 6-7 所示的各基地运行绩效指标及排名:

$Z_{上海}(0.744) > Z_{浙江}(0.6521) > Z_{江苏}(0.5676) > Z_{广东}(0.3901) >$
$Z_{安徽}(0.3801) > Z_{重庆}(0.3063) > Z_{北京}(0.2983) > Z_{西安}(0.2902) >$
$Z_{湖南}(0.2802) > Z_{青岛}(0.2704) > Z_{天津}(0.2640) > Z_{江西}(0.2382) >$
$Z_{湖北}(0.1680) > Z_{福建}(0.1405)$。

表6-6　国家数字出版基地运行绩效指标值标准化结果

指标	上海	天津	湖南	湖北	广东	浙江	江苏	青岛	安徽	西安	重庆	福建	北京	江西
基地技术企业数量	0.6066	0.2213	0.0000	0.0574	0.1885	0.5902	0.6311	0.6311	1.0000	0.4098	0.1148	0.9180	0.0164	0.2377
数字出版企业入驻数量	1.0000	0.6630	0.0000	0.1133	0.1492	0.4116	0.5635	0.1215	0.2597	0.5635	0.6630	0.0994	0.0249	0.3204
新产品产生速度	0.5714	0.2381	0.0952	0.0476	0.2857	1.0000	0.3333	0.3333	0.0000	0.2381	0.2857	0.0476	0.3810	0.1429
技术扩散速度	1.0000	0.3000	0.4000	0.0000	0.7000	0.9500	0.8500	0.5500	0.2500	0.3000	0.3500	0.0500	0.4500	0.2000
传统内容企业入驻数量	0.2400	0.0000	1.0000	0.0000	0.7000	1.0000	0.7200	0.5400	0.3800	0.4600	0.7000	0.2000	0.3600	0.6000
文化品牌综合知名度	1.0000	0.0000	0.4583	0.2083	0.1250	0.7917	0.6250	0.1667	0.1250	0.0833	0.2500	0.1250	0.4167	0.1250
基地媒介融合能力	0.8000	0.1000	0.4000	0.2000	0.4000	1.0000	0.6000	0.2500	0.4500	0.1000	0.2000	0.0500	0.2700	0.0000
全年营业收入	1.0000	0.2213	0.1873	0.0050	0.5719	0.2757	0.8044	0.0863	0.5058	0.2808	0.1921	0.0983	0.0000	0.1411
全年净利润	1.0000	0.0552	0.0500	0.0066	0.4112	0.0599	0.3726	0.0597	0.3079	0.2182	0.5805	0.0941	0.0000	0.5375
营业收入增长率（%）	0.1455	1.0000	0.0422	0.7131	0.0988	0.0650	0.1398	0.0000	0.6119	0.3476	0.2110	0.1200	0.8148	0.8148
营业收入额占数字出版市场总额比例（%）	1.0000	0.2212	0.1880	0.0049	0.5714	0.2756	0.8050	0.0858	0.5064	0.2809	0.1920	0.0978	0.0000	0.1402
基地总从业人员数量	0.6842	0.3053	0.0211	0.0632	0.3053	0.4526	0.5368	1.0000	0.4316	0.3684	0.4526	0.0683	0.0000	0.0737
基地总入驻企业数量	1.0000	0.4802	0.0471	0.1789	0.2542	0.6121	0.9040	0.2542	0.7232	0.6026	0.5405	0.5650	0.0000	0.2731
基地入驻企业数量增长率（%）	0.0261	0.0288	0.0000	1.0000	0.0324	0.0905	0.0863	0.0506	0.3740	0.4784	0.0767	0.5827	0.2175	0.2065
基地总资产	0.6274	0.1499	0.4568	0.0340	0.5285	0.3851	0.3114	0.1484	1.0000	0.4715	0.3032	0.1210	0.0000	0.0939

表6-7 国家数字出版基地运行绩效指标计算结果

指标	上海	浙江	江苏	广东	安徽	重庆	北京	西安	湖南	青岛	天津	江西	湖北	福建	权重
基地技术企业数量	0.6066	0.5902	0.6311	0.1885	1.0000	0.1148	0.0164	0.4098	0.0000	0.6311	0.2213	0.2377	0.0574	0.9180	0.0286
数字出版企业入驻数量	1.0000	0.4116	0.5635	0.1492	0.2597	0.6630	0.0249	0.5635	0.0000	0.1215	0.6630	0.3204	0.1133	0.0994	0.0461
新产品产生速度	0.5714	1.0000	0.3333	0.2857	0.0000	0.2857	0.3810	0.2381	0.0952	0.3333	0.2381	0.1429	0.0476	0.0476	0.1113
技术扩散速度	1.0000	0.9500	0.8500	0.7000	0.2500	0.3500	0.4500	0.3000	0.4000	0.5500	0.3000	0.2000	0.0000	0.0500	0.1785
传统内容企业入驻数量	0.2400	1.0000	0.7200	0.7000	0.3800	0.7000	0.3600	0.4600	1.0000	0.5400	0.0000	0.6000	0.0000	0.2000	0.0472
文化品牌综合知名度	1.0000	0.7917	0.6250	0.1250	0.1250	0.2500	0.4167	0.0833	0.4583	0.1667	0.0000	0.1250	0.2083	0.1250	0.1076
基地媒介融合能力	0.8000	1.0000	0.6000	0.4000	0.4500	0.2000	0.2700	0.1000	0.4000	0.2500	0.1000	0.0000	0.2000	0.0500	0.1230
全年营业收入	1.0000	0.2757	0.8044	0.5719	0.5058	0.1921	0.0000	0.2808	0.1873	0.0863	0.2213	0.1411	0.0050	0.0983	0.0357
全年净利润	1.0000	0.0599	0.3726	0.4112	0.3079	0.5805	0.0000	0.2182	0.0500	0.0597	0.0552	0.5375	0.0066	0.0941	0.0327
全年营业收入增长率(%)	0.1455	0.0650	0.1398	0.0988	0.6119	0.2110	0.8148	0.3476	0.0422	0.0000	1.0000	0.8148	0.7131	0.1200	0.0860
营业收入额占数字出版市场总营业收入额比例(%)	1.0000	0.2756	0.8050	0.5714	0.5064	0.1920	0.0000	0.2809	0.1880	0.0858	0.2212	0.1402	0.0049	0.0978	0.0791
基地总从业人员数量	0.6842	0.4526	0.5368	0.3053	0.4316	0.4526	0.0000	0.3684	0.0211	1.0000	0.3053	0.0737	0.0632	0.0683	0.0106
基地总入驻企业数量	1.0000	0.6121	0.9040	0.2542	0.7232	0.5405	0.0000	0.6026	0.0471	0.2542	0.4802	0.2731	0.1789	0.5650	0.0190
基地入驻企业数量增长率(%)	0.0261	0.0905	0.0863	0.0324	0.3740	0.0767	0.2175	0.4784	0.0000	0.0506	0.0288	0.2065	1.0000	0.5827	0.0408
基地总资产	0.6274	0.3851	0.3114	0.5285	1.0000	0.3032	0.0000	0.4715	0.4568	0.1484	0.1499	0.0939	0.0340	0.1210	0.0538
综合评价值	0.7440	0.6521	0.5676	0.3901	0.3801	0.3063	0.2983	0.2902	0.2802	0.2704	0.2640	0.2382	0.1680	0.1405	—

6.3.2 评价结果分析

在经过制定评价规则、确定专家组成员、成立评价小组、建立评价指标体系、确定指标权重、搜集相关数据、利用模型进行测算这一系列步骤之后,可以得到国家数字出版基地运行绩效的评价结果。下文将分别从横向和纵向两个维度从各模块层以及综合指数来对比各基地在不同模块的绩效水平以及综合绩效的高低。

6.3.2.1 横向测评结果分析

将表 6-7 的国家数字出版基地运行绩效各指标计算结果代入各指标权重,从而可以得出各基地在四个模块层中的不同水平,见表 6-8。

表 6-8   各基地不同模块层绩效指数

基地	技术创新能力	媒介融合能力	市场盈利能力	基地规模
上海张江基地	0.3055	0.2172	0.1601	0.0611
天津空港基地	0.1169	0.0123	0.1132	0.0216
湖南中南基地	0.0820	0.1457	0.0268	0.0257
湖北华中基地	0.0122	0.0470	0.0621	0.0467
广东基地	0.1690	0.0957	0.0876	0.0378
浙江杭州基地	0.3167	0.2553	0.0392	0.0408
江苏基地	0.2329	0.1750	0.1167	0.0431
山东青岛基地	0.1589	0.0742	0.0118	0.0255
安徽基地	0.0852	0.0867	0.1209	0.0874
陕西西安基地	0.1178	0.0430	0.0693	0.0602
重庆两江新区基地	0.1281	0.0845	0.0592	0.0345
福建海峡基地	0.0451	0.0290	0.0246	0.0417
北京丰台基地	0.1243	0.0950	0.0701	0.0089
江西南昌基地	0.0732	0.0418	0.1038	0.0194

(1)技术创新能力分析。

技术创新能力是四个模块层中权重最大的,也是体现各基地技术开发、发展潜力和持续发展力的最直观因素,这个模块层中浙江杭州基地和上海张江基地排在前两位,得分分别是 0.3167 和 0.3055。随后是江苏基地以得分 0.2329 排在第三位,与前面两名相比差距已经拉开,而之后是广东基地和山东青岛基地,软硬件技术的开发和智能家电是其技术创新能力的主要体现。重庆两江新区基地、北京丰台基地、陕西西安基地和天津空港基地的得分比较接近,属于虽然有各自主导的技术产业,但还未能在全国产生特别大的影响力。各基地技术创新能力模块层得分见图 6-1。

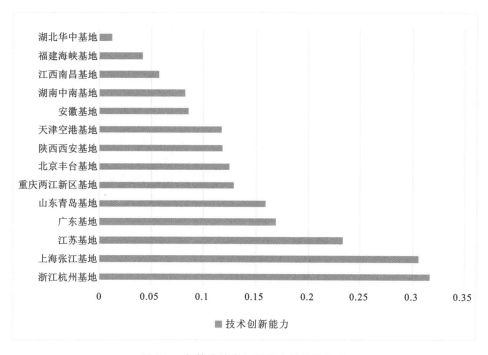

图 6-1 各基地技术创新能力模块层得分

（2）媒介融合能力分析。

媒介融合能力体现了基地能否以市场为主导,通过结合文化企业的运营实力与技术创新实现不同形态和介质的渗透来产生符合用户需求的优秀的数字出版产品的能力。在这方面,浙江杭州基地的表现最好,基地的八个分园区不仅各有自己的主导产业和特色,并且在传统内容企业与技术创新结合的部分相互渗透、相互融合,在竞合能力方面也是走在所有基地的最前列。其次是上海张江基地,网络文学、网络游戏和数字教育是其最核心的数字出版业务板块,也是将数字内容和信息技术结合产生最好的经济效益的几大产业。但在传统内容企业与技术企业的竞合与媒介融合方面,浙江杭州基地的表现要略好于上海张江基地。江苏基地以得分 0.1750 排在媒介融合能力模块的第三位,江苏基地也是将其优秀的传统内容企业与数字教育和电子书等主要产业相融合和渗透,效果良好。

广东基地、北京丰台基地、安徽基地、重庆两江新区基地和山东青岛基地五家基地的得分比较接近,但与排在前四位的基地得分相差甚远,主要原因在于虽然这些基地的传统内容企业与技术企业的实力都不差,但沟通、学习、竞争、合作等都没有前几个基地多,对于通过产业聚集而产生的产业环境和条件还未进行充分利用,未来仍有很大的进步空间。而湖北华中基地、陕西西安基地、天津空港基地三个基地在媒介融合方面表现较差的主要原因是虽然技术企业多,但优秀的内容企业较少,因此优秀的产品产生较少,这与基地的管理层有比较大的关系。顶层架构不是很明确基地主要的主导产业以及发展方向,引进大量高科技但在产业链上关联不紧密的企业,就容易出现发展方向混乱,企业之间相互沟通少、学习少以及合作少的局面,自然在媒介融合方面表现比较差。而江西南昌基地则是由于还处于起步阶段,因此融合程度和能力比较欠缺,但基地从2016年5月以来相继引进了全国优秀数字出版企业和技术企业,不过从基地的角度来说仍需注意引进企业和签订的项目是否有利于基地内企业彼此的深度融合和合作,是否符合整个基地核心的发展方向。各基地媒介融合能力模块层得分见图6-2。

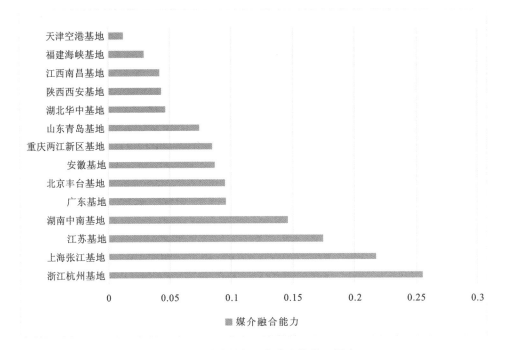

图 6-2　各基地媒介融合能力模块层得分

（3）市场盈利能力分析。

市场盈利能力包括全年营业收入、全年净利润、全年营业收入增长率、营业收入额占数字出版市场总营业收入额比例四个部分。全年营业收入增长率是该模块权重最大的一个指标，也表明了动态的持续发展能力是市场盈利能力的重要体现，而不只是着眼于某一年基地的静态数据。目前在所有基地中，上海张江基地在市场盈利方面的能力是遥遥领先的，虽然目前上海张江基地的发展已经趋于稳定，全年营业收入增长率不再如当初快速发展时期那么高，但稳定而持续的增长率能够让全年营业收入和全年净利润都始终在所有基地当中保持第一位。而拥有较高盈利能力的基地则包括安徽基地、江苏基地、天津空港基地、江西南昌基地和广东基地，这几家基地盈利能力比较接近，主要体现为近年发展速度加快，全年营业收入增长率大幅度提高。湖南中南基地、福建海峡基地和山东青岛基地市场盈利能力较弱。湖南中南基地由于政府还没有完全落实土地、房产、税收等方面的配套政策，导致基地主体和分园区建设比较缓慢，之前已经入驻的企业由于配套设施和后续基地的规模未能扩大，企业聚集比较缓慢，发展的速度也随之变缓。山东青岛基地虽然在智能家居方面的成果独树一帜，但还未能形成庞大的能够覆盖基地中各种企业的数字出版产业链，而除了海尔和海信两大顶尖的技术终端企业之外，也未能有其他比较强大的企业在基地中形成主导产业。福建海峡基地致力于两岸数字出版产品的流通业务，在自主研发和媒介融合方面的能力较弱，未能形成自身优势。各基地市场盈利能力模块层得分见图6-3。

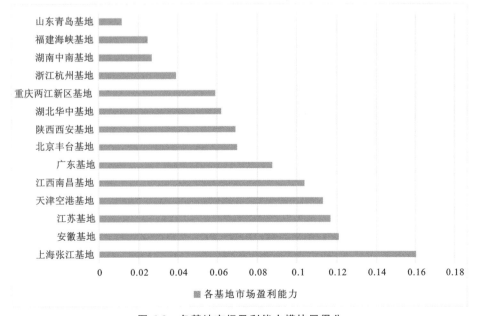

图6-3 各基地市场盈利能力模块层得分

（4）基地规模分析。

基地规模虽然是四大模块层中权重最小的一个部分，但也体现了基地发展的现实状况和发展潜力。几个指标结合起来能够充分体现基地发展的动态和静态情况，见图 6-4。在基地规模四个指标当中，基地总资产和基地入驻企业数量增长率是权重比较大的两项衡量规模的指标，在此情况下，安徽基地凭借爆发式的发展节奏和庞大的总资产值以 0.0874 的得分在此模块上遥遥领先于其他基地。上海张江基地和陕西西安基地以比较接近的得分（0.0611 和 0.0602）位列第二、第三。湖北华中基地、江苏基地、福建海峡基地、浙江杭州基地和广东基地处于第三集团位置，湖北华中基地主要由于基地刚批复时发展缓慢，近些年在政府以及基地管理小组的重新整合和带领之下渐有起色，总资产和企业入驻率迅速提高。江苏基地、福建海峡基地、浙江杭州基地和广东基地在 2015—2016 年各方面整体水平都有比较稳定的提高，得益于基地本身发展目标明确、规划清晰，以及政府多方面的支持。湖南中南基地、山东青岛基地和天津空港基地在基地规模模块得分较低，主要原因是近几年基地入驻的企业数量并没有显著增多，而且在总资产方面也处于较低的位置。得分最低的是江西南昌基地和北京丰台基地。

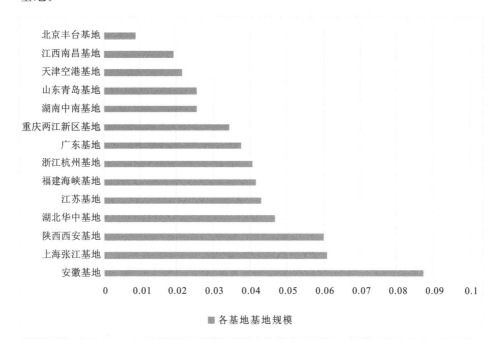

图 6-4　各基地基地规模模块层得分

6.3.2.2 纵向测评结果分析

国家数字出版基地运行绩效的综合指数是由评价系统中 4 个模块层和 15 个具体指标即影响因素综合作用的结果,从总体上反映所有国家数字出版基地运行绩效的综合情况。根据表 6-7 可以得出 14 家国家数字出版基地运行绩效评价综合指数的排名情况,见图 6-5。

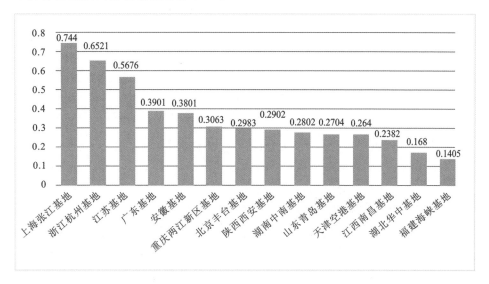

图 6-5 国家数字出版基地运行绩效评价指数排名

综合图 6-5 的国家数字出版基地运行绩效评价指数以及排名情况,可以将所有基地的运行绩效按照从高到低的顺序依次划分为五个梯度与类别。第一梯度是运行绩效极高的基地($Z \geqslant 0.6233$),上海张江基地和浙江杭州基地为第一梯度,属于绩效极高的基地类别;第二梯度($0.5026 \leqslant Z < 0.6233$)中的江苏基地和第三梯度的广东基地($0.3819 \leqslant Z < 0.5026$)分别代表着绩效较高和绩效中等的水平;安徽基地、重庆两江新区基地、北京丰台基地、陕西西安基地、湖南中南基地、山东青岛基地和天津空港基地这七个基地的运行绩效综合指数比较接近,都属于第四梯度($0.2612 \leqslant Z < 0.3819$);江西南昌基地、湖北华中基地和福建海峡基地三个基地则属于第五梯度($Z < 0.2612$)运行绩效极低的类别。各基地具体的梯度分布与分类情况如表 6-9 所示。

表 6-9 国家数字出版基地运行绩效高低分类

梯度	类别	基地名称
第一梯度（$Z \geqslant 0.6233$）	绩效极高类	上海张江基地、浙江杭州基地
第二梯度（$0.5026 \leqslant Z < 0.6233$）	绩效较高类	江苏基地
第三梯度（$0.3819 \leqslant Z < 0.5026$）	绩效中等类	广东基地
第四梯度（$0.2612 \leqslant Z < 0.3819$）	绩效较低类	安徽基地、重庆两江新区基地、北京丰台基地、陕西西安基地、湖南中南基地、山东青岛基地、天津空港基地
第五梯度（$Z < 0.2612$）	绩效极低类	江西南昌基地、湖北华中基地、福建海峡基地

结合图表可以看出，14 家国家数字出版基地运行绩效的综合指数比较高的是上海张江基地、浙江杭州基地和江苏基地三个基地，可以说是集中在江浙沪一带，上海张江基地从挂牌开始不仅持续发挥着自身优势，同时也不断开发出新的商业模式和基地运营模式，能够在四个模块层当中表现都很出色。而浙江杭州基地和江苏基地的分园区各有特色，围绕一两种主导产业而进行的深度协同和竞合方式，在短短几年时间之内，爬升到了所有基地的前列。但从所有基地的绩效综合评价值来说，绩效差距比较大，尤其是绩效较高类和绩效极高类的基地比较少，而大多数基地集中于绩效较低类的梯度，除了北京丰台基地之外，其他几个基地都是较早一批获批和发展的，但从目前看来，运行效果不甚理想。这也是由这些基地顶层设计建设框架没有做好以及差异化发展不明显造成的。

6.4 小　　结

本章在遵循科学性与导向性相结合，定量分析与定性分析相结合，主观与客观相结合，持续性与动态性相结合以及重点性与简明性相结合的原则之下，通过专家打分法与层次分析法共同构建了国家数字出版基地运行绩效评价指标体系。该指标体系由 4 个模块层的 15 个具体指标构成，4 个模块层按照权重高低依次为技术创新能力（0.3645）、媒介融合能力（0.2777）、市场盈利能力（0.2336）以及基地规模（0.1242）。再将搜集的定量数据和定性数据进行标准化后，分别代入各指标权重进行计算，能够得出各基地在各指标以及各模块层的得分，同时能够得出最终总运行绩效得分。

从4个模块层的横向测评结果来看,上海张江基地、浙江杭州基地和江苏基地三个基地在技术创新能力和媒介融合能力两个模块层的绩效表现最为突出,这说明这两种能力是基地运行绩效高低的两个决定性的因素。在市场盈利能力方面,上海张江基地、安徽基地和江苏基地位居前三。尤其是安徽基地和江苏基地经济效益迅速提高,各分园区定位精准,找到了主导产业和支撑企业,逐渐从政府主导型向市场主导型转变。在基地规模方面,以安徽基地为首,上海张江基地和陕西西安基地分别排在第二位和第三位。安徽基地以华强方特文化科技产业园为中心,在数字动漫研发制作和视觉特效设计等应用于数字娱乐设施方面的业务已非常成熟,园区从业人员数量已十分庞大,形成了有自身特色的数字出版园区,因此在基地规模方面排在最前面。

从纵向运行绩效综合值来看,上海张江基地和浙江杭州基地处于绩效极高的第一梯度,江苏基地处于绩效较高的第二梯度。绩效中等的广东基地正在加紧建设东圃园区和飞晟园区,扩大基地规模和产业布局。以广东基地目前的运行绩效和发展现状来看,未来广东基地的发展潜力是很强劲的。安徽基地、重庆两江新区基地、北京丰台基地、陕西西安基地、湖南中南基地、山东青岛基地和天津空港基地属于绩效较低类,但每个基地的情况不太一样。湖南中南基地和天津空港基地属于所有基地当中布局和挂牌比较早的基地,天津空港基地的目标是打造亚洲最大的云计算中心,比较看重引进技术类企业,而湖南中南基地文化类企业实力雄厚,技术类企业实力则偏弱,再加上政府的治理效果和两个基地融合能力较差,导致基地发展进程比较缓慢。重庆两江新区基地、山东青岛基地和陕西西安基地在技术创新能力方面都不弱,并且都有代表性的技术企业,在数字内容企业方面也有自身独特的优势,但媒介融合能力比较差,目前在探索更多的科技与内容融合的方式。江西南昌基地、湖北华中基地以及福建海峡基地在所有基地中运行绩效最低。江西南昌基地获批时间较晚,但在基地的规划和企业的引进方面目前已经在加快进度。湖北华中基地项目建设进度较慢,并且在企业引进方面管理小组和政府都未能形成一个比较完善的顶层框架。虽然有当当网和中文在线两大数字出版企业巨头的入驻,但其他优秀的内容企业入驻较少,互联网技术企业入驻率也较低,在这种情况下,基地发展进程比较缓慢。福建海峡基地则主要致力于两岸优秀数字出版产品的流通,在自主创新研发优秀的数字出版产品方面还有所欠缺。

综合前几章对各基地架构、发展进程、运行机制的分析,再到本章对各基地的运行绩效作出的评价结果,可以对各个基地的优势和劣势有一个比较清晰的认识。由此可以提出促进我国国家数字出版基地发展的策略和建议。

从政府层面来讲,首先,政府需要制定力度更大且更有针对性的政策。虽然国家在近几年制定了不少加快数字出版产业发展的相关政策,也出台了各种文件,各省市政府也制定了相应的配套政策,希望加快和推动基地的建设和发展进程。但有些基地的发展进程仍然比较缓慢,这是因为在政策上没有足够的支持力度吸引优秀企业的入驻。另外,在顶层框架设计方面,政府要协助基地共同做好基地的建设规划和明确基地的发展方向,不能只要是与数字出版相关的企业就随意引进。基地需要形成自身特色,实现差异化发展,这与顶层框架设计的合理性是分不开的。因此,各地政府和相关部门在基地发展的过程中要不断观察基地的发展进程和变化,并作出适当的调整,使基地在更合理、更科学的规划框架下发展和前进。

从基地层面来讲,对运行情况比较良好和稳定,已经步入成熟阶段的基地(园区)来说,需要继续加大产业链上、下游企业之间协同创新合作的力度,同质企业之间的竞合关系尽量平衡,辅助层机构在外围做好配套的服务工作,继续扩大集群效应。对于还在大力进行招商引资工作的基地来说,第一,要确保引进的企业与该基地或园区的主要发展方向契合,这样才能真正产生聚集的效应。第二,根据运行绩效的评价结果,各基地应正确认识自己的短板和不足,并尽快找到弥补的途径和方法。例如,天津空港基地和福建海峡基地需要加强媒介融合能力。天津空港基地一直致力于云计算服务器的研发和应用,却忽略了数字内容相关企业的引进和发展;相反,福建海峡基地则是在技术企业方面的招商和培育比较弱,两者都没有让技术和数字内容进行紧密的融合。无论是从纵向的产业链的角度来看,还是从横向的竞合角度来看,深度融合的程度都还远远不够,需要基地积极调整自身的规划和战略目标。第三,进一步推进基地内部企业孵化的进程,尽管现在很多基地已经成功孵化出一些中小型的数字出版企业,开始在产业中发挥作用,但在整个产业中发挥的作用还不够显著,这也需要基地在企业孵化的过程中细心观察和帮助培育,让企业在健康的环境中孵化成长。

7 总结与讨论

本书以产业集群相关基础理论研究与数字出版基地发展为研究基础和现实背景,对全国 14 家国家数字出版基地的形成与演进、组织结构和运行机制进行了深入的探讨,并结合专家咨询法和层次分析法对基地的运行绩效进行了实证分析。通过以上理论探析与实证分析,得出了一些研究结论与观点,同时也总结了研究中存在的不足以及对后续研究的展望。

7.1 本书主要结论

(1)经过对国内外现有相关研究现状的梳理和总结,本书认为国家数字出版基地从本质上来说是由政府主导的具有文化创意特征的高科技产业集群。主要体现在除了最早的上海张江基地是在文化创意产业的聚集基础上慢慢呈现出集群化的状态,取得了良好的经济收益和社会效应之后获批的基地,其他基地基本上是由国家战略布局的结果。数字出版产业的性质决定了国家数字出版基地主要由文化创意类和互联网相关企业组成,那么计算机和互联网技术决定了基地的创新和开发能力,是基地发展实力的决定性因素。

(2)根据产业集群的基本理论,分析影响国家数字出版基地的形成和演进因素主要有技术、市场、政府、人才和人文五大因素。其中,技术的支撑、市场的广阔、政府的规划布局是基地得以形成的关键原因。从基地形成方式来看,分为自组织、他组织和混合组织三种方式。其中,上海张江基地主要以市场驱动聚集形成,江苏基地镇江园区、安徽基地芜湖园区属于政府通过观察发现了基地的雏形,在此基础上进行引导和培育的混合组织方式,其余的大部分国家数字出版基地是通过政府在培育和营造了合适的环境之后对产业集群进行布局和推动的"自上而下"的他组织方式形成的。

(3)根据蒂奇的产业集群生命周期理论来分析国家数字出版基地的萌芽、形成、发展和成熟四个阶段的发展历程,以及根据产业集群相关理论分析得出目前

14 个国家数字出版基地都经过了萌芽阶段,成立时间较短。而发展处于相对成熟阶段的基地也仅仅只有上海张江基地和江苏基地扬州园区,保持着强劲、稳定的发展势头并形成了符合自身发展深度的分工产业链。大部分基地还处于探索自身集群优势的发展阶段。

(4)国家数字出版基地的主体结构由核心层和辅助层两种层次组成,核心层包括数字出版产业链中的数字内容提供商、数字技术开发和平台运营商以及数字出版内容分销商这几类产业链上、下游的企业类型。而政府和公共部门、高校和科研机构、金融机构、中介组织和公共服务平台则作为基地的辅助层在外围为基地内的企业服务,保证基地的顺利运行。核心层中的企业通常有基于数字出版产业链的上、下游垂直互动以及同质企业之间的水平互动两种互动方式。辅助层中对于基地发展起到关键推动作用的是政府和公共部门以及高校和科研机构。政府和公共部门通过中央政府的宏观政策制定以及地方政府的微观政策调控和资金支持两种方式推动基地发展,高校和科研机构则通过直接的产学研合作以及间接的与政府或其他项目当中让企业受益的方式给予基地发展的力量。

(5)结合相关理论以及基地发展的状况来看,协同创新机制、竞合机制以及知识溢出与学习机制是保障国家数字出版基地顺利运行的核心运营机制。协同创新机制能够让需要大量研发成本和技术的企业降低开发创新的风险以及研发成本,获得相对低投入而高产出、高收入的回报,是基地迅速发展的首要机制。基于 IP 的协同创新、基于产业链的协同创新以及基于产学研的协同创新是基地主要的三种协同创新方式。竞合机制能够让基地中的企业实现优势互补,共同开拓数字出版产业的市场以及打败基地外和行业中的竞争者,呈现螺旋式上升,实现共赢。以竞争为主导的竞合方式通常出现在产品性质相似的同质企业之间,例如同样需要抢占互联网视频市场的网络电视运营商以及拥有大量用户和视频资源的视频网站。而以合作为主导的竞合模式则比较容易在产业链上、下游需要开拓业务的企业之间出现,例如,网络游戏代理商和开发商。知识溢出与学习机制能够让新技术和知识在基地中迅速扩散,从而能够让基地内的企业在短时间内以低成本掌握最新的技术和行业动向。基地中的知识溢出与学习机制是通过知识转移、知识转换以及知识收获来完成的。企业、基地中的公共研究机构、公共服务机构和用户是主要的知识溢出源,主动溢出、被动溢出和非正式溢出是知识溢出的途径。而学习的主要途径是基地中的企业以及公共研究机构。

(6)本研究基于产业集群相关理论,结合我国国情以及国家数字出版基地发展的实际情况,运用专家打分法和层次分析法,对国家数字出版基地的运行绩效进行了指标体系的构建。处于第一梯度绩效极高类的基地是上海张江基地以及浙江杭州基地,江苏基地和广东基地处于绩效较高和绩效中等的类别。其余大部分基地还处于绩效较低和绩效极低的类别,技术创新能力和媒介融合能力是决定基地运行绩效高低的关键模块。其中技术扩散速度和竞合能力是基地运行顺利和发展迅速的重要指标。

(7)笔者在对各基地的实地调研或对基地工作人员的相关访问当中发现,各基地在对本基地的发展情况的了解程度和数据统计工作的深入度方面差距比较大。尤其是在数据统计工作方面,各基地的统计工作不甚完善,也基本上无独立的基地统计部门和机构对基地各阶段的各类数据进行采集和分析。仅靠各省(自治区、直辖市)的相关部门每年数字出版产业年度报告提供的营业收入、总资产和净收入三个指标并不能十分准确地反映各基地的发展进程和运行绩效。因此,各基地应加强统计工作,以便能够清楚地认识自身的优势和劣势,同时能够使各基地之间互相学习,取长补短。

7.2　本研究创新之处

本研究在吸收、借鉴前人已有研究成果的基础上,试图进行一些可能的创新,具体而言,本研究的创新之处主要包括以下几个方面:

(1)现有文献对我国国家数字出版基地的研究成果较少,大多数国家数字出版基地的研究聚焦在基地的管理模式、融合路径和运营中产生的问题这几个方面,对于基地的形成与演进、运行机制和绩效方面的研究较少。本书将产业集群理论、区域经济理论、增长极理论等经济学理论引入数字出版产业基地的研究领域,根据产业集群理论的研究范式,构建了国家数字出版基地的研究框架,为后续出版产业集群发展提供了框架基础,具有一定的参考和借鉴价值。

(2)深入走访了其中一些基地,对基地的相关负责人或基地中的数字出版支柱企业代表进行了深入访谈,对我国14家国家数字出版基地产业集群发展现状进行剖析,比较各基地的相关数据指标,系统研究每一个产业集群具有的优势和劣势,总结我国国家数字出版基地在培养与发展过程中形成的特征。

(3)在数字出版基地产业集群绩效评价上,突破传统产业集群绩效的评价方法,结合产业经济学、经济地理学和社会学的研究成果以及文化创意集群和科技产业孵化器绩效的评价方法研究国家数字出版基地的产业集群运行绩效,不仅可以丰富产业集群的研究方法,还能为我国数字出版产业集群运行绩效的提升提出针对性、操作性较强的可借鉴措施。

7.3　本研究的不足

本研究从产业集群理论的角度对我国国家数字出版基地开展了较为系统和深入的研究,对于国家数字出版基地差异化和集群化发展和升级具有理论和实践应用价值。但由于笔者研究能力有限和受一些客观研究条件等多方面的限制,本研究仍然存在一些不足之处,主要体现在以下方面:

(1)对产业经济学和产业集群理论的分析和理解还不够深入,对于一门新的学科和新的理论在出版领域中的应用结合得还不够深入和全面,并且在宏观和微观相结合分析时理论基础还比较薄弱。

(2)对各基地的调研范围不够全面,由于各种条件的限制,笔者只实地走访了北京丰台基地、浙江杭州基地、安徽基地合肥园区和湖北华中基地,获取的资料也相当有限,无法对各个基地的具体情况进行比较详细和全面的系统化比较。

(3)在对国家数字出版基地进行运行绩效评价指标体系构建之时,为确保指标的客观性和可信性,曾经尝试采用主层次分析法来提取体系中的主要指标,但受一些客观条件的限制,例如各基地的数据统计不够全面,即便亲身走访了各个基地,并且对各基地相关负责人进行访谈,也无法获得各指标的准确数据,因此只能采用专家咨询和打分法与层次分析法结合的方式来弥补。

7.4　未来研究展望

本研究以产业集群相关理论为理论基础,通过对我国 14 家国家数字出版基地的相关问题进行探讨和分析,得出了一些有价值的研究结论。但关于国家数字出版基地的理论与实证研究仍有不少问题和方面值得深入探究。本研究认为关于数字出版基地的后续研究可以从以下几个方面展开:

(1)基于产业集群的相关理论,对国家数字出版基地的治理问题展开相关研究。对基地进行科学和有效的治理能够使得基地内部主体之间以及基地与外部之间的组织关系持续稳定,让基地能够保持持续优势,因此对基地的治理结构、机制、功能、策略等方面展开研究是非常有必要的。

(2)对国家数字出版基地的竞争力评价展开探讨。本研究目前只针对基地的运行绩效进行了实证研究,而竞争力评价的研究除了能够体现基地目前发展的情况和运行的效果之外,还能够通过更多模块和层次呈现基地的综合竞争力,以及判断基地能否在未来的发展和运行中保持持续竞争优势,因此有必须要进行竞争力评价。

(3)对于高科技产业集群来说,人才是非常重要的战略资源。集群的创新生产、管理等各方面的活动都离不开具有创新精神和研发能力的高级人才。目前数字出版基地急需复合型人才,而关于基地人才方面的研究比较欠缺。因此,在数字出版产业的人才培养、吸引、流动、聚集等方面,值得展开深入研究。

附录

附录 1　2009—2016 年国家对数字出版产业和基地制定的相关政策、文件

年份	文件名称	相关内容
2016	《"十三五"国家战略性新兴产业发展规划》	首次提出发展数字创意产业,将其作为战略性新兴产业发展的目标之一,在八方面发展任务中明确提出促进数字创意产业蓬勃发展,创造引领新消费。同时明确提出,要以企业为主体、产学研用相结合,构建数字文化创意产业创新平台,加强基础技术研发,大力发展虚拟现实、增强现实、互动影视等新型软硬件产品,促进相关内容开发
2015	《关于推动传统出版和新兴出版融合发展的指导意见》	力争用 3～5 年的时间,研发和应用一批新技术、新产品、新业态,确立一批示范单位、示范项目、示范基地(园区),打造一批形态多样、手段先进、市场竞争力强的新型出版机构,建设若干家具有强大实力和传播力、公信力、影响力的新型出版集团
2014	《国家新闻出版产业基地(园区)管理办法》	将国家数字出版基地发展列为五年发展规划重要任务;将出版资源配置和重大出版项目优先向基地倾斜;申请成功的基地项目将列为新闻出版重点项目来支持,加强优惠政策的支持;表彰和奖励发展形势较好的基地
2014	《关于推动新闻出版业数字化转型升级的指导意见》	通过三年时间,支持一批新闻出版企业、实施一批转型升级项目,带动和加快新闻出版业整体转型升级步伐。基本完成优质、有效内容的高度聚合,盘活出版资源;再造数字出版流程,丰富产品表现形式,提升新闻出版企业的技术应用水平;实现行业信息数据共享,构建数字出版产业链,初步建立起一整套数字化内容生产、传播、服务的标准体系和规范;促进新闻出版业建立全新的服务模式,实现经营模式和服务方式的有效转变

年份	文件名称	相关内容
2012	《国家"十二五"时期文化改革发展规划纲要》	加快发展文化创意、数字出版、移动多媒体、动漫游戏等新兴文化产业。培育骨干企业,扶持中小企业,完善文化产业分工协作体系。鼓励有实力的文化企业跨地区、跨行业、跨所有制兼并重组,推动文化资源和生产要素向优势企业适度集中,培育文化产业领域战略投资者。规划建设各具特色的文化创业创意园区,支持中小文化企业发展。优化文化产业布局,发挥中、西、东部地区各自优势,加强文化产业基地规划和建设,规范建设一批全国文化产业示范区,发展文化产业集群,提高文化产业规模化、集约化、专业化水平
2011	《数字出版"十二五"时期发展规划》	建设布局合理、类型多样的数字出版产业基地。建设8～10家功能各异、重点突出的数字出版产业基地,带动和辐射周边地区共同发展。在华东、华南、华中、华北、西北、西南等具备条件的地区分别建设1～2家国家级数字出版基地,提升数字出版产业集度,打通产业链;鼓励基地集中资源,突出特色,尽快做强、做大一批数字出版龙头企业,发挥带动和示范作用
2011	《新闻出版业"十二五"时期发展规划》	以业态创新和服务创新为重点,加快新技术应用,大力发展数字出版等战略性新兴出版产业;进一步加快建设新闻出版产业带、产业园区和产业基地,继续推动长三角、珠三角、环渤海等新闻出版产业集群、产业带建设,重点发展数字出版、版权创意、印刷复制等产业园区和基地,鼓励差异化、特色化发展,促进产业区域协调发展,提升新闻出版产业集中度
2011	《中共中央关于深化文化体制改革推动社会主义文化大发展大繁荣若干重大问题的决定》	加快发展数字出版、文化创意等新兴文化产业,并加强文化产业基地规划和建设,大力发展文化产业集群,扩大文化产业的规模,提升文化产业的发展规模和其专业化水平
2010	《关于加快我国数字出版产业发展的若干意见》	明确提出推动数字出版产业聚集区的建设,到2015年末,建成8～10家国家级数字出版基地
2009	《关于进一步推进新闻出版体制改革的指导意见》	大力发展数字出版、网络出版、手机出版等新业态,努力占领新闻出版业发展的制高点。加快实现由传统媒体为主向传统媒体与新兴媒体融合发展的转变,打造主流媒体在新闻出版传播格局中的强势地位

附录2 各基地所在省市针对文化产业或基地推行的相关政策

基地名称	市/区	政策名称和内容
上海张江国家数字出版基地	上海市	上海市人民政府办公厅印发《关于促进本市数字出版产业发展若干意见的通知》
	浦东新区	浦东新区政府设立"张江国家数字出版基地专项资金",用于支持基地的基础设施建设和功能性平台建设,涵盖公共服务平台、数据库、原创、产业化成果等领域及贷款支持以及房租支持政策。《张江国家数字出版基地数字出版企业(机构)认定办法(试行)》
重庆两江新区国家数字出版基地	重庆市	2011年1月,重庆市政府办公厅下发《关于加快重庆数字出版产业发展的指导意见》。该意见明确了"加快国家级数字出版基地建设、集中打造数字出版十大优势门类、探索数字出版等新兴媒体发展方向、推动数字出版技术研发及创新、培育数字出版骨干企业、构建公共数字阅读服务平台、打造出版资源数据库、建设网络出版内容监管平台"八大发展任务
	北部新区	《重庆北部新区管委会关于鼓励和扶持软件与服务外包产业发展的实施意见》将数字出版纳入软件与服务外包产业的重点发展领域,并制定了财税、补贴、人才引进、培训与培养等优惠政策体系
天津空港国家数字出版基地	天津市	《天津市文化产业发展专项资金管理暂行办法》 1.项目补助。对符合支持条件的文化企业以自有资金为主投资的重点发展项目给予补助,对具有良好市场前景和体现我市特色的文化产业项目,可予以重点支持。 2.贷款贴息。对符合支持条件的文化企业通过银行贷款实施重点发展项目所实际发生的利息给予补贴,每个项目的贴息年限一般不超过3年,年贴息率最高不超过当年国家规定的银行贷款基准利率,补贴额最高不超过实际利息发生额的80%。 3.奖励。对获得国家级相关奖项的企业和项目,拥有自主知识产权的文化产品和服务出口予以奖励。 4.配套资助。对获得国家相关资金资助的项目给予配套资助,原则上不超过国家资助金额

基地名称	市/区	政策名称和内容
天津空港 国家数字 出版基地	滨海区	1.初创期企业支持： 设立"创业计划"项目,经评审认定的重点项目给予最高 200 万元的资助、一般项目给予最高 60 万元的资助,支持方式包括无偿补助、投资入股和贷款贴息等方式。 2.助推成长期企业加速发展： 1)设立"成长助推计划"项目,专项扶持成长企业增强创新能力,形成自主知识产权,最高立项支持额度不超过 300 万元,支持方式包括无偿补助、投资入股和贷款贴息等方式。 2)对经认定的国家和新区高新技术企业,可由新区高新技术企业培育资金给予最高 50 万元的支持。 3.培育吸引创新领军企业： 1)注册资金超过 2000 万元、落户两年内销售收入总额超过 1亿元,并且拥有自主知识产权,符合数字出版产业发展方向的,经认定可给予最高 500 万元的研发补助。补助额度不超过企业实际税收贡献。 2)设立"创新领军企业发展计划"项目,对创新性强的数字出版和文化科技创意项目取得的产业化成果、重大关键技术攻关、设备改造升级、建设完善研发平台、吸引高端研发团队等,每个项目最高支持额度不超过 1000 万元。 4.支持企业培育、聚集高层次人才： 1)对经认定为新区级的领军人才和高层次人才,由区人才专项资金给予奖励,并优先推荐申报天津市和国家有关支持人才的优惠政策。 2)对列入重点培育对象的数字出版企业,上年度营业收入增长超过 50%的,经认定,企业中年薪(税前)超过 15 万元、担任企业关键职务(如副总经理及研发中心主任级别以上)、签订有 5 年以上劳动合同的高级管理人才和高级技术人才,予以当年个人所得税地方留成部分 50%比例的奖励,最高支持年限为 5 年
陕西西安国家 数字出版基地	西安 高新区	《西安高新区促进创意产业发展扶持政策》对获国际、国内重大奖项(含提名奖)的原创作品,一次性奖励 5 万元;对经文化部或工业和信息化部批准、正式上线运营的原创游戏,获文化部或工业和信息化部认定并推广的益智类游戏,每款奖励 5 万元。获多种奖项的按奖项从高到低不重复原则给予奖励。西安高新区每年评选区内 10 项优秀原创作品,每项作品给予奖励 5 万元;每年评选 10 家优秀创意企业,每家企业给予奖励 5 万元;每年评选出区内"创意先锋"优秀人才 10 名,每人给予奖励 2 万元
湖南中南国家 数字出版基地	长沙市	《长沙市天心区国家级长沙天心文化产业园文化产业发展奖励办法》提出,设立企业入驻奖、纳税贡献奖、创优创新奖、优秀企业家奖、招商引资重大贡献奖等奖项

续表

基地名称	市/区	政策名称和内容
广东国家数字出版基地	广东省	《关于加快推进广东数字出版的若干意见》
		《广东省建设文化强省规划纲要(2011—2020年)》十项工程之一
		《广东省文化产业振兴规划(2011—2015年)》重点文化创意园区
		《广东省数字出版"十三五"发展规划(2015—2020)》指出加大研发和技术创新力度,确立一批示范单位、项目、基地(园区);在全省建成3~5家各具特色、年营业收入超百亿元的数字出版产业园区,培育10~15家年主营业务收入超过10亿元的具有竞争力的数字出版骨干企业
		《广东省推进文化创意和设计服务与相关产业融合发展行动计划(2015—2020年)》提出支持数字出版研究机构做大、做强,建设好广东国家数字出版基地。实施复合数字出版产业化工程,推动广东自主研发的数字出版核心技术产业化
山东青岛国家数字出版基地	青岛市	《青岛市文化产业发展专项资金管理暂行办法》提出资助重点文化产业基地(园区),包括经市文化体制改革和文化产业发展工作领导小组批准设立的市级文化产业孵化基地(园区)、文化产业集聚基地,以及国家级、省级等各类文化产业基地(园区)
湖北华中国家数字出版基地	武汉市	《关于武汉市"十三五"时期文化产业发展计划》提出将华中智谷数字出版产业区作为重点项目,发挥国家数字出版基地的引领作用,打造集数字出版、文化传媒、智能制造、广告会展、商务服务于一体的文化综合园区,构建发展以"互联网+"为代表的数字出版产业、数字教育(培训)和互联网电子商务企业机构总部集群
安徽国家数字出版基地	安徽省	安徽省人民政府办公厅《关于加快数字出版产业发展的意见》提出力争在全省形成年产值超百亿元的国家数字出版基地和2家年主营业务收入超过10亿元的具有国际竞争力的数字出版龙头企业。 在落实扶持政策中强调,对成功申报国家级数字出版基地的地区和企业,给予100万元奖励。全面贯彻落实国家和省意见出台的各项支持数字出版的相关税费政策,鼓励各地制定相关更加优惠的配套政策。对被认定为国家高新技术企业、技术先进型服务企业、软件企业及动漫企业的数字出版企业,按照国家和省有关规定,试行相关税收减免,享受免征进口关税和进口环节增值税优惠。对数字出版企业开发新技术产品,并进行新工艺研究开发,按照相关规定实行费用抵扣和摊销

续表

基地名称	市/区	政策名称和内容
安徽国家数字出版基地	合肥市	《合肥市促进数字出版产业发展若干规定》明确项目引入、项目投资、企业入驻、人才引进、税收减免、贷款贴息、担保不贴、技术研发、服务外包等一系列优惠政策,全方位支持数字出版园区建设。 安徽省《关于加快推进文化科技融合发展的实施意见》指出,重点支持智能语音、数字出版、动漫游戏等七大产业门类发展
	芜湖市	《芜湖市关于促进数字出版产业发展的若干意见》中,对入园企业实行"三免两减半"的税收优惠政策,给予办公场地优惠,提供200多套员工公寓
江苏国家数字出版基地	南京市	《关于加速江苏南京数字出版产业发展的意见》提出加快数字出版产业集约聚集发展是其重点任务,依托中国(南京)软件谷,以雨花经济开发区的国家数字出版基地为产业核心园区,实现数字出版产业一基地、多园区,一核心、多节点分布
浙江杭州国家数字出版基地	杭州市	在文化创意专项资金中设立"杭州市数字出版产业发展专项资金",用于扶持数字出版产业发展和国家数字出版基地建设,对政府鼓励新办的报业、出版、发行等数字出版企业,免征3年企业所得税 杭州市办公厅发布的《关于加快杭州市国家数字出版基地建设的通知》指出,要加大数字出版产业投入力度;加强数字出版领域版权保护和网络监督,加大对数字版权侵权、盗版行为的打击力度;进一步提高数字出版企业自主创新能力,推动数字出版与高科技紧密结合
福建海峡国家数字出版基地	福建省	《福建省"十三五"数字福建专项规划》提出大力发展和建设国家数字出版基地,整合海峡两岸文化资源,发展福建特色数字文化产品,推动文化产品出口
	福州市	《福州市文化广电新闻出版局2016规划要点》发挥闽台(福州)文化创意产业园、海峡国家数字出版产业基地(福州园区)等国家级和省级文化产业示范区、基地的产业聚集效应,配合推进海峡非物质文化遗产生态园等文化产业园区建设,提升产业发展水平
北京丰台国家数字出版基地	北京市	《北京市关于促进信息消费扩大内需的实施意见》提出全方位推动信息产业转型升级,推进数字家庭产业基地、国家集成电路产业园、国家数字出版基地等高端产业基地建设,形成高端信息消费产业集群 《2014年市政府折子工程》第90条明确提出:制定文化创意产业功能区建设发展规划,抓好核心演艺区、文化保税区、国家数字出版基地等重点项目,促进新兴业态发展

续表

基地名称	市/区	政策名称和内容
江西南昌国家数字出版基地	江西省	《关于加快推进"互联网+"行动的实施方案》以信息技术推动文化创意产业革新,大力发展动漫设计、广告创意、影视版权、数字出版、新媒体与数字内容服务、互联网文化创意等文化产业新业态,以文化创意产业园为载体,引导文化集聚,打造"互联网+"文化产业集聚带
		《新闻出版广播影视业"十三五"发展规划》提出这种新兴产业融合发展,重点建设江西国家数字出版基地、CNONIX中文传媒出版产业链信息交换系统等数字出版产业项目
		《关于文化创意和设计服务与相关产业融合发展行动计划》提出促进传统媒体与新兴媒体融合,重点建设南昌高新技术开发区国家数字出版基地
		《江西省服务业发展"十三五"规划》提出将江西国家数字出版基地作为文化服务业重点项目进行重点培养

附录3 国家数字出版基地运行绩效定性指标专家调查问卷

尊敬的专家：

您好！

非常感谢您在百忙之中抽出时间填写此问卷。本问卷是为了计算国家数字出版基地运行绩效评价的结果进行的专家定性指标打分问卷，目的是获得各基地定性指标的实际数据。本问卷不记名，仅用于学术研究。您的选择对本研究非常重要，请根据您自己的经验和理解在表中填写相应分值。谢谢各位专家的支持！

请您对各基地在以下四个方面的表现进行打分。1:非常慢/非常不好;3:慢/不好;5:一般;7:快/好;9:非常快/非常好。2,4,6,8则表示处于两数之间的程度。

项目	上海	天津	湖南	湖北	杭州	广东	江苏	青岛	重庆	福建	北京	西安	安徽	江西
技术扩散速度														
新产品产生速度														
媒介融合能力														
文化品牌综合知名度														

参考文献

［1］ GAUTAM A. Collaboration networks, structural holes, and innovation: a longitudinal study［J］. Administrative Science Quarterly, 2000（3）: 425-456.

［2］ ALDRICH H, ZIMMER C. Entreprenur ship through social networks［J］. The Art and Science of Entrepreneurship, 1986（22）:3-24.

［3］ ALMEIDA P, KOGUT B. Localization of knowledge and the mobility of engineers in the regional networks［J］. Management Science, 1999, 86: 641-652.

［4］ BRANDENBURGAM A M, NALEBUFF B J. The right game: use game theory to shape strategy［J］. Harvard Business Review, 1995, 73（4）: 55-71.

［5］ ASALOS N. From clusters to competitiveness clusters in romanian economy［C］. The 6th International Days of Statistics and Economics, 2012:32-42.

［6］ CAMAGNI R. Innovation networks: spatial perspectives［M］. London: Belhaven-Printer, 1991.

［7］ CHAI G J. The correlation of urban cluster and cultural industry cluster［C］. Proceedings of the 21st International Conference on Industrial Engineering and Engineering Management 2014, 2015:487-490.

［8］ CHAN K F, LAU T. Assessing technology incubator programs in the science park: the good, the bad and the ugly［J］. Technovation, 2005（25）: 1215-1228.

［9］ CHEN D G. Analysis on Wuhan e-commerce industry cluster competitiveness based on GEM model［C］. Proceedings of the 2014 Conference on informatisation in Education, Management and Business, 2014:155-157.

［10］ CHEN T J, Yao X. Research on innovation network structure in manufacturing industry cluster-experience from China［C］. Ninth West Lake

International Confernece on Small & Medium Business,2007.

[11] CHU B, ZHANG H, JIN F J. Identification and comparison of air-craft industry clusters in China and United States[J]. Chinese Geographical Science,2010(5):471-480.

[12] CHULUUNBAATAR E, OTTAVIA, LUH D B,et al. The role of cluster and social capital in cultural and creative industries development[J]. Procedia Social and Behavioral Sciences,2014,109:552-557.

[13] CHEN,JAMES K C, YUAN,et al. Exploring correlation of indus-try cluster alternative with cluster formation and correlation of cluster forma-tion with cluster effect:a case study of Taiwan precision machinery industry [C]. Portland International Conference on Management of Engineering and Technology,2008:1704-1720.

[14] DAYASINDHU N. Embeddedness, knowledge transfer, industry clusters and global competitiveness:a case study of the Indian software indus-try[J]. Technovation,2002(9):551-560.

[15] FELZENSZTEIN C , BRODT S E , GIMMON E . Do strategic marketing and social capital really matter in regional clusters? Lessons from an emerging economy of Latin America[J]. Journal of Business Research, 2014, 67(4):498-507.

[16] FALLAH H, IBRAHAIM S. Knowledge spillovers in high-tech clusters in developing countries[C]. IAMOT,2004.

[17] FELZENSZTEIN C,BRODT S E,GIMMON E. Do strategic mar-keting and social capital really matter in regional clusters? Lessons from an e-merging economy of Latin America[J]. Procedia Social and Behavioral Sci-ences,2012:165-173.

[18] FELZENSZTEIN C, GIMMON E, AQUEVEQUE C. Clusters or un-clustered industries? Where inter-firm marketing cooperation matters[J]. Journal of Business & Industrial Marketing,2012(27):392-402.

[19] FOSS N. Networks, capabilities, and competitive advantage[J]. Scandinavian Journal,1999(15):1-15.

[20] FU L, LI X M. Research on the innovation mechanism of transition growth in industry cluster[C]. Proceedings of the 4th International Conference on Innovation & Management,2007:184-188.

[21] FUNG A Y H, ERNI J N. Cultural clusters and cultural industries

in China[J]. Inter-Aisa Cultural Studies,2013(4):644-656.

[22] GRILICHES Z. Capital-skill complementarity[J]. Review of Economics and Statistics,1969,514:465-468.

[23] GRILICHES Z. Issues in assessing the contribution of R&D to productivity growth[J]. Bell Journal of Economics,1979(10):92-116.

[24] GRILICHES Z. The search for RD spillovers [J]. Scandinavian Journal of Economics,1992,94(1):29-47.

[25] GULATI R. Network location and learning:the influence of network resources and firm capabilities on alliance formation[J]. Strategic Management Journal,1999,20(5):397-420.

[26] GWEE J. Innovation and the creative industries cluster:a case study of Singapore's creative industries[J]. Innovation-Management Policy & Practice,2009(2):240-252.

[27] HE J, FALLAH M H. The typology of technology clusters and its evolution—evidence from the hi-tech industries[J]. Technological Forecasting and Social Change,2011(6):945-952.

[28] HONG C, SHAO Y F. The technological capability building processes of clustered firms in developing countries:their characteristics and driving powers—a multiple case study based on capability matrix[C]. Proceedings of the Seventh International Symposium-Corporate Governance,2013:62-80.

[29] HSU M S, LIN F J. The developing strategy of green energy industry cluster—a case study of the solar photoelectric industry in Taiwan[J]. Procedia Social and Behavioral Sciences,2012:165-173.

[30] JACKSON M O,WOLINSKY A. A strategic model of social and economic networks[J]. Journal of Economic Theory,1996,71:44-74.

[31] KIERON M,MARK R. Network density and R&D spillovers[J]. Journal of Economic Behavior & Organization,2004,53(1):237-250.

[32] KLEIN D, KIES U, SCHULTE A. Regional employment trends of wood-based industries in Germany's forest cluster:a comparative shift-share analysis of post-reunification development[J]. European Journal of Forest Research,2009(3):205-219.

[33] KUKALIS S. Agglomeration economies and firm performance:the case of industry clusters[J]. Journal of Management,2010(2):453-481.

[34] LEI H S, HUANG C H. Geographic clustering, network relationships and competitive advantage: two industrial clusters in Taiwan[J]. Management Decision, 2014(52): 852-871.

[35] LI Y H, TAN J Y, HU Y Y. Evaluation of knowledge complementary degree for creative industry cluster based on BP neural networks[C]. International Conference on Management Science and Engineering-Annual Conference Proceedings, 2011: 41-46.

[36] LIU W, ZHANG S Y, LI G Y. Research on the relationship between industry cluster culture and the regional industry cluster's sustainable development [C]. 2013 International Conference on Management, 2013: 1262-1269.

[37] LYNN M, FULVIA F. Local clusters, innovative systems and sustained competitiveness[R]. The Netherlands: Discussion Papers from United Nations University, Insititute for New ECHNOLOGIES, 2000.

[38] MAC D. GDA, the benefits and costs of private investment from abroad: a theory approach[J]. Economic Record, 1960(37): 13-35.

[39] MASKELL P. Towards a knowledge-based theory of the geographical cluster[J]. Industrial and Corporate Change, 2001, 10(4): 921-944.

[40] MENSEL M P, FORMANHL D, SWITZERLAND B, et al. Cluster life cycles-dimensions and rationales of clusters development[J]. Industrial & Corporate Change, 2007(19): 205-238.

[41] GLOOR P A. Swarm creativity: competitive advantage through collaborative innovation networks[M]. New York: Oxford University Press, 2006.

[42] POWELL W W, KOPUT K W, SMITH D L. Inter-organizational collaboration and the locus of innovation: networks of learning in biotechnology [J]. Administrative Science Quarterly, 1996, 41(1): 116-145.

[43] FRIDA R, JOHANNA B, EMMA R. Life cycle perspective in environmental strategy development on the industry cluster level: a case study of five chemical companies[J]. Journal of Cleaner Production, 2015(86): 125-131.

[44] SCHMITZ H. Small shoemakers and fordist giants, tale of a super-cluster[J]. World Development, 1995, 23(1): 9-28.

[45] SHAO X, HAI F, ZHU J Q. Review on logistics industry cluster [J]. Advanced Materials Research, 2013: 2162-2166.

[46] SHI N. A dynamic study of regional international tourism competi-

tiveness based on factor analysis[C]. Comprehensive Evaluation of Economy and Society with Statistical Science,2010:261-269.

[47]　SHI Y X, LI C X. Evaluation on the competitiveness of beef industry cluster in Heilongjiang province based on GEM Model[J]. Comprehensive Evaluation of Economy and Society with Statistical Science,2009:906-911.

[48]　KAREL S, LUCIE Z. European competitiveness and industry cluster based policies:case of Czechia[C]. Proceeding of the 2nd International Conference on European Integration 2014,2014:618-625.

[49]　STIGLITZ J E. A new view of technological change[J]. Economic Journal,1969(79):116-131.

[50]　STIGLITZ J E. Refections on the natural rate hypothesis[J]. The Journal of Economics Perspectives,1997,11(1):3-10.

[51]　TICHY Q. Cluster:less dispensable and more risky than ever,cluster and regional specialization[M]. London:Pion Limited,1998.

[52]　PADMORE T, GIBSON H. Modeling systems of innovation:a framework for industrial cluster analysis in regions[J]. Research Policy,1998(26):625-641.

[53]　TRACEY P, CLARK G L. Alliances, networks and competitive strategy:rethinking clusters of innovation[J]. Growth & Change, 2010, 34(1):1-16.

[54]　TU H B. On the clusters marketing model of high-tech industry clusters[C]. Tianjin:Marketing science innovation and economic development,2009:263-269.

[55]　VERONICA S,THOMAS F. Collaborative innovation in ubiquitous system[J]. Journal of International Manufacturing,2007(5):599-615.

[56]　WANG Y X. Analysis on LC tourism industry cluster construction of Shandong peninsula blue economic zone[C]. 2012 International Conference on Education Reform and Management Innovation,2013:144-148.

[57]　WEVER E,STAM E. Clusters of high technology SMEs:the dutch case[J]. Reginal Studies,1999(33):391-400.

[58]　XIANG X Z, HU K, WU S C. Study on the innovation model of resource-based agro-processing industry cluster[C]. Proceedings of the 7th International Conference on Innovation and Management,2010:504-508.

[59]　ZANE Z, ELITA L. The role of business cluster in promoting com-

petitiveness of enterprise[C]. New Socio-Economic Challenges of Development in Europe 2010,2011:41-48.

[60] ZHANG M Q, WU Z P. Research on the creative industry cluster's dynamic mechanism based on emergent property[J]. Industry Cluster and Meta-Studies,2008:853-861.

[61] ZHANG N N, SUN H, LIU Y Y. Study on competitiveness evaluation for black energy industry cluster in Xinjiang based on AHP[C]. Comprehensive Evaluation of Economy and Society with Statistical Science, 2010: 270-279.

[62] ZHANG W Z. Risk management of high-tech industry cluster based on development of information technology[C]. International Conference on Social Science,Management and Economics,2015:165-169.

[63] YUSUF Y Y,MUSA A,DAUDA M,et al. A study of the diffusion of agility and cluster competitiveness in the oil and gas supply chains[J]. International Journal of Production Econimics,2014(pt. B):498-513.

[64] ZHOU J G, ZHANG G M. Strategy for enhancing regional industrial competitiveness based on industrial clusters[C]. Proceedings of the 3rd International Conference on Product Innovation Management, Vols Ⅰ and Ⅱ, 2008:766-769.

[65] 马歇尔.经济学原理[M].北京:商务印书馆,1964.

[66] 艾瑞咨询.2015 年中国网络文学 IP 价值研究报告[EB/OL]. (2015-10-27)[2021-06-20]. http://www.199it.com/archives/397566.html.

[67] 安虎森.增长极形成机制及增长极与外围区的关系[J].南开学报(哲学社会科学版),2007(4):90-101.

[68] 安虎森.新区域经济学[M].大连:东北财经大学,2010.

[69] 安欣.我国出版企业核心竞争力评价及提升策略研究[D].武汉:武汉大学,2011.

[70] 鲍繁.传媒类文化产业园区的现状、借鉴与思考[J].中国传媒科技,2012(11):62-65.

[71] 鲍枫.中国文化创意产业集群发展研究[D].长春:吉林大学,2013.

[72] 暴晓楠.中文在线发展现状、问题及建议研究[D].开封:河南大学,2016.

[73] 尼茨坎普.区域和城市经济学手册[M].北京:经济科学出版社,2010.

[74]　毕新堂.产业集群运行模式研究[J].科技与企业,2015(4):1.

[75]　毕昱.中国数字出版产业基地研究报告[R].2015—2016中国数字出版产业年度报告,2016:352-363.

[76]　柏拉图.理想国[M].郭斌和,张竹明,译.北京:商务印书馆,2000.

[77]　蔡宁,杨旭.协作行为对企业集群竞争力的影响[J].徐州建筑职业技术学院学报,2002(2):48-51.

[78]　曹健敏.传统出版的新媒体融合与创新实践研究——以时代出版"时光流影"项目为例[J].编辑之友,2015(7):31-35.

[79]　曹修宁.产业集群发展的制度环境与公共政策研究[M].北京:中国经济出版社,2015.

[80]　曹旭,苟莉莉.论数字出版产业基地的功能及发展建议[J].中国经贸导刊,2010(22):69.

[81]　陈国宏,李凯.产业集群的组织分析逻辑:组织本质、效率与边界[J].财经问题研究,2009(1):37-42.

[82]　陈后强.以印刷园区建设为载体加速产业集聚和升级[J].印刷杂志,2014(1):8-11.

[83]　陈健,夏兰.基于网络视角的产业集群分类[J].商场现代化,2007(2):233-234.

[84]　陈莉敏.科技企业孵化器集群的产业特征分析[J].武汉理工大学学报(信息与管理工程版),2009(5):800-804.

[85]　陈莉敏.科技企业孵化器集群机理研究[D].武汉:武汉理工大学,2008.

[86]　陈柳钦.产业集群竞争力问题研究[J].北京科技大学学报(社会科学版),2009(2):15-25.

[87]　陈柳钦.波特的产业集群竞争优势理论述评[J].中共济南市委党校学报,2007(4):15-19.

[88]　陈柳钦.克鲁格曼等新经济地理学派对产业集群的有关论述[J].西部商学评论,2009(1):64-80.

[89]　陈柳钦.基于新经济地理学的产业集群理论综述[J].湖南科技大学学报(社会科学版),2007(3):42-44.

[90]　陈少华.数字出版基地发展中的公共服务体系建设研究[J].科技与出版,2013(10):10-13.

[91]　陈璐.试论亚当·斯密的"论分工"思想与国际分工[J].黑河学刊,2012(5):7-9.

[92] 陈彤.中国数字出版产业基地研究报告[R]//张立,王飚.2013—2014中国数字出版产业年度报告.北京:中国书籍出版社,2014:352-363.

[93] 陈雪松.产业集群的形成及其可持续发展[D].广州:暨南大学,2003.

[94] 陈秀山,张可云.区域经济理论[M].北京:商务印书馆,2003.

[95] 陈秀琼.旅游产业集群形成与竞争力评价研究[D].厦门:厦门大学,2007.

[96] 陈玉慧.厦门汽车产业集群创新网络结构与功能研究[J].地域研究与开发,2012(1):60-64.

[97] 陈泽明.产业园区建设理论与实践[M].北京:中国商务出版社,2013.

[98] 王坤宁,李婧璇.创新+科技+集群化 基地引领数字出版新潮流[N].中国新闻出版广电报,2016-05-19(5).

[99] 程璐.高技术虚拟产业集群知识转移机制研究[D].哈尔滨:哈尔滨理工大学,2011.

[100] 程霞珍.安徽文化产业发展的政府支持[D].合肥:安徽大学,2014.

[101] 程征,梁益畅.文化创意产业园的传媒实践[J].中国记者,2013(2):68-70.

[102] 迟文成,冯永刚.产业集群技术学习机制研究[M].北京:经济管理出版社,2013.

[103] 丛挺.我国出版企业新媒体技术采纳研究[D].武汉:武汉大学,2014.

[104] 崔国强.北京国家数字出版基地:精耕数字化转型[N].经济日报,2015-10-08(8).

[105] 崔光月,张允.数字出版产业基地的功能分析[J].采写编,2012(3):42-43.

[106] 崔宏伟.我国政府在产业集群发展中的行为研究[D].长春:吉林大学,2007.

[107] 代杨,肖超.基于自组织理论的我国国家数字出版基地发展策略[J].出版发行研究,2016(3):10-13.

[108] 邓佳佳.产业链视角下的数字出版产业发展[J].南昌大学学报(人文社会科学版),2014(11):73-76.

[109] 邓雪,李家铭,曾浩健,等.层次分析法权重计算方法分析及其应用研究[J].数学的实践与认识,2012(7):93-100.

[110] 丁建军,陈赤平.产业集群分类、治理比较及演变趋势分析[J].中南财经政法大学学报,2008(5):26-31.

[111] 丁轶群.西安文化创意产业集聚区竞争力研究[D].西安:西安电子科技大学,2013.

[112] 董锁成,武伟.地域生产综合体与增长极理论的比较研究[J].甘肃社会科学,1996(3):34-37.

[113] 董微微.基于复杂网络的创新集群形成与发展机理研究[D].长春:吉林大学,2011.

[114] 杜渐.我国网络游戏产业研究[D].北京:对外经济贸易大学,2016.

[115] 杜娟.数字出版产业园区发展态势分析——以青岛国家数字出版产业基地为例[J].齐鲁艺苑,2016(4):119-123.

[116] 杜磊.基于神经网络方法的产业集群绩效评价[D].秦皇岛:燕山大学,2016.

[117] 杜培林.产业集群的核结构研究[D].济南:山东大学,2015.

[118] 段钧锴.动漫产业集群竞争力研究[D].杭州:浙江大学,2011.

[119] 佩鲁.新发展观[M].北京:华夏出版社,1987.

[120] 方卿,曾元祥.产业融合:数字出版产业发展的唯一选择[J].出版发行研究,2011(9):5-8.

[121] 方永恒.基于自组织理论的文化产业集群演化机制研究[J].产业与科技论坛,2015(3):15-17.

[122] 冯宝轩.基于社会网络理论产业集群升级理论及其实证研究[D].长春:吉林大学,2008.

[123] 冯晗.中国数字出版产业发展模式研究[D].北京:北京印刷学院,2014.

[124] 冯其红.游戏规则中的激励机制研究[J].中国人力资源开发,2012(10):32-36.

[125] 冯文礼.青岛国家数字出版产业基地正式运营[N].中国新闻出版报,2014-03-24(1).

[126] 冯卫红.旅游产业集群形成和演进研究——以平遥古城为例[D].郑州:河南大学,2008.

[127] 付东.我国印刷产业园区发展状况与建议[J].中国印刷,2015(3):40-43.

[128] 付颖.基于自组织理论的科技创新集群形成机理研究[D].秦皇岛:燕山大学,2010.

[129] 盖文启,朱华晟,张辉.国外产业集群理论探析[J].国际经贸探索,2006,22(4):44-48.

[130] 高长元,程璐.高技术虚拟产业集群知识溢出机制研究[J].科技进步与对策,2011(6):55-59.

[131] 高菲,俞竹超,江山.多核式中卫型产业集群的网络结构分析——以沈阳装备制造业集群为例[J].产经评论,2014(5):63-77.

[132] 高晓霞.基于产业集群的高技术企业协同创新绩效研究[D].太原:太原理工大学,2014.

[133] 耿蕊.中国动漫产业集群发展研究[D].武汉:武汉大学,2010.

[134] 宫丽颖.我国国家数字出版基地建设分析[J].中国出版,2013(20):36-38.

[135] 龚双红.中国产业集群升级研究[D].北京:中共中央党校,2009.

[136] 顾金亮.出版企业竞争力评价研究[M].南京:东南大学出版社,2010.

[137] 关士续.技术创新的运行机制和动力机制[J].未来与发展,1991(5):46-50.

[138] 上海市张江高新技术产业开发区管理委员会.上海张江高科技园区关于印发《上海市张江高科技园区文化产业扶持办法》的通知[EB/OL].(2012-12-18)[2021-06-18].http://www.pkulaw.cn/fulltext_form.aspx?Gid=17577115.

[139] 隗娜.山东数字出版产业集群竞争力分析[J].合作经济与科技,2015(12):13-16.

[140] 郭杜刚.文化创意企业绩效评价及其影响因素研究[D].南昌:江西师范大学,2013.

[141] 国家广播电视总局.国家新闻出版广电总局办公厅关于规范开展新闻出版产业基地创建工作的通知[EB/OL].(2018-02-27)[2021-11-20].http://www.nrta.gov.cn/art/2018/2/27/art_113_34967.html.

[142] 国家新闻出版广电总局规划发展司.2014年新闻出版产业分析报告(节选)[J].出版发行研究,2015(9):5-9.

[143] 郭俊峰.数字出版产业间的创新发展[J].出版广角,2014(18):40-42.

[144] 艾瑞咨询.国内人均日均使用数字媒体时间过半[EB/OL].(2015-08-11)[2016-10-22].http://www.199it.com/archives/374974.html.

[145] 郭胜利.中国产业集群分类[J].中国市场,2010(32):133-134.

[146]　郭新人,王诗晴,唐月民.3G 阅时代下我国数字出版产业链整合模式研究——以盛大文学与凤凰出版传媒集团为例[J].科技与出版,2014(2):76-80.

[147]　严灿.海尔智能家居终端 Smart Center 现场体验[EB/OL].(2014-04-11)[2021-06-10].http://digi.it.sohu.com/20140411/n398096047.shtml.

[148]　青岛市政府国资委.青岛海信数字多媒体技术国家重点实验室引领技术创新前沿[EB/OL].(2014-12-05)[2021-06-12].http://www.qingdao.gov.cn/n172/n24624151/n24672329/n24673634/n24675014/141205143246352686.html.

[149]　韩十甲.信息产业集群的知识溢出机制研究[D].南昌:江西财经大学,2010.

[150]　郝振省.2009—2010 中国数字出版产业年度报告[M].北京:中国书籍出版社,2010.

[151]　郝振省.2011—2012 中国数字出版产业年度报告[M].北京:中国书籍出版社,2012.

[152]　郝振省.2012—2013 中国数字出版产业年度报告[M].北京:中国书籍出版社,2013.

[153]　贺剑锋.中国出版企业竞争力研究[M].武汉:湖北人民出版社,2004.

[154]　贺金晓,宋盼盼.美国硅谷对北京市出版产业园区运行机制的启示[J].东方企业文化,2015(4):103-106.

[155]　何慧爽.产品差异化、竞争强度与企业 R&D 策略分析[J].科学学研究,2010(10):1361-1367.

[156]　何天骄.网络文学 IP 市场"一超多强"格局渐成[N].第一财经日报,2016-08-29(A07).

[157]　侯增辉.我国国家数字出版基地发展现状及策略分析[D].南京:南京大学,2016.

[158]　胡宇橙,王庆生.基于 GEM 模型的旅游产业集群竞争力研究——以天津滨海新区为例[J].地域研究与开发,2010(10):74-78.

[159]　华宇虹,李文兴.基于共享性资源的数字出版产业集群创新机理研究[J].中国出版,2013(13):42-46.

[160]　华正伟.我国创意产业集群与区域经济发展研究[D].长春:东北师范大学,2012.

[161]　霍国庆,郭俊峰,袁永娜,等.基于价值链的科技企业孵化器核心竞

争力评价研究[J].数学的实践与认识,2012(24):84-94.

[162] 胡蓓.产业集群的人才集聚效应——理论与实证研究[M].北京:科学出版社,2009.

[163] 胡昀.我国数字出版产业发展现状及策略[D].保定:河北大学,2010.

[164] 胡再华.数字内容产业特征、现状和发展策略研究[D].武汉:华中师范大学,2006.

[165] 胡祝琳.浙江省高新技术产业集群知识溢出的实证研究[D].杭州:浙江工业大学,2014.

[166] 佚名.华中国家数字出版基地在湖北武汉市奠基[J].中国印刷,2011(11):4.

[167] 华慧.虚拟产业集群运行研究——以浙江为例[D].杭州:浙江工业大学,2011.

[168] 黄金秋.移动音乐产业链内部博弈关系研究[D].北京:北京邮电大学,2013.

[169] 黄娟.产业集群内企业之间竞合的博弈分析[J].企业技术开发,2011(16):30.

[170] 黄琴凌扬.产业集群创新网络运行机制剖析[J].企业家天地,2014(14):33.

[171] 黄思源.创意产业及其运行机制探析[D].北京:中共中央党校,2010.

[172] 黄天蔚.文化创意产业集群形成机理研究[D].武汉:武汉理工大学,2014.

[173] 黄晓倩,宋盼盼.中国北京国家级出版产业园区与美国硅谷融资模式对比[J].现代商业,2015(2):50-51.

[174] 黄孝章,张志林,陈丹.数字出版产业发展模式研究[M].北京:知识产权出版社,2012.

[175] 黄寅晨.产业集群企业竞合策略的行为特征对变革绩效影响研究:基于组织间学习视角[D].杭州:浙江大学,2011.

[176] 侯长海.2015年中国在线教育市场分析[J].互联网天地,2016(2):85-88.

[177] 霍国庆,郭俊峰,袁永娜,等.基于价值链的科技企业孵化器核心竞争力评价研究[J].数学的实践与认识,2012(24):84-94.

[178] 纪玉俊.产业集群的网络组织分析[D].济南:山东大学,2009.

[179]　贾尚晖,牛晓蕙.从实证分析的角度看北京建设数字串产业基地的可行性[J].中国出版,2012(14):26-29.

[180]　焦扬.聚焦国家数字出版基地推动数字出版产业发展[J].中国出版,2009(5):16.

[181]　焦志明.我国文化产业集群运行机理分析[D].太原:山西财经大学,2008.

[182]　蒋录全,吴瑞明,刘恒江,等.产业集群竞争力评价分析及指标体系设计[J].经济地理,2006(1):37-40.

[183]　姜鑫,罗佳.从增长极理论到产业集群理论的发展[J].山东工商学院学报,2008(6):1-5.

[184]　江小妍.泛娱乐环境下的 IP 运营模式研究[J].科技与出版,2016(5):23-27.

[185]　蒋云霞,肖华茂.基于生态经济学的产业集群综合绩效评价体系研究[J].企业经济,2009(8):59-61.

[186]　金永成,钱春丽.数字出版产业园区的集聚效应研究[J].科技与出版,2013(10):14-17.

[187]　金祥荣,汪伟,项力敏.产业区内的知识外溢:一个选择性评述[J].产业经济评论,2004(1):1-10.

[188]　马克思.资本论:第一卷[M].中共中央马克思恩格斯列宁斯大林著作编译局,译.北京:人民出版社,1976.

[189]　康小明,向勇.产业集群与文化产业竞争力的提升[J].北京大学学报(哲学社会科学版),2005,42(2):17-21.

[190]　普瑞斯.以合作求竞争[M].武康平,译.沈阳:辽宁教育出版社,1998.

[191]　孔海啸.重庆数字出版基地融合发展的动力机制研究[J].品牌月刊,2014(1):31.

[192]　况姗芸.论虚拟动漫产业集群的运行机制与发展对策[J].广州航海高等专科学校学报,2011(12):33-35.

[193]　李彪.集成经济视角下移动阅读产品的赢利模式及启示[J].出版发行研究,2016(4):48-51.

[194]　李波.企业集群内部互动机理与博弈模型分析[J].科技经济市场,2009(6):108-110.

[195]　李刚.试论产业集群的形成和演化——基于自组织理论的观点[J].学术交流,2005(2):78-82.

［196］　李舸.产业集群的生态演化规律及其机制研究［M］.北京:经济科学出版社,2011.

［197］　李金顺.基于产品差异化的成本管理研究［D］.福州:福州大学,2005.

［198］　李宏源.产业集群的形成过程和运行机制［D］.武汉:武汉大学,2004.

［199］　李婧旋,王坤宁.2016 国家数字出版基地高端论坛举行［N］.中国新闻出版广电报,2016-05-13(3).

［200］　李凯,李世杰.我国产业集群分类的研究综述与进一步探讨［J］.当代财经,2005(12):93-96.

［201］　李琳.基于产业集群的高新区竞争力［D］.长沙:中南大学,2005.

［202］　李钦."走出去"视野下的数字出版基地发展评价研究［D］.武汉:华中科技大学,2014.

［203］　李仁贵.增长极理论的形成与演进评述［J］.经济思想史评论,2006(1):210-234.

［204］　李世杰.产业集群的组织分析［D］.沈阳:东北大学,2006.

［205］　李熙.国家级数字出版基地需要解决的几个问题［J］.出版参考,2013(5):14-15,17.

［206］　李新.高新技术产业集群及运行效应研究［D］.成都:西南交通大学,2005.

［207］　李欣蔚,吴静芬,张晓东.高新技术产业集群运行机理研究——基于主导产业的视角［J］.科技创业月刊,2009(8):22-24.

［208］　李晓红.高技术产业集群下企业创新模型研究［D］.大连:大连理工大学,2012.

［209］　李益民.自组织视角下我国文化产业集群行程中的问题及对策［J］.南阳师范学院学报(社会科学版),2011(11):43-48.

［210］　李游.完善数字出版产业的若干措施［J］.出版参考,2016(6):38-39.

［211］　李煜华,胡运权,孙凯,等.产业集群规模与集群效应的关联性分析［J］.科学学与科学技术管理,2006(6):91-97.

［212］　梁东方.知识溢出效应对高新技术产业集群的影响研究［D］.长春:吉林财经大学,2016.

［213］　林平凡,陈建,陈诗仁.从发展产业集群到培育产业基地——以中山市产业集群发展为例［J］.特区经济,2006(9):76-78.

[214] 林畅茂.聚焦印刷包装产业园区:驱动印刷包装产业发展的孵化器[J].今日印刷,2015(9):45-48.

[215] 刘灿姣,黄立雄.论数字出版产业链的整合[J].中国出版,2009(1):44-47.

[216] 刘长虹.珠三角科技企业孵化器综合竞争力评价研究[J].情报杂志,2010(6):147-149.

[217] 刘芬,邓宏兵,李雪平.增长极理论、产业集群理论与我国区域经济发展[J].华中师范大学学报(自然科学版),2007(3):130-133.

[218] 刘衡,王龙伟,李垣.竞合理论研究前沿探析[J].外国经济与管理,2009(9):1-8.

[219] 刘恒江,陈继祥.产业集群竞争力研究述评[J].外国经济与管理,2004(10):2-9.

[220] 刘珂.产业融合推动产业集群升级的路径探析[J].郑州轻工业学院学报(社会科学版),2009(2):82-85.

[221] 刘静波.产业竞合——合作博弈、网络平台与制度条件[M].上海:上海财经大学出版社,2010.

[222] 刘蕾.基于产业集群提升包装印刷园区竞争力研究[J].区域经济评论,2009(1):17-19.

[223] 刘善庆,陈文华,叶小兰.产业集群分类综述[J].企业经济,2005(5):71-73.

[224] 刘蔚.文化产业集群的形成机理研究[D].广州:暨南大学,2007.

[225] 刘晓.基于知识网络的软件业集群技术学习机制研究[D].杭州:浙江大学,2003.

[226] 刘肖,董子铭.内容·平台·多元竞合——数字出版盈利模式研究综述与思考[J].中国出版,2012(7):26-29.

[227] 刘妍序.基于移动互联网市场的大众阅读分析[J].现代经济信息,2016(16):428-429.

[228] 刘义圣,林其屏.产业集群的生成与运行机制研究[J].东南学术,2004(6):131-137.

[229] 刘友金.产业集群竞争力评价量化模型研究——GEM 模型解析与GEMN 模型构建[J].中国软科学,2007(9):104-124.

[230] 刘哲军.基于 GEM 模型的铜陵铜文化产业集群竞争力实证研究[J].湖北文理学院学报,2014(8):37-40.

[231] 刘志迎.企业主导产学研合作的技术与市场协同创新——以科大讯

飞为例[J].管理案例研究与评论,2013(4):311-318.

[232] 龙开元.产业集群演进与企业全球技术导入的互动机理研究[M].北京:科学技术文献出版社,2011.

[233] 芦彩梅.基于复杂系统视角的产业集群演化研究[M].北京:经济科学出版社,2010.

[234] 路二维.天翼阅读 App 的用户体验及提升策略研究[D].北京:北方工业大学,2016.

[235] 卢方元,李晓洋.产业集群技术创新体系运行机制分析[J].商业经济研究,2015(8):125-126.

[236] 陆立军,郑小碧.基于共同演化的专业市场与产业集群互动机理研究:理论与实证[J].中国软科学,2011(6):117-129.

[237] 陆鹏飞,贺红权.工业产业集群品牌生态系统协同机理及运行机制研究[J].工业技术经济,2016(11):103-108.

[238] 陆奕彤,杨海平.我国国家数字出版基地发展研究[J].科技与出版,2013(10):7-9.

[239] 李旭.望"时光流影"探未来之路——时代新媒体出版社探路出版转型[J].出版参考,2016(2):14-15.

[240] 鲁旭.数字出版产业的现状、问题与对策分析——以江苏省数字出版产业为例[J].江苏科技信息,2015(7):5-12.

[241] 骆建栋.产业集群合作创新网络的结构和运行机制研究[D].长沙:湖南大学,2009.

[242] 吕强龙.冲突与整合——中国数字出版产业链研究[D].上海:复旦大学,2013.

[243] 马建会.产业集群成长机理研究[M].北京:中国社会科学出版社,2007.

[244] 麻敏,李勇.文化产业集群竞争力的评价方法[J].统计与决策,2014(1):83-86.

[245] 马萍.产业集群内的集体学习过程和机制研究[D].武汉:华中科技大学,2004.

[246] 马宗国,张咏梅.产业集群竞争优势的来源——企业合争机制[J].科学学研究,2006(8):74-78.

[247] 波特.国家竞争优势[M].李明轩,邱如美,译.北京:中信出版社,2007.

[248] 梅姝娥,仲魏俊,胡义东."二次创业"阶段我国高新区发展水平评价

指标体系研究[J].科技与经济,2004(4):15-20.

[249]　明慧.网络文学:市场规模暴涨引资本"掘金"[N].中国改革报,2014-03-06(9).

[250]　吴晋娜.媒体融合又出大招 确定 20 家出版融合发展重点实验室[EB/OL].(2017-01-10)[2021-06-14].http://www.cnpubg.com/news/2017/0111/32569.shtml.

[251]　莫远明.国家数字出版基地的运行实践及其走向[J].新闻研究导刊,2012(11):46-51.

[252]　聂震宁.产业集群思维与数字出版基地建设的思考[J].出版发行研究,2016(7):8-13.

[253]　聂震宁.数字出版呼唤开启竞合时代[J].出版参考,2010(24):6.

[254]　牛艳云.基于 GEM 模型的旅游产业集群竞争力研究[D].济南:山东大学,2007.

[255]　经济合作与发展组织.创新集群:国家创新体系的推动力[M].北京:科学技术文献出版社,2005.

[256]　潘顺东.产业集群演进机制研究[D].苏州:苏州大学,2004.

[257]　潘忠志,张毅,刘伟.高技术集群企业创新网络的关联模式和运行机制分析[J].特区经济,2009(9):285-286.

[258]　彭兆平.出版集团竞争力评价模型与实证研究[D].长沙:湖南大学,2010.

[259]　彭仲耀.核心企业双元性下我国地方产业集群升级研究[D].湘潭:湘潭大学,2012.

[260]　乔攀.硅谷科技园区投融资模式对北京数字出版产业基地投融资模式建设的启示[J].财经界学术版,2014(8):127.

[261]　仇保兴.小企业集群研究[M].上海:复旦大学出版社,1999.

[262]　刘可昕.去年销售量 1.39 亿部,华为将成为全球第二[EB/OL].(2017-01-06)[2021-06-20].https://mobile.zol.com.cn/622/6229601.html.

[263]　曲倩影.江西国家数字出版基地落户南昌高新区[N].南昌日报,2015-06-06(1).

[264]　全笑蕾,孙庆波.集群学习机制研究[J].上海商学院学报,2006(4):1-4.

[265]　任太增.产业集群的内部结构与治理[J].河南师范大学学报(哲学社会科学版),2015(2):36-40.

[266]　任晓宁.国家数字出版基地:差异化定位集群化发展见成效[N].中

国新闻出版报,2012-07-26(6).

[267] 任晓然.当前在线教育行业发展初探[J].科技资讯,2016(9):
161-162.

[268] 沙德春.硅谷指数与中国国家高新区评价指标体系比较研究[J].中
国科技论坛,2012(12):74-81.

[269] 尚策.数字出版考核激励机制研究[J].科技与出版,2015(12):
23-27.

[270] 上海市新闻出版局数字出版调研课题组.网络文学:市场潜力巨大,
亟待加强引导[N].中国新闻出版报,2015-02-09(7).

[271] 尚力强.浅论产业集群内部网络组织结构[J].中国合作经济,2005
(5):53-54.

[272] 沈群.我国数字出版:形势、发展走势及建议[J].编辑之友,2012
(4):81-83.

[273] 沈添玺,薛华圣,张浩.新媒体视域下的网络广告研究[J].通讯世
界,2016(12):295.

[274] 盛亚.中国高技术产业化过程的机制研究[J].科研管理,1996(2):
38-42.

[275] 佚名.世纪华通:盛大游戏 2016 年净利润 16 亿,年增 113%[EB/
OL].(2017-01-12)[2021-06-12].http://chanye.0703.com/shuju/1534420.ht-
ml.

[276] 世界银行.1997 年世界发展报告:变革世界中的政府[M].北京:中
国财政经济出版社,1997.

[277] 史征.文化产业集群竞争力评价实证研究——以杭州数字娱乐产业
集群为例[J].生产力研究,2009(18):141-143,180.

[278] 宋化民,胡实秋.关于高新技术开发区的评价指标与方法研究[J].
科技管理研究,2000(6):32-38.

[279] 宋丽萍.区域创新系统绩效评价及创新能力提升路径研究[D].武
汉:中国地质大学,2014.

[280] 宋亮亮.浅析国家数字出版基地发展现状[J].中国报业,2015(21):
70-71.

[281] 苏江明.产业集群生态相研究[D].上海:复旦大学,2004.

[282] 隋映辉.产业集群——成长、竞争与战略[M].青岛:青岛出版
社,2005.

[283] 孙立.以"时光留影"为例浅谈社交网站对编辑的能力要求[J].出版

科学,2015(3):35-37.

[284] 孙玲.我国国家数字出版基地管理运行模式浅析——以上海张江和江苏基地为例[J].传媒,2015(22):72-74.

[285] 孙鹏.图书馆信息集群的运行与管理机制[J].图书馆学刊,2011(4):39,45.

[286] 孙威,陈彦亮,丛永强,等.我国体育产业集群的协同创新研究[J].技术经济与管理研究,2012(11):33-39.

[287] 孙文彬.武汉光谷产业集群学习机制研究[D].武汉:华中科技大学,2006.

[288] 孙兆刚.知识溢出的发生机制与路径研究[D].大连:大连理工大学,2005.

[289] 唐诚焜.数字出版产业集群现状及发展[J].闽江学院学报,2010(1):132-135.

[290] 唐华.产业集群论[D].成都:四川大学,2004.

[291] 唐建民.商业集群竞合机制[J].消费导刊,2008(23):102.

[292] 唐溯,陈彤.中国数字出版产业基地研究报告[R]//郝振省.2009—2010中国数字出版产业年度报告.北京:中国书籍出版社,2010.

[293] 田常清.出版产业国际竞争力评价理论与实证研究[D].武汉:武汉大学,2014.

[294] 田雪丰.河北省高新技术产业集群绩效评价研究[J].北华航天工业学院学报,2016(1):41-44.

[295] 童泽望.文化产业集群竞争力的提升路径研究[J].科技进步与对策,2008(11):91-93.

[296] 万兴.网络融合下数字电视产业的竞合形态与企业战略[J].中国科技论坛,2013(4):59-64.

[297] 王灿.区域高新技术产业创新绩效评价研究[D].合肥:合肥工业大学,2013.

[298] 王恩才.产业集群生命周期研究[J].齐鲁学刊,2013(3):86-90.

[299] 王发明.基于生态观的产业集群演进研究[D].杭州:浙江大学,2007.

[300] 王国红.知识溢出和产业集群中企业学习研究[D].大连:大连理工大学,2007.

[301] 汪华林.人才聚集:发展产业集群的基础保障[J].经济问题探索,2004(12):104-106.

[302] 王欢.成都高新技术产业集群绩效研究[D].成都:四川农业大学,2012.

[303] 王缉慈.创新的空间——产业集群与区域发展[M].北京:北京大学出版社,2001.

[304] 王进.基于知识溢出效应的产业集群学习机制研究[D].大连:大连理工大学,2005.

[305] 王锦绣.产业集群竞争力评价指标体系[D].广州:广东省社会科学院,2007.

[306] 王坤宁,李婧旋.创建国际一流数字文化创意产业园区,北京国家数字出版基地扬帆起航[N].中国新闻出版报,2015-06-23(3).

[307] 王腊银.基于社会网络的集群企业成长机理研究[D].西安:西安建筑科技大学,2012.

[308] 王雷.产业集群与区域经济发展[D].成都:四川大学,2005.

[309] 王丽君.创意产业集群的形成因素研究[D].北京:北京交通大学,2007.

[310] 王林雪,张丽娜.我国高新区国际竞争力评价指标体系[J].科技进步与对策,2005(7):23-26.

[311] 王其和,夏晶,王婉娟.产业集群生命周期与政府行为关系研究[J].当代经济,2010(20):164-166.

[312] 王强.国家"十三五"规划数字出版要点[N].出版商务周报,2016-07-19.

[313] 王强.以基地建设带动数字出版产业整体发展[J].科技与出版,2013(10):4-6.

[314] 王然婷.影游联动撬动90亿市场规模[J].经理人,2017(2):64-65.

[315] 王睿.高科技产业集群演进机制研究[D].北京:北京林业大学,2011.

[316] 王帅力.政府主导型产业集群的演进机理及绩效实证研究[D].长沙:湖南大学,2013.

[317] 王少君.集群根植性作用机制研究[D].金华:浙江师范大学,2007.

[318] 王欣,高攀,孙冰,等.电子信息产业集群绩效评价的研究[J].才智,2011(29):307-308.

[319] 王炎龙,黎娟.我国数字出版基地建设的困局及发展路径[J].出版科学,2013(2):81-84.

[320] 王永宁.产业集群视角下的科技企业孵化器发展机制研究[D].重

庆:重庆大学,2010.

[321] 王瑜.增长极理论与实践评析[J].商业研究,2011(4):33-37.

[322] 王贤梅.基于社会网络的产业集群创新能力分析[J].科学学与科学技术管理,2009(12):86-91.

[323] 王霄宁.基于社会网络分析的产业集群建模及实证检验[J].系统工程,2005(3):115-119.

[324] 王萱.当前我国数字出版产业集群建设策略探析[J].出版发行研究,2014(1):21-23.

[325] 王战营.产业集群发展中的政府行为及其评价研究[D].武汉:武汉理工大学,2013.

[326] 王中颖.产业集群的组织运行模式研究[D].沈阳:沈阳工业大学,2006.

[327] 王宗敏.河南高新技术产业运行机制分析[D].郑州:郑州大学,2011.

[328] 韦文杰.国家数字出版基地的发展路径分析——重庆市北部新区国家数字出版基地[J].经济研究导刊,2014(13):212-213.

[329] 魏江.产业集群:创新系统与技术学习[M].北京:科学出版社,2003.

[330] 魏江,刘晓,陈志辉.中小企业集群学习环境优化对策研究[J].科技进步与对策,2004(6):17-20.

[331] 魏玉山.我们需要国家出版城吗?[J].编辑学刊,2009(1):25-28.

[332] 邬大光,李文.我国高校大规模线上教学的阶段性特征——基于对学生、教师、教务人员问卷调查的实证研究[J].华东师范大学学报(教育科学版),2020,38(7):1-30.

[333] 吴德进.产业集群论[M].北京:社会科学文献出版社,2006.

[334] 吴世文,刘俊俊.数字出版与大都市产业集聚发展模式[J].重庆社会科学,2013(9):77-83.

[335] 吴晓波,李璟琰.大学与高技术集群企业的互动模式研究[J].现代管理科学,2009(7):26-27.

[336] 吴晓波,李璟琰,李思敏.大学与高技术集群企业互动模式的实证研究[J].科技进步与对策,2010(13):138-141.

[337] 吴卓贤.高新技术产业集群知识溢出效应研究——基于我国高新技术产业园区的实证研究[D].南昌:江西财经大学,2013.

[338] 夏莹.网络文学市场结构演进研究[D].长沙:湖南师范大学,2016.

[339] 肖超.数字时代出版产业集群研究现状及发展态势[J].中国出版,2013(23):59-62.

[340] 肖翔.出版传媒产业园区发挥政府作用的战略思考[J].中国出版,2017(13):22-24.

[341] 肖洋.我国数字出版产业发展战略研究——基于产业结构、区域、阶段的视角[D].南京:南京大学,2013.

[342] 肖洋,谢红焰.数字时代出版产学研协作模式中的共性问题与对策分析[J].出版科学,2012(3):68-71.

[343] 谢品.基于网络视角的园区内企业间竞合行为研究[D].南昌:江西财经大学,2013.

[344] 新闻出版总署.关于加快我国数字出版产业发展的若干意见[J].中国出版,2010(21):6.

[345] 邢彬.在线教育机构如何实现盈利模式探索[J].财经界,2016(9):361-362.

[346] 邢鸿.产业集群理论视角下国家体育产业基地发展研究[D].北京:北京体育大学,2013.

[347] 熊中奥.我国企业技术创新的动力机制研究[D].武汉:武汉水利电力大学,1999.

[348] 徐碧祥,符韶英.产业集群的学习过程机制研究[J].科学管理研究,2006(4):64-66.

[349] 徐传谌,谢地.产业经济学[M].北京:科学出版社,2007.

[350] 徐春生.我国出版产业竞争力研究——以图书出版产业为例[D].南昌:南昌大学,2008.

[351] 徐康宁.产业聚集形成的原因和影响的研究[D].上海:复旦大学,2003.

[352] 徐丽芳.浮现中的大众消费类数字出版产业链[J].出版广角,2008(12):16-19.

[353] 徐强.产业集聚因何而生——中国产业集聚形成机理与发展对策研究[M].杭州:浙江大学出版社,2004.

[354] 徐维祥.企业技术创新动力系统研究[J].数量经济技术经济研究,2002(1):70-73.

[355] 徐振宇.社会网络分析在经济学领域的应用进展[J].经济学动态,2013(10):61-72.

[356] 薛海洋.媒介地理学视角下的重庆北部新区国家数字出版基地研究

[D].西安:陕西师范大学,2016.

[357] 薛剑虹.信息产业集群与经济发展的关联效应分析与研究[J].中国管理信息化,2011(7):43-46.

[358] 颜永才.产业集群创新生态系统的构建及其治理研究[D].武汉:武汉理工大学,2013.

[359] 姚婷婷.阅文集团IP运营研究[D].南京:南京大学,2016.

[360] 杨爱婷.高新技术产业集群发展中的地方政府行为研究[D].成都:电子科技大学,2011.

[361] 杨达松.移动互联网时代下读者阅读习惯的转变[J].新闻研究导刊,2017(1):28,38.

[362] 杨海平,郑林峰.我国国家级数字出版产业基地发展理念研究[J].科技与出版,2014(7):83-86.

[363] 杨慧.内生型传统产业集群演化研究[D].上海:华东师范大学,2016.

[364] 杨建君,李垣.企业技术创新主体间的激励关系研究[J].科研管理,2004(3):13-18.

[365] 杨若飞.华数传媒运营模式分析[J].新闻世界,2014(4):183-185.

[366] 杨水根.产业集群竞争力研究综述[J].黑龙江对外经贸,2007(11):22-24,55.

[367] 杨庆国,王娟.集群内数字出版产业融合机理研究[J].中国出版,2015(4):36-39.

[368] 杨鑫.产业集群治理绩效评价及实证研究[D].武汉:中国地质大学,2008.

[369] 杨伟晔.数字出版基地的内涵及界定[J].广西师范学院学报,2014(6):144-147.

[370] 杨雪萍,郭金喜.市场型产业集群的结构、功能与运行机理[J].嘉兴学院学报,2005(1):142-145.

[371] 杨智华.基于产业特点的产业集群模式比较研究[J].唐山:河北理工大学,2006.

[372] 叶波.面向整体技术能力演进的企业集群技术学习机制研究[D].杭州:浙江大学,2002.

[373] 易凌珊.网络广告规模超广电近两倍 用户接受度仍存较大提升空间[N].通信信息报,2016-04-13(A15).

[374] 尹铁岩.长春汽车生产企业集群绩效研究[D].长春:吉林大

学,2008.

[375] 殷婷.基于生态观的产业集群网络运行机制研究[D].天津:河北工业大学,2010.

[376] 殷悦佳.对我国数字出版产业基地政策方面的探究与建议[J].财经界学术版,2014(9):122.

[377] 余敏.基于GEM模型的泉州文化创意产业集群竞争力研究[J].重庆交通大学学报(社会科学版),2015(4):61-65.

[378] 于澳洋.高技术产业集群中知识溢出的因素研究[D].长春:吉林大学,2008.

[379] 喻登科,涂国平,陈华.战略性新兴产业集群协同发展的路径与模式研究[J].科学学与科学技术管理,2012,33(4):114-120.

[380] 于善波.网络视角下的产业集群演进路径研究[J].现代商业,2015(17):71-72.

[381] 于众.美国中小企业集群发展问题研究[D].长春:吉林大学,2016.

[382] 苑弼春.国家数字出版基地研究[D].南京:南京大学,2016.

[383] 袁单,雷宏振.我国文化产业集群绩效实证研究——以陕西省为例[J].东岳论丛,2014(6):79-83.

[384] 袁毅.国家级数字出版基地空间链整合探析——基于京、津、沪、渝的分析研究[J].科技与出版,2015(1):17-21.

[385] 曾婷.在线教育市场细分及其商业模式研究[D].南京:东南大学,2015.

[386] 赵强.产业集群竞争力的理论与评价方法研究[D].沈阳:东北大学,2007.

[387] 赵强,孟悦,王春晖.产业集群竞争力的理论与评价方法研究[M].北京:经济管理出版社,2009.

[388] 张聪群.产业集群互动机理研究[D].杨凌:西北农林科技大学,2007.

[389] 张翠."互联网＋"时代出版人才培养新模式研究[J].编辑学刊,2016(5):11-15.

[390] 张丹宁.产业网络视角下大企业集群结构与演进研究[J].科技进步与对策,2012(11):54-57.

[391] 张阁.产业集群竞合行为及竞争力提升研究[D].西安:西安科技大学,2009.

[392] 张晗.文化科技融合背景下的中国出版产业数字化转型研究[D].

武汉:武汉大学,2013.

[393] 张晗,方永恒.文化创意产业集群演化自组织过程研究[J].合作经济与科技,2017(2):30-31.

[394] 张立,王飚.2013—2014 中国数字出版产业年度报告[M].北京:中国书籍出版社,2014.

[395] 杨珍莹.张江国家数字出版基地新增企业 70 家[N].浦东时报,2016-05-12(3).

[396] 张江国家数字出版基地 2014 年喜获丰收[EB/OL].(2015-03-12)[2021-06-11].http://www.bisenet.com/article/201503/146729.htm.

[397] 张良,吴大顺.消费主义视域下我国网络文学产业发展分析[J].今传媒,2016(5):90-91.

[398] 张良民.产业集群与区域经济增长的理论与实证研究[D].长春:东北师范大学,2006.

[399] 张明龙,官仲章.产业集群生命周期运行机理分析[J].天府新论,2007(5):42-46.

[400] 张乾峰.传媒特色与创意产业园区发展[J].新闻前哨,2012(4):82-84.

[401] 张淑静.产业集群的识别、测度和绩效评价研究[D].武汉:华中科技大学,2006.

[402] 张伟.基于自组织理论的产业集群演化研究[J].河南工业大学学报(社会科学版),2008(1):34-36.

[403] 张向丽,吕荣慧.2016 年中国在线音乐行业研究报告[EB/OL].(2016-07-19)[2021-06-20].http://www.iresearch.com.cn/report/2617.html.

[404] 张晓波,阮建青.中国产业集群的演化与发展[M].杭州:浙江大学出版社,2011.

[405] 张小凤.创意产业集群的运行机制[J].天津市经理学院学报,2013(10):30-31.

[406] 张新新."十三五"的数字出版人才政策与实践研究——以政产学研一体化为视角[J].出版广角,2016(19):18-20.

[407] 张彦华,贾云飞.如何优化调整数字出版产业链[J].出版参考,2013(6):15-16.

[408] 张涌.新制度经济学视角下产业集群形成及发展机理研究[D].广州:暨南大学,2008.

[409] 张在群.政府引导下的产学研协同创新机制研究[D].大连:大连理

工大学,2013.

[410] 张哲.基于产业集群理论的企业协同创新系统研究[D].天津:天津大学,2008.

[411] 张忠湘.政府主导型产业集群演进过程中的政府政策研究[D].湘潭:湖南科技大学,2010.

[412] 朱英明.论产业集群的创新优势[J].中国软科学,2003(7):107-112.

[413] 朱智文.产业集群与区域经济发展问题研究[D].兰州:兰州大学,2007.

[414] 庄廷江.浅论数字出版产业园区的建设与培育[J].中国出版,2010(5):29-31.

[415] 曾元祥.数字出版产业链的构造与运行研究[D].武汉:武汉大学,2015.

[416] 曾元祥,余世英,方卿.论数字出版产业链主体及其功能定位[J].出版科学,2013(3):86.

[417] 甄翠敏,李娟.产业集群内企业竞合行为及竞合伦理[J].中国市场,2008(6):124-125.

[418] 甄西.韩国正在修建巨型出版产业基地——主要出版、印刷、发行单位陆续进驻[J].出版参考,2007(11):34.

[419] 郑宏星.产业集群演进的制度分析[M].北京:中国社会科学出版社:2008.

[420] 郑凌峰.国家数字出版基地政策工具选择研究——以海峡国家数字出版基地为例[D].厦门:厦门大学,2014.

[421] 郑胜利.经济体制转轨时期中国产业集群研究[D].福州:福建师范大学,2003.

[422] 郑小勇.产业集群内企业的竞合:回顾与展望[J].经济纵横,2007(8):50-53.

[423] 郑小勇.创新集群的形成模式及其政策意义探讨[J].外国经济与管理,2010(2):58-65.

[424] 周国梁.美国文化产业集群发展研究[D].长春:吉林大学,2010.

[425] 周均旭.产业集群人才吸引力影响机制研究[M].武汉:湖北人民出版社,2011.

[426] 周利荣.我国数字出版产业链整合模式分析[J].出版发行研究,2010(10):39-42.

[427] 周勇,何天平."互联网＋"背景下视听传播的竞合——2015年我国

视频内容发展综述及前瞻[J].传媒观察,2016(3):43-47.

[428]　周永红,吴振寰.中国三大数字阅读服务平台发展分析与思考[J].企业技术与开发,2014(1):62-64.

[429]　周雪松.产业集群技术学习过程模式研究——以浙江省为例[D].杭州:浙江大学,2003.

[430]　朱方伟.产业集群的核心要素演进分析[J].开发研究,2004(2):66-69.

[431]　朱国红.经济社会学[M].上海:复旦大学出版社,1999.

[432]　朱秀峰.产业集群内的集体学习机制[J].经济导刊,2010(3):66-67.

[433]　朱秀梅.知识溢出、吸收能力对高技术产业集群创新的影响研究[D].长春:吉林大学,2006.

[434]　朱英明.中国产业集群分析[M].北京:科学出版社,2006.

[435]　庄晋才,程李梅.企业集群三重绩效综合评价系统方法论纲[J].云南财经大学学报,2007(23):53-58.

[436]　龚牟利.总局公布20个出版融合发展重点实验室依托单位(附名单)[EB/OL].(2016-12-20)[2021-06-21].http://www.zhongkeqikan.com/h-nd-104.html.

[437]　2012—2013中国数字出版产业年度报告[EB/OL].(2014-06-15)[2016-06-07].https://www.chinairn.com/news/20130830/16552468.html.

[438]　刘宇阳.2015年我国数字出版产业整体收入达4403亿元[J].出版参考,2016(8):72.

[439]　艾瑞咨询.2015年中国互联网年度热点洞察报告[EB/OL].(2016-01-13)[2016-10-20].http://www.199it.com/archives/428979.html.

[440]　佚名.2016年我国网络游戏行业市场规模及发展趋势分析[EB/OL].(2016-04-05)[2021-06-09].https://www.chyxx.com/industry/201604/402008.html.

[441]　佚名.《2019—2020年重庆数字出版业发展报告》出炉,两江新区国家数字出版基地数据亮眼[EB/OL].(2020-11-13)[2021-12-30].https://36kr.com/p/966344205133312.

[442]　中商产业研究院.2020年中国网络文学产业现状及发展趋势分析[EB/OL].(2020-09-08)[2021-06-29].https://www.sohu.com/a/417020669_350221.